趣味系列　01

Interesting Chinese

趣味语文 修订本

师为公　著

山东人民出版社
国家一级出版社　全国百佳图书出版单位

图书在版编目（CIP）数据

趣味语文 / 师为公著 . — 济南：山东人民出版社，2014.5（2021.7 重印）
（趣味系列）
ISBN 978 - 7 - 209 - 08276 - 1

Ⅰ. ①趣… Ⅱ. ①师… Ⅲ. ①汉语—青年读物 ②汉语—少年读物 Ⅳ. ① H1 - 49

中国版本图书馆 CIP 数据核字（2014）第 036440 号

责任编辑：王海涛　王媛媛
装帧设计：蔡立国

趣味语文
师为公　著

山东出版传媒股份有限公司
山东人民出版社出版发行
社　址：济南市英雄山路 165 号　邮　编：250002
网　址：http：// www.sd-book.com.cn
市场部：（0531）82098027　82098028
新华书店经销
山东临沂新华印刷物流集团有限责任公司印装
规　格　16 开（169mm × 228mm）
印　张　22
字　数　300 千字
版　次　2014 年 5 月第 1 版
印　次　2021 年 7 月第 7 次
ISBN　978 - 7 - 209 - 08276 - 1
定　价　29.00 元

《趣味系列》修订本序

这是一套以“趣味”命名的系列读物，包括：《趣味语文》《趣味历史》《趣味考古》《趣味地理》《趣味逻辑》《趣味哲学》《趣味文字》《趣味美学》《趣味心理》等九个人文社会学科。为什么要用“趣味”命名呢？因为每本书的作者在每门学科中选择了其中最有趣的、最容易引发读者兴趣的，也是最有吸引力的故事和知识。

如果你要学一门学科，或者老师要教一门学科，一定要讲究知识结构系统和内容完整。其中当然也会有一些有趣的内容，但也不得不包括不那么有趣、甚至非常枯燥艰深的内容。或者一部分人感到有趣，学得轻松愉快，另一部分人却毫无兴趣，只能硬着头皮学。

但这套书不同。它们既不是教科书，也不是教辅材料，更不是考试秘诀，不需要预复习，不必做作业，更不用担心考试。你觉得哪本有趣就看哪一本，觉得哪一段有趣就看哪一段，有多少空闲时间就看多少，隔一段时间再看也不会影响阅读的效果。

当然，不能只讲趣味。既然是以学科分类，还得对本学科的知识和内容作一番精心选择。为什么要选择呢？因为每门学科知识和内容的积累、记录、传承，一门学科的形成和发展，都是一个漫长而艰苦的过程，是古往今来无数学者的心血凝聚成的，其中一些最重要、最经典的内容必须有所体现。另一方面，到了今天，每门学科的知识和内容都已浩如烟海，如果不加选择，不用说这套书容纳不了，任何人穷毕生之力也读不完。再说，从我们所希望的读者的需求出发，也必须有所选择。

以我最熟悉的历史学科为例。

历史是靠人记录的，但一开始这一过程是相当艰难的。尽管在进入文明社会的早期人类就有了记录历史的意识，但一直缺少工具和手段。在文字发明后依然存在书写工具和记录介质的困难，所以只能尽可能使文字简约，甲骨、竹、木、帛等都被用作书写材料，而最重要的内容只能镌刻于石材，铸造于青铜器。

由于已有的历史文献不易复制，大多只是孤本秘籍，一遇天灾人祸，往往从此消失。得以幸存至今，成为我们今天能够看到的史料、史书，只是其中很少一部分。

秦始皇烧毁了民间收藏的儒家经典，只允许官方学者保存研究，其中一位伏生专门负责《尚书》。秦末战乱爆发，伏生怕《尚书》毁坏散失，将书藏在墙壁中。战乱过后，他发现书已经遗失了一部分，就将书的内容记在心中，等待传播的机会。直到他九十岁时，才等到了皇帝派来记录的学者晁错。可惜他已口齿不清，只能靠听得懂他的话的女儿传达。加上他们讲的是山东方言，河南人晁错没有听懂，记录的内容又打不小的折扣。

只有在纸得到普遍运用和印刷术普及后，历史的记录和传播才有了物质条件的保证，才能够突破官方的封锁和限制，进入民间。甚至连统治者刻意禁毁的史料、史书，只要曾经被复制或印刷，往往依然能得到流传。

但是到了今天，我们又面临着新的困境。随着信息技术的飞速进展，海量信息已可轻易获取。以前人说“一部《二十四史》不知从何读起”，不过是发感叹而已，真正能拥有一部《二十四史》或随时可以读的人是不多的。而如今只要有一张光盘，或者能够连上相应的网页，《二十四史》不仅能随意读，还能逐句、逐字检索，找出每一个人名、地名、事件、制度就在瞬间。但是以个人的精力和时间，终身也无法穷尽，即使是专业研究人员也无此必要，何况绝大多数只是出于业余兴趣的人！

历史研究固然应该不受任何禁区的限制，完全从史实出发，且无论巨细都有意义，无论正负均有价值。但运用和传播历史知识、历史研究成果时必须根据各方面的条件而有所选择，如对专业和业余、精英和大众、成年人与未成年人等，就应有不同的侧重点。还应顾及国家利益、社会公德、民族感情、宗教信仰、风俗禁忌等多方面。

优秀的普及性读物就要遵循这些基本的原则，根据特定读者的需要和可能，精选出适量的内容，以最容易接受吸收的方式提供给读者。这正是这套书的作者和编者的良苦用心。

趣味系列这套书，原是上海古籍出版社2001年策划出版的，受到了读者，特别是中学生的热烈欢迎，加印多次，其中《趣味逻辑》《趣味哲学》加印20多次；2007年出版了插图本。本次山东人民出版社出版的趣味系列新版，《趣味文字》《趣味心理》是第一次出版，其他7本对原有版本的内容做了新的修订，根据时代变化加入了许多新的内容，重新装帧设计，希望给读者朋友，特别是中学生朋友编辑一套“开拓人文视野，提高学习兴趣”的人文社科入门读物。

葛剑雄

2014年1月10日

前 言

语言是人类最重要的交际工具，也是人区别于动物的主要特征之一。一般说来，人们至少掌握一种语言来熟练地与人交往，但大多数人对自己使用的语言习焉不察，知其然而不知其所以然。要想对某一语言有深层次认识，说出个子丑寅卯，必须借助于普通语言学的理论常识，解剖具体的语言现象。

语言是人类进化到脱离动物界而独立时产生的社会历史现象，《穀·僖公二十二年》说："人之所以为人，言也；人而不能言，何以为人？"〔美〕布龙菲尔德《语言论》说："语言的功能很大，使人类区别于其他动物。"（商务印书馆，1980年版，第1页）不同民族各自有相对独立的历史、地理、种族、文化特点，这就形成了全球人类语言的多样性，语言种类与数量之众多相当可观，具有任意性的特点。由于语言的目的是一致的，都是为了表达概念和思想；发生原理是一样的，都是口耳之学、听说语言；故人类语言又有许多共同特征。如都是音义结合体，可以实现跨语言的交际，都可分为语音、词汇、语法三方面进行分析等。

本书名为《趣味语文》，我们首先要对汉语三方面的特点略加分析，看它有哪些个性。其次，文字是语言的符号，故又称为书面语言。如果说语言使人类由"人禽混"的蒙昧时代进入了独立的"上古结绳而治"之"野蛮时代"，人类有了口述历史，即神话时期；那么文字则使人类社会进入"圣人易之以书契”的“文明时代”，人类有了文字历史，即进入文明时期。而汉字与汉语的特点密切相关，有不同于拼音文字的个性，又是人类四大古文字中唯一古今传承的文字，形成了自己的汉字文化，也应结合分析。故本书分“语音趣话”“语法趣话”“词汇趣话”“汉字趣话”四块，呈四体或四足之势，希望能较简单而又相对全面地展现汉语汉字的神州风采！

汉语的语音特点是以“音节”为语言单位。国学大师黄侃《文字声韵训诂笔记》指出：“中国语言以单音为根，一音之发，必表一完整之意，与西人之为复语种族不同。其间有二音者，必本于胡语，如珊瑚之类是也。”（上海古籍出版社，1986 年版，第 99 页）这就是汉语单音节成词或语素的特点。古代僧人在佛经翻译中，就发现印度古梵语与汉语的这种差别，梁代慧皎《高僧传》称为“梵音重复，汉语单奇”。今人在学习英语等西方语言时对此会有深切体会，在印欧语中，如索绪尔所说，音节只是音位学研究的材料。《围城》六：“中国人姓名每字有本身的意义，把字母拼音出来，毫无道理，外国人看了，不容易记得。好比外国名字译成中文，‘乔治’没有‘佐治’好记，‘芝加哥’没有‘诗家谷’好记；就因为一个专切音，一个切音而有意义。”（人民文学出版社，1999 年版，第 144 页）汉语的这一语音特点形成了汉语一音多词（语素）的个性，它以极简单的语音成分支撑起了庞大的汉语词汇大厦，让世人惊叹！朱德熙先生《语法讲义》说：“汉语的语素绝大部分是单音节的。北京话的音节数大致不超过 1400 个，可是单音节语素的数目要大得多。因此一个音节往往代表好几个不同的语素。例如 xian 这个音节，代表‘仙、先、籼、掀、锨、鲜、纤’等许多语素。”（商务印书馆，1984 年版，第 10 页）这一特点首先借助“联想关系”形成了汉人语音联想的横无际涯、五彩缤纷。它再与语法特点、文化特点相结合，派生出独特的修辞学、民俗学、避讳学、音韵学、曲艺学等门类。所以，我们的“语音趣话”篇以此为线索展开。

汉语的语法个性更是广为人知，它被称为“孤立语”，因为汉语词汇在进入句子后并不因语法功能的不同而发生形态变化，有“任尔东西南北风，我自岿然不动”的特点。19 世纪历史比较语言学的奠基人，德国的洪堡特将梵语与汉语比较后说：“在所有已知的语言中，汉语与梵语的对立最为尖锐，因为汉语排斥所有语法形式，把它们推诿给精神劳动来完成，梵语则力图使语法形式的种种细微的差别在语音中得到体现。这两种语言的区别显然在于，前一种语言缺乏语法标记，后一种语言有明确显示出来的语法标记。”（《论人类语言结构的差异及其对人类精神发展的影响》，商务印书馆，1997 年版，第 311 页）既然如此，那汉语靠什么手段来表达语法关系呢？洪堡特也有较好的论述，他接下来分析说：“汉语几乎一无例外地以非语音的方式来表示形式关系，这个特点使它有别于所有其他已知的语言。”他具体地指出了两点：一是“运用了一些语助词”，二是“词序”。洪堡特的看法已成了经典之谈，至今人们谈论汉语语法特点，总拈出这两条。洪堡特还坚持认为：“恰恰是因为汉语从表面上看不具备任何语法，汉民族的精神才得以发展起一种能够明辨言语中的内在形式联系的敏锐意识。”（同上，第 313 页）与两个特点相关，我们认为“活用”是汉语的第三大语法手段，是古今相承的语法现象，它借助词序与虚词而形成了特殊语义关系，即语境的同化与异化关系，有言简意丰、以少总多的表达效果。因此，“语法趣话”部分就分“句读与虚词”“词序”“活用”三块，解剖汉语的语法趣事。

语言是文化的载体，汉语的词汇特点与汉语史、汉文化史密切相关。在四大文明古国中，其他三国的文明都发生了中断或转移变种的情况，唯我华夏汉文化千古一贯，源远流长。汉文化历久不衰的奇迹反映在汉语词汇史上，便是词义的来龙去脉清楚，书面语材料十分丰富，有案可稽。其次是与历史文化相适应，从词汇上可充分展现历史上不同时期的生产生活状况、政治经济制度、伦理道德、礼乐文化以及汉语一音多词规律所衍生的诸多特点。所以，“词汇趣谈”部分便从“古今演变”“音义讹误”“典故与文化”“伦理与禁忌”等几块安排内容。读者可从中进一步体察语言与文化的关系，并由词语及于文化层次。

汉字问题一直是五四新文化运动后的热点，随着思想解放运动带来的学术自由，近十几年形成了新的汉字文化热。在充分认清汉语一音多词（语素）的基础之上，我们认为汉字是与汉语相适应的成熟文字体系，它有不可替代的区别同音词（语素）的功能，具有“形、音、义”一体的特点。它“语素音节文字”的性质与汉语单音节成词（语素）的特点契合如一，以至于徐通锵先生有“字本位”说。对汉字与汉语关系的深入认识，不断宣判了“汉字拼音化”假说的破产，还伴随着对外汉语教学形成了新的汉字热、书法潮。其次，汉字本身又是宝贵的文化财富，从汉字构形的分析中，可以窥见汉人祖先当时的生产水平、天文地理状况、文化场景等。例如，大量的“示”部字是殷商或更早时期原始神教、巫觋文化的反映，“水、土、山、石”等部字尤其是名词材料是上古水文地理状况的记录；草木鸟兽虫鱼等部首的字，给今人留下了古代物种多样性的美妙图画，启迪着今人的环保意识；同时，汉字字体、字式的变迁，又蕴含了综合性信息。第三，汉字的“六书”特点，还派生出亘古长新的文字游戏、语言与文字相交织的大量趣话。因此，“汉字趣话”即按照“神奇的汉字”“汉字与历史”“文字游戏”三方面展开。

建国后的语文教育，由于所谓的“彻底决裂论”的影响，出现了从“思想革命”到“文革”浩劫的漫长文明破坏，造成了积重难返的“文教”恶果。一方面表现为两三代人对汉语汉文化的隔膜以至仇恨，最近的语文教育社会调查，大中学生甚至有“一怕文言文，二怕周树人，三怕写作文”的可悲结论。另一方面，是语文教材的面目可憎，空洞的政治道德说教、僵化的应试教材等让学生及社会生厌，以至前两年重印开明教材等民国小学课本，竟然让社会和学生倍感亲切；同时私塾等传统教育魅力重现，儿童文学作家郑渊洁甚至拒绝当下的学校，代之以家庭教育，不惜甘冒与主流社会脱节的风险。

汉语是地球村使用人数最多的语言，汉字是四大古文字中唯一未中断使用的文字体系，魅力无穷，奇趣层生。我们理应开发这一富矿，开启青少年的学习兴趣，传承华夏文明，并让汉语、汉文化走向世界。欧洲近代文明的导师之一孟德斯鸠在《论趣味》中说：“构成趣味的对象的，也正是我们的精神所感到的这些不同的快乐，比如美丽的、优秀的、愉快的、天真的、精致的、纤细的、优美的、不可名状的、高尚的、伟大的、崇高的、宏壮的……美丽的、优秀的、愉快的等等的根源就都存在于我们本身，而要寻求它的理由，这就是说，要寻找我们的精神所以感到快乐的原因。”（《罗马盛衰原因论》附文，商务印书馆，2009 年版，第 154 页）本书就是“寻找原因”之作，在上海古籍出版社初版至今，已十余年。现山东人民出版社打算重印此书，笔者借机作了适当补充和修改，这也是儒学与时俱进的损益之道。在文化发展的新形势下，笔者不揣固陋，以期对文教事业尽绵薄之力。

任何人都有自己的局限性，本书也定有错误及可商之处，本书的理论框架及部分材料源自拙著《汉语与汉文化》，恩师鲁国尧先生、蒋绍愚先生曾审阅并给予具体指导，并提供语料。饮水思源，师恩难忘！《趣味语文》初版后，杨光先生撰文指出了十余处错误，责编先生及时复印转寄给我，重印时得以及时改正，在此谨致谢意。此次重版，鲁国尧先生又转寄一批语料，并对书名提出建议，已酌情采纳。修订本质量如何，谨请专家和读者不吝赐教！

师为公

2014 年 2 月 23 日

目 录

语法趣话

一 句读与虚词趣闻

二 词序从谈

三 词类活用的古今漫话

词汇趣话

一 词义古今演变大观

二　音义讹误与词汇变迁

汉字趣话

一 神奇的汉字与六书

语音趣话

一 谐音的情趣

“环”与“玦”的联想

“鸿门宴”是《史记·项羽本纪》名段，它生动地记载了亡秦之后，起义军内部所面临的“权力再分配”矛盾。它是“阴谋与和谈”相交织的错综复杂事件，剑拔弩张，惊心动魄，一波三折。刘邦在获取战争信息后，采取了甘言卑辞的方式向项羽谢罪求和，“黑云压城城欲摧”的战争阴霾顿时烟消云散。面对战斗计划突然夭折的事变，亚父范增又想在“化干戈为玉帛”的宴席上消灭未来争夺天下的潜在对手，故有“范增数目项王，举所佩玉玦以示之者三，项王默然不应”的叙述。在这一场景中，“玉玦”通过自己的物品名称，传达了联想的语言信息。“玦”与“绝”音近，表示决绝、拒和、杀戮之义。

《荀子·大略》说：“绝人以玦，反绝为环。”杨倞注说：“古者臣有罪待放于境三年不敢去，与之环则还，与之玦则绝，皆所以见意也。”可见，以玦示绝，是玦这种玉器通过语音联想而具备的特有文化功用。

玦是环形有缺口的玉器，环则无缺口而圆转无穷，故有示“还”的文化功用。玉环的功用还可用其他环状物表示，《汉书·李广苏建传》记载，汉昭帝时想招还投降匈奴的名将李陵，就派李陵故旧任立政出使匈奴，以便伺机向李陵传达信息。但任立政与李陵见面时处于公众场合，无法传达昭帝的意思，于是随机应变：“即目视陵，而数数自循其刀环，握其足，阴谕之，言可还

鸿门宴

归汉也。”这里，“刀环”应为当时“环首刀”手柄末端圆环，代替玉环传达了“还”的语言信息，“握其足”则是回归的动作示意。唐代杜颜《从军行》述此情境诗曰：“夜闻汉使归，独向刀环泣。”清代朱彝尊《岳忠武王墓》诗：“龙庭生马角，雪窖视刀环。”用典故表示岳王“还我河山”的雄心壮志。这一掌故后又派生出“大刀头”一词专指回还，因为古时大刀头上常装一个金属环为饰。《玉台新咏》卷十《古绝句四首》之一有“何当大刀头”诗句，意为“何日能还”；清人小说《照世杯》有“披衣名利客，都奔大刀头”的诗。

各种环后来成了汉人的吉祥物，如不同材料的手镯、耳环、指环、戒指、项圈等。鲁迅笔下的少年闰土就戴一个银项圈，那是农村父母乞求子女平安的吉祥物。金人元好问写玉连环的诗句说：“玉环何意两相连，环取无穷玉取坚。”环的这种文化品格，是使它作为工艺品造型长盛不衰的根本原因，也是语言社会性的说明。

另外，语言信息还有私密性、半私密性的特点。20 世纪 30 年代是中华文

范增像

银项圈

化的发展成熟期，京剧空前繁荣，但在抗战前夕，北平富连成戏班不得不面临散伙的尴尬结局。班主叶春善心理上难以接受这一现状，故其出门时，不论晴雨皆带两把油布伞，取“布伞”谐音“不散”以表达对命运的抗争，“布伞”遂成了富连成戏班的临时吉祥物。（2013 年，电视纪录片《京剧》）

蒯彻相韩与今古隐语

隐语更多地出现在口语对话中，它既可借助一音多词的谐音联想实现，也可借助一词多义的短语歧义达到目的。在楚汉相争的关键时刻，术士蒯彻借为韩信看相之机而劝其拥齐自立的一段话就是隐语：“相君之面，不过封侯，又危不安；相君之背，贵乃不可言。”（《史记·淮阴侯列传》）看人面部断吉凶命运，属相术中的“面相”类；看背部言命运，属相术中“骨相”类。蒯彻借用两种相法，对韩信的命运作出了两种不同的判断，这是相术术语所传达的表层语义。但是面、背又有“顺从”与“背叛”的动词义，此段话的隐性意义在于利用动词义告诫韩信：顺从刘邦则凶，叛刘自立则吉。故古人注解此段“背”字说：“背畔则大贵。”韩信深明术士之意，但因重义而不忍叛刘，结果在汉朝立国之后惨死于吕后之手，临死前有“悔不听蒯彻之言”的咏叹调。这段有名的隐语，是借助一词多义（词性不同）来实现的。

《水浒传》二十三回“王婆贪贿说风情”一节，王婆做牵头，撮合西门庆与潘金莲的婚外恋，开头也是用的隐语：“王婆出来道：‘大官人，吃个梅汤？’西门庆道：‘最好，多加些酸。’（金圣叹评曰：一路隐语点逗都好。）王婆道：‘大官人，吃个和合汤如何？’（圣叹评曰：隐语换。）西门庆道：‘最好，干娘，放甜些。’（金圣叹评曰：隐语。）”这段隐语中“梅”谐音“媒”，暗喻姻缘；《周礼·地官》：“媒氏，媒，谋合异类使合成也。”“梅”与“媒”古今同音，属一音多词联想。“酸”字一词多义，既是五味之一，又特指男女风情中的性嫉妒心理，成语有“拈酸吃醋”。“和合”“甜”，句段意义上指饮食，隐指男女之事撮合成功、求谐和。

隐语还可入诗，时事讽谏、民间诙谐亵秽内容常用。1976 年天安门诗抄

王婆贪贿说风情

中有诅咒“四人帮”的《黄浦江上有座桥》脍炙人口，末两句是“江桥摇，江桥摇，是毁还是烧？”其中“江桥摇”短语隐指江青、张春桥、姚文元三大恶人，抒发了人民对他们的深恶痛绝之情。

由“避孔子塔”说起

汉语辽阔无比的联想空间，形成了汉语特有的幽默诙谐语言艺术，古人称之为谈谑、巧言、雅浪等。俗语说：笑一笑，十年少。调侃笑谑的语言艺术，自古就是人们调解情绪的开心果和松锈剂，也锻炼了人们的思维联想能力。

宋代王辟之《渑水燕谈录》卷十《谈谑》有一条说刘贡父晚年鼻子生病溃烂，老担心病亡，有一客人编造故事戏谑他说：“颜渊、子路微服同出，市中逢孔子，惶怖求避，忽见一塔，相与匿于塔后。孔子既过，颜子曰：‘此何塔也？’由曰：‘所谓避孔子塔也。’”末句中避与鼻音近，塔与塌同音；偏正短语“避孔子塔”可通过语音联想出主谓短语“鼻孔子塌”。这种对刘氏病理缺陷的调侃，有些刻薄。但讽谏他对生死不够达观的心理毛病，有教育意义。

明人冯梦龙《古今谭概》收集了大量古人雅浪故事，其中《文戏部》有一故事说：“太仓一富人宴客，王元美与焉。馔有臭鳖及生梨子，元美曰：‘世上万般愁苦事，无过死鳖与生梨。’坐客大噱。”大噱即大笑的意思，它利用了“鳖”“别”音近，“梨”“离”同音的关系，联想到人生八苦中的“生离死别”之苦，嘲讽了富人的吝啬。

冯梦龙《广笑府·七德鸡》也有类似的故事：“一馆人待师甚薄，师见其家多肥鸡，笑问曰：‘君家七德禽如此之盛？’主曰：‘吾闻鸡称五德（按：《韩诗外传》称鸡有“文、武、勇、仁、信”五德），未喻七德之说。’师曰：‘五德之外，更有二德，我吃不得，你舍不得。’”显而易见，这是利用了德、得同音，嘲弄主人吝啬的。《笑林广记二种·田主见鸡》说富人租田与张三，每亩索鸡一只，“张三将鸡藏于背后”时，田主欲毁约；将鸡献出后，则改口。张三曰：“初间不与我，后又与我，何也？”田主曰：“初乃无稽（鸡）之谈，

后乃见机（鸡）而作也。”（齐鲁书社，1998 年版，第 17 页）

改革开放后，随着思想及社会生活的多元化趋势，幽默调侃之风盛行不衰，谐隐歌谣不胫而走。如今人李肇正小说《商人》：“黄国立笑道：‘现在是繁荣昌（娼）盛，机（鸡）不可失’。”揶揄了权贵及商界醉生梦死的生活。黄晓萍《祖坟》：“胡二哥，还不进去‘开封’让弟兄们见个红喜，当心有人在你前头踩花，新婚三日无大小哦。”（《十月》，2000 年 2 期）这里用“开封”“红喜”“踩花”三个隐语戏谑，充满了农家乐的乡土气息。

绵里藏针的文人斗法

古今人都欣赏“棋逢对手，将遇良材”式的高水平势均力敌竞技，因为它可以激发双方的潜能，出成绩、破纪录，使比赛引人入胜。谈谑在文人圈子里是高雅的语言竞技及知识竞赛，自中古《世说新语》大量记载以来，这类语言艺术逐渐走向成熟，渐臻炉火纯青的境界。

《古今谭概·巧言部》有《陆陈谑语》说：陆文量同陈启东饮酒，陆见陈头发少，于是出一对句开玩笑说：“陈教授数茎头发，无计可施。”这是歇后语式的句子，“无计可施”是一成语，看似与上半部分无联系，但“计”与“髻”音近，故又有与发少紧密相连的“无髻可施”联想。面对如此高水平的玩笑，陈启东也随机应变，反戏之曰：“陆大人满脸髭髯，何须如此。”成语“何须如此”中须为动词，有责怪陆以生理缺陷开玩笑之意，且初看似与上半句无涉。但“须”一词多义，它又有名词“须髯”义，紧扣上半句，真是旗鼓相当、反唇相讥的妙对。致使“陆大赏叹”，并且激发了他的创作热情，又开玩笑说：“两猿截木山中，这猴子也会对锯。”从句段看“对锯”紧承上句“截木”；但联想义则是“对句”，且戏称陈为猴子。陈启东先致歉：“有犯幸公勿罪！”接下来对曰：“匹马陷身泥内，此畜生怎得出蹄？”妙在“出蹄”也紧承上句“马陷泥”，但联想义是“出题”，有责怪陆氏玩笑开得过分之义，且将陆比拟为畜生，戏辱之义更深一层。由于二人思维敏捷，语艺高超，

纪昀像

故双方十分兴奋，“相与抚掌竟日”。

《清稗类钞·诙谐·是狼是狗》记载了清代大学者纪昀一段谐谑，更见功力。纪昀字晓岚，因主修《四库全书》而闻名。他任兵部侍郎时，一日到某尚书家赴宴，同座有一御史，是滑稽诙谐一流人物，看到一狗从厨前过，有心戏谑纪昀，“乃佯问曰：‘是狼是狗？’‘侍郎’与‘是狼’同音，意指文达（纪昀谥号）也。文达急对曰：‘是狗。’尚书问曰：‘何以知之？’文达曰：‘狗与狼有不同者二：一则视其尾之上下而别之，下垂是狼，上竖是狗；一则视其所食之物而别之，狼非肉不食，狗则遇肉吃肉，遇屎吃屎。’”这真是绝妙好辞，妙在纪昀面对“侍郎是狗”的戏谑，采取了舍己从人、以柔克刚的方法，急对以“是狗”，佯愚而不说破，使对方调侃的联想得不到张扬而失效，掌握了语言的主动权。接下来在回答尚书问话时，大讲了一通鉴别狗与狼的动物常识，一气呵成，天衣无缝；却巧妙地嵌入“上竖（尚书）是狗”“遇屎（御史）吃屎”两组更见功力的嘲谑短语。它是高水平的对话，将汉语谐音艺术发挥得淋漓尽致，让人有叹为观止的感慨。

《笑林广记二种·路上屁》载：“昔有三人行令，要上山见一古人，下山又见一古人，半路见一物件，后句要总结前后两句。一人曰：‘上山遇见狄青，下山遇见李白，路上拾得一瓶酒，不知是清酒是白酒。’一人曰：‘上山遇见樊哙，下山遇见赵盾，路上拾得一把剑，不知是快剑是钝剑。’一人云：‘上山遇见林放，下山遇见贾岛，路上拾得一个屁，不知是放的屁岛的屁。’”其中“清”“快”“钝”谐音“青”“哙”“盾”，构思巧妙，而“放的屁”一语双关。

自以为是的无心曲解

除了书面语中屡见不鲜的文人雅谑之外，汉语谐音特点在口语中又呈现出大量自以为是的无心曲解。20世纪60年代中期，笔者所在中学上演反映阶级斗争的名剧《剑竿河边》，需一酒瓶作道具，于是向一位政治女教师讨要，她很快从家里拿来一本小册子《九评》（《九评苏共中央公开信》简称），一时成了令人发噱的大笑话。究其原因，在于口语中“酒瓶”与“《九评》”完全同音，而政治教师熟悉《九评》，同时该女性教师又不喝酒，难以联想到“酒瓶”，故成此笑谈。

下层百姓将一些新词、专业术语曲解的情况更为常见。如鲁迅小说《阿Q正传》中，百姓将新词“自由党”曲解为“柿油党”，《长明灯》中，将“梁武帝”说成“梁五弟”，皆缘于谐音。2013年《光明日报》介绍文化人范用，说他曾获“韬奋”文化奖，但消息传到其故乡，乡人皆理解为“掏粪”奖，说他“文革”中受冲击打扫厕所，掏粪认真。这让人哭笑不得的误解，实在情有可原，乡人不识“韬奋”无可厚非；同时乡人也不可能知道中国目前有多少奖项，也不知尚未设立“掏粪”奖。蒋雪蓝《待遇无所谓》短文说《红楼梦》海选，一帅男欲竞争“宝玉”角色，评审老师问道：“请问你对黛玉有何看法？”该男回答曰：“待遇？待遇我是无所谓的，我对钱看得比较淡。”（《新民晚报》，2007年3月18日）此例多被视为应试者无知，但口语中的歧义是根本原因。

《笑林广记二种·误听》记载，一人过桥，旁人谓曰：“看仔细，不要踏了空。”其人误听为说他“偷了葱”，争辩不已。转诉第三人，误听为“盗了钟”。诉于官，官误听为“朝了东”。后堂老妇误听为“嫁老公”。余秋雨《文化苦旅·酒公墓》说：“在一次文人雅集中，一位年长文士询及他（一位研究逻辑学的人士）的‘胜业’，他早已变得毫无自信，讷讷地说了‘逻辑’。文士沉吟片刻，慈爱地说：‘是啊是啊，收罗纂辑之学，为一切学问之根基！’旁边一位年轻一点的立即纠正：‘老伯您听差了，他说的是巡逻的逻，不是张罗的罗！’并转过脸来问张先生：‘是否已经到巡捕房供职？’张先生一愣，随即明白，他理解的‘逻辑’是‘巡逻侦缉’。从此，张先生再也不敢说逻辑。”这一趣谈反映了三十年代逻辑学初兴之时不为老辈所了解的情形，是一种不明就里的好心曲讲。“逻辑”一词本为英文译音词，原拟音“逻各斯”，后来作半拟音半汉化的词汇，这种理解的偏差，可从中外语音结构特点予以解释。

鲁迅小说中“柿油党”“梁五弟”，是雅语在市井遇到的理解障碍。冯梦龙《广笑府·假儒》有一例更是匪夷所思，令人发噱。一位农村富家子弟假冒秀才，且告状向人讨债，县官见他粗鄙可疑，就问他说：“汝是秀才，且道‘桓公杀公子纠’一章如何说？”他是假秀才，不知是经书中的句子，反误解为是一桩人命案子，于是大叫说：“小人实不知情。”官吏命人打他二十大板。此人出门后对仆人说：“这县官太无道理，说我阿公打杀翁小九，将我打二十。”“桓公杀公子纠”是《论语》章句，假秀才连这古时学童都熟知的句子也不明白，反误解为“阿公打杀翁小九”，立即露出了马脚，受到了重责，告状之事也泡汤了。

“双关”修辞格与诗的多义性

在西方语言学史上，古希腊时期就确立了“语法”“修辞”“逻辑”三大门类；而在汉语史上，“语法”“逻辑”的确立只有一个多世纪的时间，然而中国自古就有“修辞”。由于汉语语音上一音多词及语法上缺乏形态变化的特点等，“双关”辞格一直是修辞王国中的大国，有层出不穷的趣谈。

汉代砖刻《急就章》

梁实秋的文章在现代文学上以幽默的语言风格见长，“双关”是其手法之一。例如《雅舍小品·图章》：“从前我在北平，见过邮局门口常有一个刻字摊，专刻急就章，用硬豆腐干一块，奏刀刻画，顷刻而成。”其中，“急就章”是在极短时间内制成的简易图章，是为百姓取邮件而临时急用加工的，含有“救急”之意。而“急就”语音倒置就是“救急”，但为什么不说成“救急章”呢？因为“急就章”又与古代一部语言学教科书同名，形成双关多义。《急就章》一名《急就篇》，西汉史游著，急就也是“速成”之义，今本有三十四章，“章”字是篇章之义。梁文用了“章”字的一词多义，形成了跨越时空的联想。再如《雅舍小品·婚礼》：“从前一个乡村铁匠是当地尽人皆知的一个响当当的人物。”“响当当”一词用于形容人名气大、有声望时是抽象的，但它是由“响”字及拟声词“当当”的具体义引申而来的。此处梁实秋用此词，既用了其抽象义，又马上让人联想到铁匠的职业特点及此词的声响义，真是妙不可言。舒乙《都市精灵》感叹北京乌鸦的消失说：“老鸹不老呱了，怪可怜的。”“老鸹”“老呱”同音，前者为名词，后者为动词性短语，音同意异，一语双关寓感慨，同时“不老呱”口语中还可理解为活用的短语，即“不成其老呱（鸹）”或“不闻其鸣叫”的意思。沈家平《老年人口腔保健方法》说：“首先，老年人应有自我口腔保健的意识，摒弃‘老掉牙’的旧观念。”（《扬子晚报》，2013年9月20日）“老掉牙”既可实指，也可虚指作一个形容词，《现代汉语词典》说：“形容事物、言论等陈旧过时。”此处二义并存。

也可用成语调侃形成联想，如李元洛《话说‘方城之战’》：“对群众性的打麻将这一娱乐活动，也不可一言以‘毙’（原音“蔽”）之。”（《随笔》，1995年2期）西坡《硬对号抢入座》：“自然要写他‘身健体壮，精力充沛，勤政爱民’之类，这样你会没事，笃定坐以待‘币’（原音“毙”）。”（《新民晚报》，1997年1月24日）

一音多词的双关是古诗文中常见的修辞手法，中学课本有唐代刘禹锡《竹枝词》一首，后两句“东边日出西边雨，道是无晴却有晴”脍炙人口，妙在阴晴的“晴”与情爱的“情”双关。此手法六朝乐府诗中最常见，如殷英童《采莲曲》：“藕丝牵作缕，莲叶捧成杯。”“藕丝”谐“偶思”，寓求偶义；“缕”谐“侣”，得偶则有伴侣；“莲”谐“怜”，寓情爱义；“杯”与“伯”双声音近，代指男友。“伯”指男友，源于《诗经·卫风·伯兮》：“自伯之东，首如飞蓬，岂无膏沐，谁适为容。”杨树达《汉文文言修辞学》有古诗“音的双关”十一例，如“石阙生口中，衔碑不得语”（树达按：衔碑谓衔悲也）。唐代李适之《罢相作》：“避贤初罢相，乐圣且衔杯。”两句中，“避贤”谐“避嫌”，“衔杯”亦谐“衔悲”，有深层牢骚义。

语言急转弯

与“双关”辞格利用谐音启迪人的联想相反，语言急转弯是故意利用同音造成思维眩惑或警惕，再把人引入不同的意义空间，形成“似是而非”的言语艺术。

周恩来在《在文艺工作座谈会和故事片创作会议上的讲话》中说：“第

二种人只好请他去当政治委员，他不能在导弹部门工作，他只能在导弹部门‘捣蛋’。”（转引自《修辞学研究》，语文出版社，1987年版，第255页）其中“捣蛋”巧妙地与“导弹”同音，但语义陡转，造成思维跳跃。再如，王跃文《国画》：“李明溪听了马上笑了起来，说：‘经济博士？据我所知，如今官场上有些人的文凭来得可并不经济哩。’”（《收获》，1999年1期）同一“经济”，前者为名词，后者为形容词。2003年2月20日，长治市民夹道相送“李向南”（原市委书记吕日周），媒体报道说：“在长治最大的中心广场，群众打出了横幅：‘金杯银杯不如老百姓的口碑，吕书记有口皆碑！’”（《新民晚报》，2003年2月22日，第4版）“杯”与“碑”的同音回环及语义逆转，有强烈的视听震撼力。以上可视为口语用例。

古今诗文中常用这种方法激发读者的思维波澜，增强表现力和感染力。秋瑾烈士《满江红》词有下列句子：“身不得，男儿列，心却比，男儿烈。算平生肝胆，因人常热。”“列”与“烈”的同音异义有“银瓶乍破水浆迸，铁骑突出刀枪鸣”的强烈艺术感染力，羞煞千秋须眉浊物，读之能让人感受

秋瑾男装像

到这位“貂裘换酒”的鉴湖女侠的侠肝义胆。北方民间艺人有一首古今结合的四句诗是：“君不君程咬金，沉不沉是火轮。富不富扎纸铺，紫不纸是茄子。”前两句用了《论语》中“君不君，臣不臣”来调侃，首句语义不同，《论语》中“君不君”是“君不行君道”之意，而“程咬金”则因其是福星，曾获九千岁之名，身份接近万岁而非万岁君主。第二句讲火轮船与“臣不臣”谐音而无关，首字“沉”为形容词“沉重”义，第三字“沉”为动词“沉没”义。第三句讲扎纸铺物品丰富，应有尽有，但徒具其形而不能实用且不值钱。第四句讲茄子颜色用与“纸”谐音（黄淮流域紫、纸同音）调侃，且与第三句“纸”顺接。李贽《焚书·杂说》：“《拜月》《西厢》，化工也；《琵琶》，画工也。夫所谓画工者，以其能夺天地之化工，而其孰知天地之无工乎？”其中化与画音同义异，而“画工”与“化工”之境界有天壤之别。王国维《人间词话》用这两个词评论词句的优劣。

余光中评论台湾诗人“向明”说：“许多诗人半老而才尽……他手里的那支健笔，挥的是反时针的方向，不是向冥，而是向明。”（转引杨明《向明印象》，《新民晚报》，2002年1月2日，23版）郭树清《走自己的路》说：“我们是凡人，也是‘烦人’，但是，只要勇于面对现实……”（《新民晚报》，2008年2月22日）“人”字的同音定语，有警醒之效。再如许钟宁《二元修辞学》（复旦大学出版社，2012年版，第88页）所举以下标题：评奖不能“凭讲”（《半月谈》文，1994年16期）、公证必须公正（《央视论坛》节目，2004年8月11日），就比普通题目具有震撼力。韩导勤《“想好讲”与“随便讲”》：“可能讲的就不是心里话、真情话，不仅有悖‘言为心声’，甚至反而成了‘言违心声’！”（《新民晚报》，2013年9月14日）

古时有许多名对用此方法，如《清稗类钞·诙谐类·童子美人》：“昔有‘童子敲桐子，桐子不落，童子不乐’之绝对，后忽有人对曰：‘美人做米人，米人弗肖，美人弗笑。’”这里用了“童”与“桐”、“落”与“乐”、“美”与“米”、“肖”与“笑”四组音同或音近字，制造了语言急转弯的效果。还有一个名联是：风吹豆角，豆角与豆角斗决；水冲石头，石头向石头拾头。巧用了“豆角”与“斗决”、“石头”与“拾头”的同音异义。另一联：蔺相如，司马相如，名相如，实不相如；魏无忌，长孙无忌，彼无忌，此亦无忌。妙取了“相如”及“无忌”的一词多义。

语言急转弯的使用，要有幽默的天性及驾驭语言的能力。当代大家张中行先生常用此法，如《留梦集·东安市场》：“我们穷学生对洋味不感兴趣，或说不‘敢’兴趣。”又同集《桑榆自语五》：“可惜我天机过浅，不只如胡博士所说，陷于‘知难，行亦不易’，而且加了码，成为‘知难，行益不易’。”两例分别用“感”与“敢”同音、“亦”与“益”同音，造成了思维跳跃及语义递进。钱宁《留学美国》五章：“国内一位老先生说，如今，留学生之外，又多了一类‘流学生’。”“流学生”特指求学不成而流落美国打工的学生，清代徐珂《清稗类钞》就有“流学生”之说。金克木先生《文化卮言》一二：“不会读，书如干草。会读，书如甘草，现代化说法是如同口香糖越嚼越有滋味。”同音的“gān草”形成急转弯。

“神仙对”的迂想妙得

“对联”是汉语的特产，它要求上下联字数相等、语法结构相同、相应的部分词性相同、平仄相反等。但“神仙对”是其中最为刁钻古怪、打破常规思维的一种，又称“无情对”，不能以常情理解和欣赏。例如，1933年清华大学文科招生即有一题是“对对子”，上联是“孙行者”。陈寅恪先生说：“苏东坡诗有‘前生恐是卢行者，后学过呼韩退之’一联。‘韩卢’为犬名，‘行’与‘退’皆步履进退之动词，‘者’与‘之’俱为虚字……寅恪所以以‘孙行者’为对子之题者，实欲应试者以‘胡适之’对‘孙行者’。盖猢狲乃猿猴，而‘行者’与‘适之’意义音韵皆可相对，此不过一时故作狡猾耳。”（《金明馆丛稿二编》，上海古籍出版社，1982年版，第228页）

神仙对常将上联音节按一音多词或一词多义生发跳跃式联想，再随着跳跃联想游走寻对。《笑林广记二种·瘟牛》：“经学先生出一课与学生对曰：‘隔河并马。’学生误认‘并’为‘病’字，即应声曰：‘过江

张之洞像

瘟牛’。”此为一字的联想偏差。幼时听前辈讲一故事：古时黎阳城科举考试，一考生才思敏捷，率先交卷；考官对其答卷表示赞赏后，考生又称善于作对子。当时考生在门前，面对前面屋瓦，考官遂曰：“童子数瓦，一二三四五六七八九十。”考生对曰：“老叟算卦，甲乙丙丁戊己庚辛壬癸。”对仗工稳，又获嘉誉。但此场最末交卷一考生欲东施效颦，亦要求加试“对对子”，考官受开头考生鼓舞，又出一联“黎阳古地出神童”。但这一考生却对以“桃猪锣天进老头”，惹得考官大发雷霆。这一不伦不类的对句就是“神仙对”类型，他从语音上由“黎”“阳”“古”三音节错解为不相干的“梨”“羊”“鼓”，再按错解的词配以同类词为对，这一文人噱头，透视出了汉语的特殊规律。有时它还牵涉汉字知识：

《清稗类钞·诙谐类·无情对》：“张文襄早岁登第，名满都门，诗酒宴会无虚日。一日，在陶然亭会饮，张创为无情对……如‘欲解牢愁惟纵酒’，张对以‘兴观群怨不如诗’。此联尤工，因‘解’与‘观’皆为卦名，‘愁’与‘怨’皆从心部，最妙者则‘牢’字之下半为‘牛’，而‘群’字之下半为‘羊’，更觉想入非非。最后，张以‘陶然亭’三字命作无情对，李芍农侍郎文田曰：‘若要无情，非阁下之姓名莫属矣。’众大笑，盖‘张之洞’也。”以“张之洞”对“陶然亭”，令人叫绝。从字面看，人名对亭名虽为名词对，但有人、物之别，不工。但是“张”谐音“樟”，“陶”谐音“桃”，可联想跳跃为树名对；“然”与“之”皆为虚词，亦可对；最后“亭”谐音“停”，“洞”谐音“动”，可联想成一绝妙的“反对”；古人称“正对为劣，反对为优”，故弥足珍贵，有“众大笑”的艺术效果。

由“神仙对”说到“借对”

神仙对是不顾句子的整体语义而按音节拆解联想而成的，拆解成对的音节愈多愈好。考其源，应是来于诗律学中的“借对”。“对仗”是律诗的格律之一，有时某字在对仗中看起来不甚工稳，但那字的另一意义或同音词却正好与对句的字成为颇工的对仗，这就称为“借对”。王力先生《汉语诗律学》对两类借对有具体分析，如王维《送刘司直赴安西》诗：“苜蓿随天马，葡萄逐汉臣。”“汉”在句中是“汉朝”义，与对应的天文词“天”不同类，但“汉”又有天文词“星汉”之义，故可联想此义成隐性工对。这是一词多义的借对。再如杜甫《秦州杂诗》“马骄珠汗落，胡舞白蹄斜”两句，“白”是颜色词，“珠”在句中是名词，对仗不工，但“珠”与颜色词“朱”同音，故可拈取此义为对。这是一音多词的借对。

用这种方法分析中学生熟悉的刘禹锡《陋室铭》，即可找出两联借对：“谈笑有鸿儒，往来无白丁。”“调素琴，阅金经。”其中“鸿”字是“大”义，与颜色词“白”不对，但它可联想到同音词“红”作借对；“金”是书写佛经的金粉，与表“白的，无色的”“素”字不对，但是“金”亦有“黄朱色”一义，可借此义对。所以闻一多先生《律诗底研究》一文说：“借对之种类甚多，有借字音者，有借字义者。”

宋人对借对的认识已相当深入，当时又称为“假对”，“假”与“借”为同义词。洪迈《容斋四笔·通印子鱼》说：“鱼通印之语，本出于王荆公《送

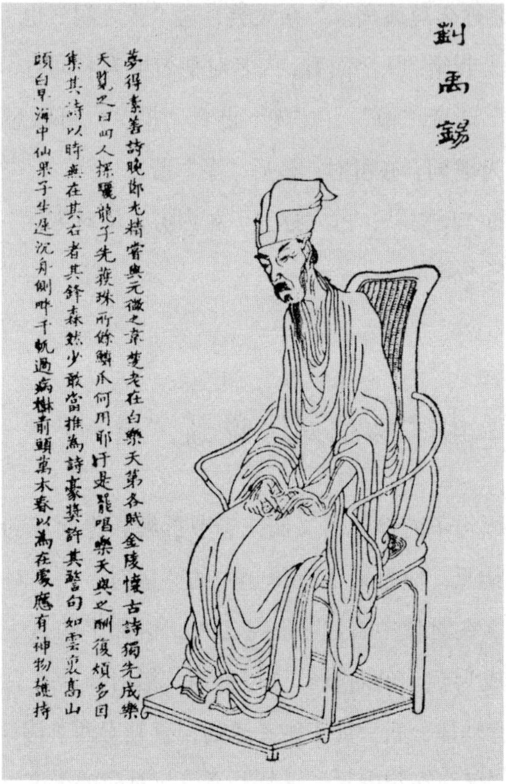

刘禹锡像

张兵部知福州》诗‘长鱼俎上通三印’之句……东坡始以‘通印子鱼’对‘披绵黄雀’，乃借‘子’字与‘黄’字为假对耳。”“子”应为词尾，故与颜色词“黄”不对，但“子”谐音“紫”则为颜色词，对“黄”。假对理论加深了对律诗对仗的认识，宋代罗大经《鹤林玉露·云日对》说：“叶石林云：‘杜工部诗，对偶至严，而《送杨六判官》云“子云清自守，今日起为官”，独不相对，切意“今日”当是“令尹”字传写之讹耳。’余谓不然，此联之工，正为假‘云’对‘日’。两句一意，乃诗家活法，若作‘令尹’字，则索然无神，夫人能道之矣。且送杨姓人，故用子云为切题，岂应又泛然用一令尹耶？如‘次第寻书札，呼儿检赠篇’之句，亦是假以‘第’对‘儿’，诗家此类甚多。”“第”谐音“弟”，与“儿”为伦理词对。“子云”为东汉扬雄之“字”，如细考校，“子”谐音“紫”，“今”谐音“金”，亦可视为上下联有三个字用此法的假借对。《历代诗话·存余堂诗话》引《天厨禁脔》所分析的“因寻樵子径，偶到葛洪家”

一例则是双借，“子”谐“紫”，“洪”谐“红”。

李商隐《无题》“隔座送钩春酒暖，分曹射覆蜡灯红”两句，张中行先生分析说：蜡“谐音腊，借对”，故“春酒”对“蜡灯”为工对。（《文汇读书周报》，第467号）

谣谶的验与不验

“谶”字是“应验”的意思，谶言则是暗藏天机、以隐晦的语言信息暗示未来历史事变的预言。中国的传统神秘文化有“天机不可泄漏”的观念，故谶言的信息往往在经过历史应验后方可完全破译。如《史记·秦始皇本纪》：“燕人卢生使入海还，以鬼神事，因奏录图书，曰‘亡秦者胡也’始皇乃使将军蒙恬发兵三十万人北击胡，略取河南地。”《史记集解》引郑玄注说：“胡，胡亥，秦二世名也。秦见图书，不知此为人名，反备北胡。”此谶言误解与验证的关键在“胡”字的一词多义。

“谣”是古时“谣言”“谣谚”，包括今人所说的“歌谣”“民谣”“儿歌”等。古时谶言多以歌谣的形式流布民间，故又称为“谣谶”。谣谶在历史上常作为政治家制造舆论、耸人听闻的手段，中国历史上第一次农民大起义的领袖陈胜为了达到“先威众”的目的，就用“狐鸣”“鱼书”编造了“大楚兴，陈胜王”的谣谶；汉末黄巾起义有“苍天已死……”的谣言。这类歌谣常被统治者目为“妖言”“妖谶”。《醒世恒言》二十四卷叙述隋炀帝亲自种垂柳以号召百姓于汴河两岸植柳时说：“时有谣言曰：‘天子先栽，然后百姓栽。’‘栽’与‘灾’同音，盖妖谶也。”这例用了汉语一音多词的特点。这类谣谶是士人或百姓的创造，反映了民间对昏君的不满情绪及预测未来形势的智慧。《古谣谚》卷六十三《宋末江南谣》说：“江南若破，百雁来过。”注释说：“当时莫喻其意，及宋亡，盖知指丞相伯颜也。”“百雁”与“伯颜”是短语谐音，“百”“伯”音同，“雁”“颜”音近。

谶言也可能是日常口语。李天纲《1900：躁动的南方》说：“1900年，

隋炀帝像

太多奇奇怪怪的事情一起出现。有一件事情最为蹊跷。已经衣冠全国几十年的上海名门闺秀，忽然开始自个流行起老土的北京服装式样：旗袍。姐妹争说‘京式样’。有好事者忽然记得，大叫‘不好’！甲午年，北京旗人女眷流行穿上海服装式样，所谓‘海式样’。结果应了一句‘海失洋’：黄海一战，北洋水师，大败于海上，失于东洋日本人之手。好论奇门遁甲、占星卜卦者又在谈论：今年上海流行‘京式样’，该不会又是‘京失洋’的谶语：北京要失于洋人之手！旗袍，难道真会成为亡国之服？果然，1900 年，庚子年，八国联军攻占北京，慈禧太后‘西狩’长安。中国一度陷入真正的无政府状态。中国人是一个顽固地相信‘天人感应’的民族，谶语被看作上苍对人事的暗示，在中国极有市场。”（《收获》，2000 年第 3 期）

诗中之预言称“诗谶”，如《红楼梦》第一回僧人吟英莲的诗句“菱花空对雪澌澌”，“菱”暗喻英莲日后改名香菱，“雪”谐“薛”，预示英莲最终为薛蟠妾。该书第五回十二支曲是金陵十二钗的谶诗。

古今谣谚无数，真正验证的预言只是凤毛麟角，而所谓应验的内容也多

香菱像

牵强附会之辞，它一直受到“不语怪力乱神”的正统儒学排斥，在文化史上属消极文化现象，但它却是认识汉语的有趣材料。

“占梦”语的扑朔迷离

占梦术可称得上全球性的传统文化，它是科学与迷信相混杂、半是天使半是魔鬼的学说。俗语说：“日有所思，夜有所梦。”我国古有“占人”之官，“占梦”是其职责之一，有“六梦”说。“梦”是睡眠状态下脑神经活动的内容，因此，“占梦”材料有重要的医学、心理学价值；奥地利学者弗洛伊德以《梦的解析》而成为西方 20 世纪三大思想家之一。但是中国历史上的占梦来源于殷商鬼神文化及原始巫术，离科学较远，又受到儒家礼乐文化的批判与排挤，故有荒诞性、随意性的特点。而汉语的谐音联想特点又为占梦术提供了驰骋想象、淋漓挥洒的余地。

段成式《酉阳杂俎·梦》记载："许超梦盗羊入狱，元慎曰：'当得羊城令。'后封城阳侯。"此例用了"羊"与"阳"的谐音。钟辂《续前定录·柳员外》说："柳宗元自永州司马征至京师，意望录用。一日诣卜者问命且告以梦曰：'余柳姓也，昨梦柳树仆地，其不祥乎？'卜者曰：'无苦，但忧远官耳。夫生则柳树，仆则柳木，木者，牧也。其牧柳州乎！'卒如其言。"此例用了"木"与"牧"的谐音。

冯梦龙《智囊全集·舌生毛》："马亮知江陵府，任满当代。梦舌上生毛，僧占曰：'舌上生毛剃不得，当再任。'果然。"此例利用"剃""替"谐音，由"剃不得"的事理，联想跳跃到"替不得"的官职连任，遂将一个让人恶心的古怪梦境说解得吉祥如意。

有时候，文字知识与汉语谐音相辅相成，共同说梦。《隋唐演义》九十一回：玄宗道："妃子曾说来，梦与朕同游骊山，至兴元驿对食。后院忽火发，仓卒出走，回望驿门中，树木俱为烈焰；俄有二龙至，朕跨白龙，其行甚速；妃子跨黑龙，其行甚迟。左右无人，惟见一蓬头黑面之物，状如鬼魅，自云：是此峰之神，承上帝之命，授妃子为益州牧蚕元后。悚然而觉，明日即闻渔阳叛信。如今想起来，与朕游骊山，骊者'离'也，方食火发，失食之兆；火为兵象，驿木俱焚，驿与'易'同，加木于旁'杨'字也。朕跨白龙，西行之象，妃子跨黑龙，幽阴之象；峰神者，山鬼也，山鬼乃'嵬'字；益州牧蚕元后，牧蚕所以致丝，益旁加丝，'缢'字也，正缢死于马嵬之兆。"此段文字有三处谐声："骊"谐"离"，"驿"谐"易"，"益"谐"缢"；又杂用拆字术、五行说等。其说解辗转牵合，附会纰漏难免，如"加木于旁'杨'字也"即有悖汉字结构。宋代王楙《野客丛书·木易非姓杨字》说："今人称姓杨人为木易，案杨氏姓文左从'木'，右从'昜'，非从'易'……以木易为杨姓，其误久矣。"

谶纬巫鬼文化一直被儒学视为左道旁门，受到士人的蔑视，占梦的荒诞性、任意性在历史上经常受到质疑与挑战。例如，《世说新语·文学》："人有问殷中军：'何以将得位而梦棺器，将得财而梦矢秽？'殷曰：'官本是腐臭，所以将得而梦棺尸；财本是粪土，所以将得而梦秽污。'时人以为名通。"时至今日，命相学一类神秘文化有死灰复燃之势，但真正的读书人是

《隋唐演义》九十一回插图

摒弃这种文化垃圾的。杨绛在散文《干校六记》中记述她遭遇猫食鼠后弃鼠于室的恶心事，钱锺书先生用谐音拆字等法安慰她说：“这是吉兆，也许你要离开此处了。死鼠内脏和身躯分成两堆，离也；鼠者，处也。”杨绛说：“我听了大笑。凭他运用多么巧妙的圆梦术或拆字法，也不能叫我相信他为我编造的好话。”

歇后语的谐趣

歇后语是近代汉语中由隐语发展来的熟语词，在元曲中已发展成熟。歇后语由两部分构成，前一部分称比喻语，后一部分叫解说语。如果按语言特点分析，歇后语又可分为两大类：一类歇后语是修辞学上“比喻”辞格的精简，它的比喻语可以加上“好像……一样”格式，还原为一般比喻句。例如：

肋底下插柴——不自稳。（《元曲选·合汗衫》一折）
老鼠尾巴上害疖子——出脓也不多。（《儒林外史》十四回）
没眼先生上钟楼——瞎撞。（《醒世姻缘传》四回）
碟子里洗澡——浅得很呢。（《笑林广记二种·债精传》）
蟭蟟拏顶——还拉着镜儿呢。（同上）

这类歇后语前后两部分语义相承，思维连贯，容易理解。

另一类是谐音歇后语，它利用汉语一音多词特点造成思维的跳跃，有两个解说语：与比喻语语义相承的是显性句段直接解说语，由它通过谐音联想派生的是联想解说语。例如：

空棺材出殡——木中无人——目中无人
猪八戒的脊梁——悟能之背——无能之辈
（比喻语）（直接解说语）（联想解说语）

这类歇后语的语义重心在联想解说语，引发的词语常在母词后加括号表示，如：外甥打灯笼——照舅（旧）。谐音歇后语又可细分为同音相谐、音近相谐两种，元曲中均有用例：

大河里淌下卧单来，可知流被（刘备）哩。（《元曲选外编·三战吕布》二折）

精脊梁睡石头，他说是汴梁（由"变凉"谐音）。（《元曲选外编·刘弘嫁婢》一折）

前一例只说句段解说语，后一例只说联想解说语，格式尚未统一。再如音近相谐例：

今日做了府尹，我便绿豆皮儿请退（清蜕）。（《元曲选外编·遇上皇》四折）

擂槌上抹上些稀蒜，就马上辣作一堆（槌）。（《元曲选外编·蒋神灵应》一折）

第一例用联想解说语，第二例用句段解说语，格式亦不固定。

音近相谐的歇后语常有理解障碍，语言艺术魅力不如同音相谐类型，下面举现代汉语中音同、音近的几个例子：

马背上打掌子——离蹄（题）太远。

土蚕钻进花生壳——假充好仁（人）。

脚指甲点灯——明脚（名角）。

捋胡子过河——牵须过渡（谦虚过度）。

丈母娘的嫂子——大岳母（大约摸）。

大轴子套小轴子——画（话）里有画（话）。

魅力无穷的谜语

谜语也是从古代隐语发展而来的，但它比歇后语的产生要早得多，成为古今大家喜闻乐见的语言文字游戏。按内容分，有物谜、字谜、名称谜等；从形式看，又有灯谜和一般谜语；从格式上还有很多分类，有许多格式故求艰深，已成阳春白雪，走上了歧路。

谜语主要是语言艺术。字谜等则是文字与语言相结合的艺术，从语言特点分析，由汉语一词多义特点组成的要经过词义转换，而与汉语谐音相关的先要经过谐音转换寻找解谜契机。例如，《收获》2000 年 2 期“走近鲁迅”栏目有三篇谈鲁迅的文章引起了学界的不同议论，褒贬不一。其中王朔《我看鲁迅》开头就用一个人名谜，给人以调侃的印象：“第一次听说鲁迅这名字是一谜语：山东消息——打一人名。忘了发表在哪儿，反正是一印刷纸，一大堆谜语，让小孩猜。”显然，谜底即是“鲁迅”。其中“山东”转换成其简称“鲁”字，“消息”先转换成通讯的“讯”字，因媒体常将“消息”“报道”简称为“讯”；由“讯”再经谐音转换为“迅”字。冯梦龙《古今谭概·谈资部》有《古人姓名谜》以一首诗谐四个古人：“‘佳人佯醉索人扶，露出胸前白玉肤。夏入帐中寻不见，任他风雨满江湖。’隐贾岛、李白、罗隐、潘阆名谜。”

有些谐音谜语还要结合形象思维来破解，所以猜谜又称“破谜”。例如：宋代周密《齐东野语·隐语》：“打稻耞云：天下有道则见，无道则隐。瞻之在前，忽焉在后。”谜面四句话皆引自《论语》，“有道则见（xiàn，现），无道则隐”是称赞古君子用舍行藏规律的，通过“道”谐音“稻”，悟出“打稻耞”的使用时限来猜出。后两句本是形容孔子之道“在前在后，恍惚不可为象”的，用在谜面中是进一步描写打稻耞使用时前后挥舞的形象的。再如古人物谜《帐子》：“团团围住一座城，外边兵马里边人。张良善用关门计，韩信归来定太平。”上两句是形象比喻，后两句是功能叙述；但后两句人名又用了谐音而形成双关义：“张良”谐“帐良”，有提示“帐”字及其用法

张良像

之用意；“韩信”谐“寒讯”，又有冷天不用、可以闲置之意，一语双关。

另外，古今的一些咏物诗，就是纯粹用形象思维的“物名谜”。如《扇谜》：“有风不动无风动，不动无风动有风。等待梧桐落叶时，主人送我入冷宫。”中学生熟知的于谦《石灰吟》诗：“千锤万凿出深山，烈火焚烧若等闲。粉身碎骨浑不怕，要留清白在人间。”就可作为谜底为“石灰”的谜面。诗贵含蓄，与谜语有共同的美学志趣，用形象思维获得这种效果也是其共同追求的。例如艾青《镜子》亦可视为一谜语：“仅只是一个平面，却又是深不可测；它爱的是真实，决不隐瞒缺点。它忠于寻找它的人，谁都从它发现自己——或是醉后酡颜，或是鬓如霜雪。有人喜欢它，因为自己美；有人躲避它，由于它直率；甚至会有人，恨不得把它打碎。”这两首诗通过咏物寄托了诗人理想和情志，让人感受到了作者的人格力量，这也是诗与谜语的差别。清代袁枚《随园诗话》说：“咏物诗若无寄托，便是儿童谜语。”再如莎士比亚《金钱》：

啊，你可爱的凶手，帝王逃不过你的掌握，亲生的父子会被你离间！你灿烂的奸夫，淫污了纯洁的婚床！你勇敢的战争！你永远年轻留秀，永远被人爱恋的娇美的情郎，你的羞颜可以溶化了黛安娜女神膝上的冰雪！你有形的神明，你会使冰炭化为胶漆，仇恨互相亲吻！

喷饭解颐的笑话

汉人滑稽诙谐的语言艺术中，能逗人欢乐发笑的谈笑或故事又专称为笑话。笑话可以活跃生活气氛，激发人的语言联想及思维能力，愉悦身心。今人李大伟《开场白》说：“给我们中文系开哲学课的老先生就是个老‘右派’，站在讲台上，指指早已荒芜的谢顶：‘鄙人乃无冕之王，’‘无冕之王’是新闻系毕业生的美称，在此挪来自喻刚刚摘去右派帽子。‘但绝非无齿（耻）之徒。’他补充道，说罢咧嘴，齐齐的白牙，以示佐证……据说右派期间，从无检举他人一言一行，是个‘打死我也不说’的铮铮铁汉。全场鼓掌，入校的拘谨一扫而光。”（《新民晚报》，1999 年 10 月 30 日）

这一谈笑用了“冕”字的一词多义，用了“齿”与“耻”的谐音，后者是挪用古人的笑话。《清稗类钞·诙谐·贤者乐此》：“有老年脱齿者，一日，赴友人宴，同席某好诙谐，见其食时唇翕张，而中央之齿无矣，戏之曰：‘天下固有无耻之徒耶？’人笑而应之曰：‘贤者然后乐此，不贤者虽有此不乐也。’盖以‘耻’叶‘齿’，以‘乐此’叶‘落齿’也。”老人之言出自《孟子》，他巧妙地跃过“齿”与“耻”的谐音而改谐“此”字，又巧用“乐”与“落”的谐音而创此妙境，反戏对方为“不贤者”，柔中有刚。

笑话又可陶冶人的情操，诙谐幽默的人往往具有开朗活泼的天性，有容人之雅量。元代元怀《拊掌录》记载石曼卿一次出游报宁寺，“驭者失控，马惊，曼卿堕马。从吏遽扶掖升鞍，市人聚观，意其必大诟怒。曼卿徐着鞭谓驭者曰：‘赖我是石学士也，若瓦学士，岂不破碎乎？’”此例由“石”姓联想到“石头”，再与建材“瓦”作同类联想，有仁人的气度。

欧阳修《归田录》卷一：“杨文公尝戒其门人，为文宜避俗语。既而公因作云：‘伏惟陛下，德迈九皇。’门人戬遽请于公曰：‘未审何时得卖生菜？’于是公为之大笑而易之。”既欲避俗而不能免俗，门人将令人肉麻的歌功颂德语“德迈九皇”故意曲解为“得卖韭黄”并联想生发出“得卖生菜”的问话以讽谏，收到了奇效，使主人在笑谑中愉快接受。

洋泾浜英语的汉字滤净

洋泾浜是上海的一个地名，通商后因与洋人交往，下层劳动人民也学些常用的英语。由于不谙中英语言的差异，故其记诵的英语是受汉语单音节有义思维影响的特殊语言，徐珂《清稗类钞·方言类·上海洋泾浜话》称是“用英文之音而以我国文法出之也”，实际是将英语的复音节词及句子拆解为类似汉语单音词或语素，通过附会联想而成为汉语的句子以帮助记忆，美籍语言学家王士元称为“汉字的滤净”。他在《语言变异和语言的关系》中说：

> 我曾努力教给我的祖母一些英语中基本的问候语……用了几个小时教她说一句“Good Morning”仍然毫无收效，最后她以“狗戴帽子”的发音而作罢，同时还伴以点头和微笑。她可能时常会自己这么想，一大早说这句话是多么奇怪的事情，但是我们的邻居们对她的回答却一直是很高兴的。我有时很想知道，像“狗戴帽子”这样通过汉语的过滤，到底能懂得多少英语。（见《汉语研究在海外》，北京语言学院出版社，1995年版）

对受正规英语教育的人来说，很快就能理解英语复音节成词、单音节基本无意义的特点，改变汉语语言思维的惯性，摆脱“滤净”现象。但对不懂外语及无文化的下层劳动者来说，实在是强人所难，生活中此类笑话古今不绝。鲁国尧先生阅读钱锺书著作，发现汪康年的一条记载说：“满人某曰：‘西人语多不实，即如英、吉、利，应是三国；现在只有英国来，吉国、利国从未来过。’”这是按音节拆解“英吉利”。西学东渐时期，科举考试也发生一件笑话，余秋雨《山居笔记·十万进士》说：“一道中外比较的试题：《项羽拿破轮论》（当时译名初设，拿破仑译成拿破轮）。出题的考官赶时髦，但来自全国的考生怎么跟得上呢？一位考生一开笔就写道：夫项羽，拔山盖世之雄，岂有破轮而不能拿哉？使破轮自修其政，又焉能为项羽所拿者？拿全轮而不胜，而况于拿破轮也哉？”

近年有科技术语“纳米”一词，朱世荣《“那米”不如这米》短文说买米趣事：“胖阿姨咯咯一笑，道：‘现在的大米品种可多了……还有一个新品种叫什么“纳米”，我们自己都品尝过。不怕不识货，就怕货比货——老实告诉你，“纳米”根本比不上咱这米。’有几位路过的顾客听罢此言，忍不住发笑。胖阿姨毫不顾忌，坚持说：‘信不信随你，反正咱都尝过……’”（《新民晚报》，2003 年 4 月 9 日）然而对学外语，这种方法却是简易速成法。例如英语习惯语“Thank you very much”，三十年代滤净为“生发油抹来抹去”（见游汝杰《文化语言学导论》）；现代人又有说成“三克油喂你妈吃”的。这样，汉语的谐音联想已超出了汉语的畛域，同化了英语音节。不仅如此，历史上梵汉交流期间，已有滤净梵语的情况。如《西游记》七回：“佛祖道：‘不妨，不妨。’袖中取出一张帖子，上有六个金字：‘唵、嘛、呢、叭、咪、吽’。”注释说：“唵嘛呢叭咪吽（hōng——梵语莲花珠的译音）。我国明代民间把这句话说成‘俺把你哄了’。”

周振鹤先生短文《别琴竹枝词》介绍清末小说家李伯元《南亭四话》收录的以汉字诗词形式过滤英语句子的洋泾浜英语，其特点是汉英杂交。其一是：“清晨相见谷猫迎（Good Morning），好度由途（How do you do）叙阔情。若不从中肆鬼计（squeeze），如何密四（mister）叫先生。”（《新民晚报》，1995 年 5 月 10 日）巧妙地以诗词形式翻译并记忆英语词语和句子。

译词的缤纷春秋

洋泾浜英语实际上是英语汉译的土办法，它属于模拟英语复音节语音的译音词那一类。在中外文化交流中，语言翻译一直走在其他交流的前面，正所谓“工欲善其事，必先利其器”也。佛教传入中国是第一次大规模的中西文化交流，僧人是文化使者，承担着翻译印度古梵语经书的任务。在梵汉对译过程中，古僧人对二者语言的差异有深刻的认识，并采取了以意译为主的方法。梁代慧皎《高僧传》说：“自大教东流，乃译文者众，而传声盖寡。良由梵音重复，汉语单奇。”但对一些专有名词或汉语没有的词汇也采取少量音译的方法，例如：“佛”是“佛陀”的简称，是梵文“Buddha”的音译，意思是“觉者”；“罗汉”是“阿罗汉”的简称，是“Arhat”的音译，意为“修行最高者”；“菩萨”是“菩提萨埵”的简称，原为“Bodhisattva”的音译，是“觉有情”“道众生”之意。“支那”本是印度称中国“秦”（Cina）的拟音，汉语再音译过来的。还有音译和意译交织而“梵汉并举”的情况，如“僧伽蓝”是“sang hā rā ma”的音译，意为“众园”；因“僧伽”又简称为“僧”（和众，合之意），故又译作“僧园”“僧院”，后一音节为意译。

改革开放初，以《还珠格格》为代表的清宫戏风靡全国，公主称父皇为“皇阿妈”，“皇”为汉语，“阿妈”为满语。但清初并非如此，陈寅恪先生说：“寅恪曩于北平故宫博物院发一秘箧……满文奏折多本，中加一纸片，上书汉文‘勿使汗阿妈知及我弟鄂尔弼云云’等语，案‘汗’源出‘可汗’，在满洲语，通常以之当汉文‘皇’字，‘阿妈’为满洲‘父’字之音译，既称‘皇父’，兼据上下语气，此纸疑出废太子胤礽之手。”（《金明馆丛稿二编》，上海古籍出版社，1982 年版）可能编剧不知清初语言实际，也可能为便于当代人理解而有意改动。

晚清是欧风美雨浸润中华的西学东渐时期，英语作为强势语言成了汉语翻译界的主要翻译对象。英译汉当然仍以意译为主，但由于通英语的留学人员较多，也有相当数量的音译词流行，如：密斯（miss）、密斯得（mister）、派司（pass）、马达（motor）、引擎（engine）、麦克风（microphone）等。鲁国尧先生发现钱锺书先生著作中有早期较冷僻的音译词：外交部"英呼曰'佛林敖非司'，译'佛林'（foreign）外国也，'敖非司'（office）衙门也。"高锡恩《友白斋集》以下两句诗："寄语侬家赫士勃（自注：夷妇称夫曰赫士勃（husband））""度埋而立及时春（夷人呼娶亲为'度埋而立'（to marry））"。五四运动科学、民主两面大旗又称德先生、赛先生，德、赛是民主、科学两词英文的音译第一音节的语音。《国际歌》中"英特纳雄耐尔"是法语"Internationale"的音译，"布尔什维克"是俄语"бoльщевик"的音译，抗日战争影视作品中"米西""巴格牙路"及徐志摩诗《沙扬娜拉》则是日语的音译。当然，由于汉语的语音特点，英语意译词仍为主流。如：电视（television）、冰箱（icebox）、集装箱（container）、水泥（cement）、代沟（generation）、软件（software）、足球（football）、篮球（basketball）等。

英语音译中有少量词由于选用的汉字组合后与原义暗合或接近，形成音兼义而两全其美的最佳境界，如：幽默（humour）、引得（index）、沙发（sofa）、迷你（mini）、可口可乐（cocacola）、博客（web log）等。它是音译、意译与"汉字的滤净"相结合的产物，弥足珍贵。也有像"僧园"那样梵汉并举的类型，如：呼啦圈（hula）、摩托车（motorbike）、桑拿浴（sauna）、酒吧（bar）、大（中、小）巴（bus）、黑客（hacker）、基因（gene）、媒体（media）、作秀（make show）、因特网（internet）等。

在对译当中，由于情况复杂，所用汉字可能有时空差异，印度古时汉译写作身毒、天竺等，成了汉字古音的材料。目前大陆与台湾对国外人名的用字也常不同，如美国前总统布什，台湾作"布希"；恐怖分子拉登，台湾作"拉丹"。还有以讹传讹，将错就错的情况。怡然《"戛纳"，还是"嘎纳"》说："'戛纳电影节'的法文是 Festiyal de film de Cannes，英文是 Cannes Film Festival，按理说，Cannes 确实应该翻译为'嘎纳'。可是不知何故，从这个电影节被中国人知道的时候开始，中文表达就是'戛纳'。（《现代汉语词典》（第

6 版）已规范其读音为 Gānà，编者注）……可见‘先入为主’何等重要！同样道理，阿联酋的大城市 Dubai，其实是应该翻译成‘度拜’，结果人们都随从首次翻译的读音，念为‘迪拜’，将错就错，倒也自然。”（《新民晚报》，2007 年 6 月 3 日）

意译词符合汉人单音节有义的思维习惯，所以王力先生《汉语史稿》下册说：“意译是汉语的优良传统，因为它简单易懂，容易记忆，所以容易为群众所接受……在佛经的翻译中，也表现了汉语的不可渗透性：宁愿利用原有的词作为词素来创造新词，不轻易接受音译。”所以，像一度流行的译音词，如梵语的“支那”、“禅那”（phyana）、“刹那”（ksana）后来又回归到意译词上来了。英语音译词如“密斯”“派司”“引擎”“麦克风”“德律风”“巴士”分别用“先生”“通行证”“发动机”“话筒”“电话”“公交车”替代。或者留些残迹，如德先生，赛先生。

鲁迅的作品中，常用译音词的某一音节附会联想成汉语，再联想到同类词造词，形成其幽默风格，如：达尔文——“达吾文”，高尔基——“高尔础”，马克思——“牛克思”，托尔斯泰——“托她斯泰”等。

对外汉语教学与网络新词

改革开放至今，对外汉语教学正形成井喷之势，而口语的音同歧义是对外汉语教学的难点之一。法国留学生孟德威在《学汉语实在太“蓝”》中说：“我每次到菜场买虾，摊主问我要多少，我就说：‘给我一斤吧！’很奇怪，摊主竟然每次拿一斤半给我！不过现在我学乖了，我发现，只要少说一个‘吧’字，我就可以买到一斤。应该这样说：‘给我一斤！’最近又发生了一场误会。我到常常光顾的餐厅要了一份扇贝。等菜送到餐桌上，我觉得不对劲，就问服务员：‘这是什么？我不是点了扇贝吗？’她就很奇怪地、有点不耐烦地回答说：‘对呀！这就是你要的鳝背呀！’”（《新民晚报》，2001 年 4 月 3 日）前一例涉及量词后面用的“把”字（读上声，常表示略多于前头的数量）

与助词“吧”字（读轻声，表商量、请求等语气）语音及用法的细微差异，汉人语音能分清而排除歧义，留学生有难度，主要是印欧语无汉语声调特征。后一例，汉人也会产生歧义，闹出笑话，此即无心的曲解。

网络成了 21 世纪信息时代的新宠，所谓“信息”归根结底是语言信息。网络在改变世界的同时，也空前放大了语言的功用和推动语言的变革。汉语的语音特点形成了特殊的网络新词，汪磊《新华网络语言词典》（商务印书馆，2012 年版）收字母型词语 827 个（BB、PMP 等）、数字词语 482 个（88、520 等）、汉字型词语 1637 个（菜鸟、美眉等），谐音是三种类型的共同手段。例如英语“bye bye”，最常见的译音词作“拜拜”，网络语中三种类型都有，分别是：BB、88、北北。前两种类型字母类限于学过英语的大中学生及成年人，数字类囿于十个数字的限制也传播有限，故惟汉字类最多。

改革开放后很多词语复活转用，例如“跳槽”一词，意义从牲口离开所在的槽头到别的槽头吃食转换为比喻人离开原来的工作，另谋高就。对通货膨胀，人们也创造了一连串谐音短语表示无奈与反感：油他去、豆你玩、鸽你肉、姜你军、辣翻天、蒜你狠、糖高宗、药你命、煤超疯等（参见汪磊《新华网络语言词典》）。对网络新词既要看到其积极方面，也要防止粗俗、滥用等消极方面。

二 趋吉避凶的民情风俗

五福与“五蝠捧寿”

民俗是以趋吉避凶为中心思想而形成的大众文化，它与民族或地区、社团等所处的发展阶段，以及各自的时空、语言、历史等密切相关。汉语的个性特点是形成汉民族民俗文化的重要因素，有大量由语言引起的风俗趣闻。

上有天堂，下有苏杭。苏州园林是苏州享有天堂美誉的重要原因之一，犹如杭州西湖对于杭州。在苏州名园狮子林“燕誉堂”前，导游小姐会提醒你看脚下“五蝠捧寿”的白瓷拼图；吴县东山雕花大楼后花园地面上也有同样一幅。“蝠”是动物蝙蝠，在西方因有嗜血杀人的蝙蝠而被视为凶恶的动物，常作为阴森恐怖环境下的标志动物出现在电影及文学作品中。但在中国它却因“蝠”与“福”谐音而成了吉祥物，鲁迅《准风月谈·谈蝙蝠》说：“蝙蝠虽然也是夜飞的动物，但在中国的名誉却还算好的。这也并非因为他吞食蚊虻，于人们有益；大半倒在它的名目，和‘福’字同音。”和蝙蝠相关的吉祥图还有“蝠云”，又称“百蝠流云”“流云百蝠”，谐音是“福匀”，反映了追求长远幸福的观念。在吴县东山雕花大楼门楼上就有“蝠云”砖刻，大楼门槛还有蝠形销眼，取义是“脚踏有福”。蝙蝠还出现在各类绘画作品中，航鹰《老喜丧》说：“在供桌正中，当香炉用的粗瓷蓝花大海碗，就是那福寿碗了……碗边有一圈深蓝色的卍字二方连续图案，福、寿、禄、喜四个篆

百福临门（民间年画）

字下有五只蝙蝠捧着。”（《中国作家》，1991 年 1 期）

从数字看，“百蝠”之“百”求“福”多，为什么又有“五福”呢？这与汉人古老的五种幸福观念相关联。《尚书·洪范》说：“五福，一曰寿，二曰富，三曰康宁，四曰攸（有）好德，五曰考终命。”五福中以寿为首位，故派生出“五蝠捧寿”的民俗文化。

追求长寿形成了汉人的祝寿习俗，《诗经》中就有“以介眉寿”“万寿无疆”的诗句。祝寿习俗也有谐音讲究：例如“寿九”，是说八十九岁祝“九十大寿”、九十九祝“百岁寿”，谐音是“寿久”。写“寿”字一定要写长形的，改变方框字的常规，因其谐音是“长寿”。还有“百寿图”，是写一百个不同的寿字，谐音“一百寿”，有冀求“长命百岁”之义。祝寿活动要吃“糕”“蛋糕”，谐音是“寿高”“高寿”。

福禄寿三星

在苏南旅游胜地——水乡周庄，随处有出售由老寿星、佛像、鹿三件组合的工艺品，寓意是“福禄寿”三星。“星”源于汉人传统文化的“星命观”，认为人的命运与天上某一颗星星相对应，比如《三国演义》诸葛亮去世有“星落五丈原”的奇观。因此，汉语中就有大量由“星”字和吉凶词汇组合的复合词，如“福星”“灾星”等。

对“福禄寿”三者的追求，实际是早期“五福”的简化与发展，因“福”字可以涵容富、康宁、考终命三福而成一星。“禄”不见于“五福”，是因为上古奴隶社会实行“世卿世禄”制度，“禄”附着于贵族血统而非后天努力可求，故不在追求之列。奴隶社会瓦解的春秋时代，孔圣人办私学而打破了贵族垄断文化的局面，随即破坏了贵族的权力垄断，平民渐渐可

星落五丈原

福禄寿（民间年画）

以通过自己的才干猎取禄位。所以，《论语》有“学也，禄在其中矣”的教诲及“子张学干禄”的记载。“三星”民俗中，“寿星”一直是以一位大额头而长髯的嬉笑老者形象代表的，年画及雕塑作品中常见；“禄星”因“禄”谐音“鹿”而一直用梅花鹿表示；而“福星”年画中一直是用“蝙蝠”在寿星上面飞的形象表示的。可能是蝙蝠做成雕塑品与其他二星不成比例或形象欠佳，故周庄人灵机一动而用另一谐音“佛”来代替，遂成开头所说的那种组合。

鹿因其性情温顺，从渔猎时代就为人类生存作出了巨大的牺牲和贡献而成为汉人吉祥物，“禄”字的音义可能就是“鹿”功用的演变结果。《史记·淮阴侯列传》：“秦失其鹿，天下共逐之。”《集解》引张晏说：“以鹿喻帝位也。”鲁迅《从百草园到三味书屋》描写三味书屋的正面说：“中间挂着一块匾道：三味书屋；匾下面是一幅画，画着一只很肥大的梅花鹿伏在古树下。没有孔子牌位，我们便对着匾和鹿行礼。第一次算是拜孔子，第二次算是拜先生。”这里以肥大的梅花鹿隐指“高官厚禄”之义，正合孔子“学也，禄在其中”的说教。也有人认为“伏”谐音“福”，“古树”暗喻“寿”，那就成了“福禄寿”三星的又一种组合形式。

三味书屋

周庄人以“佛”谐“福星”，还有深层的宗教色彩。因佛教有“佛光普照”“度人间众生苦厄”的教义，故有“拜佛求福”“有求必应”之说，影响力更强。

鱼崇拜与“金玉满堂”

像崇拜鹿一样，汉人崇拜鱼，也是因为它为人类的生存和发展作出了巨大的牺牲和贡献。《易·中孚》卦有“豚鱼吉”的内容，《诗经》有：“牧人乃梦，众维鱼矣……众维鱼矣，实维丰年。”郑玄笺释说：“鱼者，庶人之所以养也，今人众相与捕鱼，则是岁熟相供养之祥也。”闻一多先生《说鱼》等文章认为鱼的“繁殖功能”还形成了象征配偶的比喻及鱼神崇拜等习俗，他说：“现在浙东婚俗，新妇出轿门时，以铜钱撒地，谓之‘鲤鱼撒子’，便是这观念最好的说明。”“鲤鱼撒子”就是鱼产卵，微山湖渔民形容鱼的繁育功能说：你有千网妙计，我有万子万孙。还有一些无法解释的现象，《赵本夫文集·刀客与女人》说：“老人们都有这个经验：每逢遇上荒年，野菜就特别多……头年根本就没见过它们的影子，可是一九六〇年春天一到，它们突然从地下钻出来。”（江苏文艺出版社，1998年版，第363页）这是说的20世纪60年代饿死人最多时期的奇怪现象，好像上帝有灵。不仅如此，当年的鱼虾也出奇的多，以至于江河湖海里容纳不下，农村的坑塘里出现“鱼翻坑”的景象，即鱼儿自动跳上岸，引人捕捞。因此，这鱼儿也是上帝派来普救众生的“天使”。

鱼在社会文化中的特殊地位，使它成了艺术创作的题材。绘画中自古就有“花鸟虫鱼”；鱼又被雕刻成各种工艺品和信物。宋代赵与时《宾退录》卷一说，唐代永徽二年，皇帝令“开府仪同三司及京官文武职事四品五品，并给随身鱼”。分别以金、银、玉制成，是一种地位与权力的标志。《渑水燕谈录·官制》说宋代官吏以木鱼为信物和身份证明：“契刻檀为鱼，金饰鳞鬣。别刻檀板为坎，足以容鱼。驾前掌鱼，殿前掌板，驾过殿门，合鱼乃

富贵有余（鱼）

启扉……”民间风俗中尤崇拜鲤鱼，北方人送礼，以双鲤鱼为上品，可能与孔子年轻时孟釐子“圣人之后，虽不当世，必有达者”的看法及孔子儿子降生时鲁侯赐鲤鱼有关。《索隐》引《家语》曰：“伯鱼之生，鲁昭公使人遗之鲤鱼。夫子荣君之赐，因以名其子。”尤其是订婚男子向女方送礼偏爱鲤鱼，有性爱、崇圣多重象征意义。鲜艳活泼的鲤鱼又以1斤半重量为佳，有“斤半鲤鱼跳龙门”之说，它成了青春、力量、爱情与精神意志的象征。江南一带则视鲤鱼为神鱼，不食鲤鱼且常将它作为放生的对象。北方还有给73岁老人买鲤鱼度过劫难的习俗，俗话有“七十三，买个鲤鱼蹿一蹿”的说法，意思是吃了鲤鱼就可平安度过七十三岁。因孔圣人活到七十三岁，孟圣人活到八十四岁，民间有“七十三，八十四，阎王不叫自己去”的口诀，这两个岁数成了人生之坎，但鲤鱼可带老人顺利闯关。

元代以后，鱼又通过谐音“余”而增加了新的文化内涵。《儒林外史》二十七回：“南京的风俗，但凡新媳妇进门，三天就要到厨下去收拾一样菜，发个利市，这菜一定是‘鱼’，取‘富贵有余’的意思。”《红楼梦》十七回有“吉庆有鱼银锞十锭”礼品，利用“鱼”谐“余”紧扣“吉庆有余”主题。《世说新语·赏誉》：“王长史谓林公，真长可谓金玉满堂。”后人遂以“金玉满堂”喻家事完美。在瓷器画及年画中，以一池塘或一缸金鱼的构图谐音“金玉满堂”，也有配海棠的；“玉”谐“鱼”，“塘”“棠”谐“堂”。还有莲花与鱼的构图，取义“连年有余”；一个胖娃娃抱持一鲤鱼，取义“富贵有余”，因民间以胖为“福态”“富态”。

中西异同的鸡崇拜

六畜之中“鸡”是典型的民俗吉祥物，与鹿、鱼作为吉祥物的时间发展线索相同，中古前崇其贡献与精神，故《韩诗外传》称鸡有“文、武、勇、仁、信”五德。鸡的风俗文化功能主要由公鸡承当，汉代应劭《风俗通义·祀典·雄鸡》介绍其功用：司晨、祭祀、祠鬼神、治蛊、辟恶……所以民间红白喜事均离不开鸡，女子出嫁随轿有童子抱鸡，称“喜鸡”；丧事随棺木去墓地用鸡扑腾几下，称“引魂鸡”。男女定亲送礼，用偶数的公鸡及鲤鱼，且尤喜用带喜庆色彩的红公鸡。

宋代以后，北方话中入声音消失，原属入声的“吉”字遂与“鸡”同音，吉祥物的鸡又衍生出一层谐音联想的文化含义。清代周亮工《书影》说：“正月一日，贴画鸡。今都门剪以插首，中州画以悬堂。中州贵人尤好画大鸡于石，元旦张之。盖北地呼‘吉’为‘鸡’，俗云‘室（石）上大吉’也。”所以，北方年画中还有公鸡与鸡冠花的构图，齐白石有这一题材的国画一幅；谐音是“吉官”及“官上加官”，因“冠”谐音“官”，雄鸡有鸡冠，合花冠为双冠（官）。

在人类文化的早期，都有过生殖崇拜的阶段，男女性器官及其象形物都是吉祥物。汉语中称男性生殖器为“子孙桩”，又叫“鸡巴”“小鸡”，睾丸称“鸡子儿”；妓女也称“鸡”或“野鸡”。英语中“公鸡”“阴茎”亦同用 cock 一词，可能也是生殖崇拜留下的语言轨迹。但随着社会精神文明的发展，两性关系的猥亵色彩逐渐增加，生殖崇拜也渐暧昧而趋于淡化。从语言看，汉语“鸡巴”“小鸡”诸词只用于口语，书面语中用含糊的“男阴”；英语中 cock 一词“公鸡”之义已被 rooster 代替（见布龙菲尔德《语言论》）。对一音多词的汉语来说，与“鸡”同音的在《新华字典》就有 37 个字，且有“吉”字，所以“鸡”的猥亵义虽多，但语言地位不变。英语一音一词，所以易于用语音把“公鸡”及其引申义“阴茎”分开。不了解这种语言文化差异，可能带来许多误会与麻烦。

《新民晚报》1993 年 3 月 24 日《忌用 cock》一文说：“记得去年 11 月某日，我陪同一位美籍女教师 Mona 女士到一所小学听英语课，当全体学生跟着上课教师按照新编的小学英语课本大声朗读 cock and hen（公鸡和母鸡）时，Mona 女士立即从最后一排座位上起身跑到讲台上，竭力制止学生们朗读 cock 这个词，说：‘It is a very bad word.’（这是一个非常难听的词）并在黑板上写上一个大大的‘rooster’。”这个例子说明，了解不同语言的词语及其随文化演变的情形，对翻译与文化交流何等重要！

“三阳开泰”与“抗美援朝”

三阳开泰又名“三阳交泰”，本为岁首称颂之语，它源于《易经》的阴阳八卦学说。八卦的符号是由阳爻“—”一长横、阴爻“- -”两短横组合成的，每卦用三个符号，如乾卦用三阳爻☰，又称“乾三连”，即三个长横，坤卦用三阴爻☷，又称“坤六断”，意为六短横组成……八卦用排列组合法两两结合成六十四卦，六十四卦除自身组合者仍用原名外，其余则用两卦所联系的事物（如乾为天，坤为地等）名称重叠表示出新卦名，如“泰”卦就是由坤乾两卦构成，称“地天泰”卦。这样，六十四卦的每一卦就由六个阴阳爻符号构成。阴、阳的概念来源于日、月及其运行规律所形成的昼夜、四季等自然变化，形成了阴阳往来、周而复始、物极必反的哲学思想；因此，一年十二个月又用六十四卦的卦象表示阴阳消长的情形。冬季三个月中，十月为坤卦䷁，纯阴之象；十一月为“地雷复”的复卦䷗，一阳生于下；十二月为“地泽临”的临卦䷒，二阳生于下。入春正月为“地天泰”的泰卦䷊，三阴在上，三阳生于下；冬去春来，三阴三阳则阴阳平衡，有吉祥亨通之象，故称“三阳交泰”“三阳开泰”。明代张居正《贺元旦表》：“兹者当三阳开泰之候，正万物出震之时。”

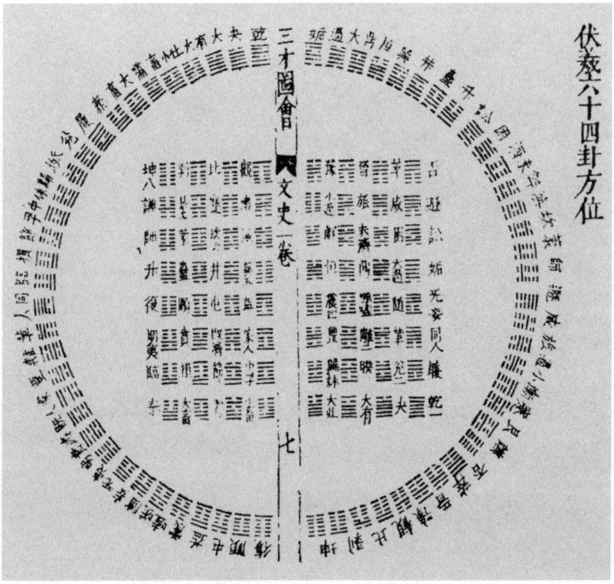

六十四卦

羊也是汉文化中的吉祥物，《说文》：羊，祥也。广州市称“羊城”即源于古代“五羊衔谷”的神话传说，以为祥瑞。因“羊”与“阳”同音，所以年画及工艺品中有三只羊组成的艺术造型，取义为“三羊（阳）开泰”。

因“阳”又与“杨”同音，故朝鲜战争期间有“三杨开台”的趣闻，“台”“泰”音近。徐一朋《决斗》十六：“1953年4月18日，这是个阳光明媚的日子，毛泽东在中南海丰泽园内他那间简朴的菊香书屋里踱步沉思，由谁去唱这场即将到来的‘压台戏’呢？周恩来当初的建议浮现在他的脑海中：‘要把“三杨”拿出去让“三杨”开台（三羊开泰）。’由于种种原因，杨得志、杨成武先期赴朝‘开台’，而杨勇未能如愿。想到这里，毛泽东走向写字台，以中央军事委员会主席的名义签署了一项新的任命：‘调任杨勇为中国人民志愿军第20兵团司令员。’不久，王平也被任命为20兵团政治委员。”（《扬子晚报》，1997年9月27日）

《孙子兵法》中对战争的评价为：“国之大事，死生之地，存亡之道，不可不察也。”像朝鲜战争这样的大事，毛泽东、周恩来在遣将的问题上却受制于一个汉语语音联想的信息，跟着感觉走。它一方面说明语言信息对人

三羊开泰（民间年画）

思维的影响神秘莫测，又说明任何事物往往都有偶然性、任意性、非理性的因素。“三杨”是三位杨姓上将的合称。

另外，徐文在“‘三杨’开台”后用括号以“三羊开泰”作注，取用的是民俗中段信息，没有找到《易经》“三阳开泰”的信息源。它说明民俗的影响尽人皆知，它有时会喧宾夺主；如果我们既知其流，又探其源，对语言、民俗、传统文化三者的关系就会有更清楚的认识。

“瓶生三戟”是吉是凶

《老子》说：“夫佳兵者，不祥之器。”但在苏州历史悠久的桃花坞年画中，有一幅“榴开百子”的名画，除了以石榴咧嘴露出石榴子寓意多子多福之外，画中央有两童子持大瓶而瓶中插三只戟的巧妙构图。三戟的寓意是吉是凶呢？年画的主题当然只能是吉祥的，这里“戟”已无兵器之意，它通过“戟”与“吉”“级”的谐音转化而呈现了非常吉祥的寓意。

在镇江焦山香林庵及北固山甘露寺门前石座两侧，均有“瓶生三戟”的石刻图案。佛寺梵刹是救赎人类灵魂、助人脱离苦海的清净之地，僧众以保佑下界百姓平安、追求自身“涅槃寂静”为最高境界，所以这里“瓶生三戟”的主题是“平生三吉”。“瓶”谐“平”，“戟”谐“吉”，“三”在汉语中表示“多”。这一联想与“五福”中的“康宁”一致。

在苏州吴县东山镇雕花大楼门前，有用碎白瓷片拼成的“瓶生三戟”图案，它与大楼底层大厅圆柱上以乌纱帽帽翅表示的“抬头有官”木刻相呼应，寓意求“禄”，与“鹿十景”砖刻三者呈前、中、后布局。这里“瓶”谐“平”的副词义，是“凭空”“出人意料”的意思；“生”谐音“升”，“戟”谐音“级”，构成“平升三级”的求禄主题。

戟、吉、级三字，中古前都是入声字，但并不同音，入声消失后语音渐同，现代汉语中“吉”“级”同音，与“戟”字也仅有细小声调差别。因此，“瓶生三戟”的构想应是宋元以后的民俗。另外，还有以瓶、笙、三戟的构图或组合，“笙”谐音“生”，且更具直观性。

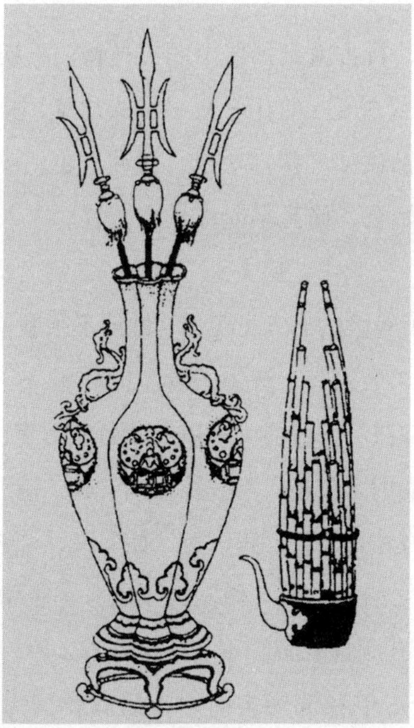

平升三级

瓶的联想民俗，还直接带来了这一品种的形状改变，并确立了它在瓷业中的主角地位。《说文》：“瓶，瓮也。‘瓮，汲瓶也。’”段玉裁注：“瓶瓮之本义为汲器。”故早期的陶瓶与瓮形状类似，重在储水数量及实用目的上。到瓷器时代后，瓷瓶逐渐演变为一种工艺品与摆设，实用性萎缩以至于消失。明清以后，除花瓶可储少量水外，中产以上家庭厅堂正面必置两瓷瓶，寓有“平安即是福”之意，也可置戟、拂尘于其中，谐音“吉”“福”（与“拂”音近）。刘修白《婺源的风》介绍：“至今，家家厅堂上仍置一瓶一镜，意为‘平平静静’读书。自唐至清，婺源出了552位进士，文人留下3100部著作。”（《新民晚报》，2002年1月2日）博物馆中，瓷瓶的收藏量大于其他瓷器。目前，瓷瓶生产又有发展，公共场合常见到1～2米高的大瓷瓶，成一景观。但如配以三戟或拂尘等，则谐音联想寓意更为丰厚，捷足先行者定能获利！

婚姻教育与枣栗联想

植物中的枣、栗，自古就是民俗中的吉祥物，早期的谐音联想就与妇道伦理及婚姻教育相关。《礼记·曲礼下》：“妇人之挚，椇（jǔ）榛脯，脩枣栗。”孔颖达疏解此六种礼品说：“椇训法也，榛训至也。脯，始也；枣，早也；栗，肃也。妇人有法始至，脩身早起肃敬也，故后夫人以下皆以枣栗为挚，取其早起战栗自正也。”其中“后夫人”短语，“后”指天子之妃，“夫人”指诸侯王之妃，这两个等级的妇人可免俗，她们不须服侍别人而要受人服侍。枣栗为挚，取其谐音“早栗”，皆为一音多词联想，“栗”又为动词“慄”的古字。另外，“椇训法”，可能因“椇”又名白石李，由“李”谐音“礼”而来；“榛训至”可能因为“榛”与“臻”同音，“臻”义为“至”；“脯，始也”应是“脯”谐音“甫”，“甫”有“始”义，《老子》“以阅众甫”，王弼注：“众甫，物之始也。”“脩”为干肉，上古常假借作“修”，谐音联想作“脩身”之解。孔颖达的解释不一定符合古人原旨，应多是唐人的附会。

汉语词汇有由上古单音词为主向中古后双音词为主的演变规律。唐代

“子”“儿”“头”等词尾已普遍使用，杜甫诗中就有“细雨鱼儿出，微风燕子斜”的名对。这样，枣栗就变成了双音词“枣子、枣儿”“栗子、栗儿”，它们在婚姻教育中的民俗功用，也随着谐音联想的变化而转移。一方面，它由妇人初见公婆时的相见礼品演变为婆家自备的吉祥物，用于为新人铺床或撒帐求吉祥。另外，联想义也与早期不同。《醒世姻缘传》四十四回：“只见那宾相手里拿了个盒底，里面盛了五谷、栗子、枣儿、荔枝、圆眼，口里念道……”用五谷是求丰足之意，荔枝、圆眼皆圆形，有求“圆满”之意；栗子、枣儿谐音联想为“早生子”“早立子”，有盼多子之意。今人葛均义《旗镇》写东北婚俗说：“找儿女双全的人铺好新房，被窝里撒了枣和栗子。俗话说早立子啊。”（《新华文摘》，1997 年 9 期）枣栗还与花生相配合，联想儿女双全、次第生产之意，苏北农村有送房歌：“吃个枣儿，有个小儿（男孩叫小子）；吃个栗儿，有个妮儿（女孩）。”“花生”说解成“花着生”，男女均衡。又让新人吃生水果、半生不熟的烧饼等，逗其说形容词生熟之“生”，联想成动词生育之“生”。黄宗英《谁把霜扑醉》介绍她在北京初婚时习俗说：“请邻居全合人（有丈夫儿女的福气人）来缝新被，缝四角挂着枣（早）、栗子（立子）、花生（插花生男又生女）的双人大被。”（《新民晚报》，2007 年 11 月 18 日）

《新民晚报》还介绍，皖南徽州有大年初一食枣栗茶的习俗，以“枣栗”谐音“早利”。主人劝客则说：“请！请用枣栗茶！开年大吉，早早得利！”客人回答说：“早利！早利！对合得利！”它是由徽商逐利的心理演化而成的习俗。“对合”一词，《拍案惊奇》卷一：“将就卖几十钱，也有对合利钱，是看得见的。”王古鲁注“对合利钱”说：“指可赚一倍之意，亦称‘对本对利’。”

“棺材”的阴阳两极

上古周代以孝为中心的礼乐文化，形成了“慎终追远”的丧葬习俗，“有棺有椁”的棺殓延续了三千余年直到今天。因棺材多为木制品，所以死亡又

庞令明抬榇决死战

荆轲易水别

称“就木”，而棺材的直接联想当然也是恐怖的阴间，有肃杀之气。所以《三国演义》七十四回有“庞令明抬榇（chèn，棺材）决死战”，明代清官海瑞有“棺谏”，皆为“誓死”，有荆轲“壮士一去不复还”的视死如归气概和献身精神。但棺材及其谐音语常会让人恐惧，张清常《北京地名谐音改字试析》说北京原有地名“官菜园”，应是皇家的蔬菜基地，后因忌与“棺材”同音而改为官园、菜园两称（《中国语文》，1994 年 3 期）。

但是，由于棺材与“官财”谐音，又使它与阳世的“利禄”结下不解之缘，有求吉的民俗意义。唐代段成式《酉阳杂俎·尸穸（xī，葬下棺）》：“近代丧礼，初死内棺，而截亡人衣后幅留之。”这一民俗有两组谐音：棺衣——官衣，后幅——后福。农村至今有此俗。敦煌本《新集周公解梦书》有“冢墓棺材凶具章”，凡十二条“棺梦”，九吉三凶，吉象为主。宋代吴处厚《青箱杂记》卷三：“乡人朱熙邻，景祐中，举进士，梦造棺缺板而弗成，是岁，止过堂不及第，晚遇推恩，长史出身，棺不全之应也。”此类皆缘于“棺”与“官”同音的联想。

航鹰《老喜丧》记北方某地“抱财土”的习俗，缘于“材”与“财”的同音联想：“老人入土时，不论哪辈儿的媳妇儿都抢着从坟坑里抓一把土，兜在大襟儿里掉头就跑，赶回家撒在炕席底下，谁头一个抱回家，谁家的日子就好过，有财运……‘抱财土’借‘棺材之土’的谐音，‘财’藏于‘土’中，则是出于农民对土地的崇拜与眷恋。”此俗的极端是形成了“棺材”崇拜。俗云：“生在苏州，葬在柳州。”柳州棺木名闻天下，其独特处在于把棺材做成袖珍型的吉祥工艺品，备受工商界人士喜爱。还有棺材型的糕点，邵燕祥《符号崇拜》一文说：“最奇的是所谓‘棺材板’变成吉祥话儿以至吉祥物儿，使你不能不叹为观止！那是台湾的一种街头糕点……似是糯米粉做成，长方形的块块儿，一头高一头低，如棺材然。招牌上大书‘棺材板’……原来又是谐音的威力！‘棺’者‘官’也，‘材’者‘财’也，棺材一词，竟也有了官运亨通，招财进宝的内涵。”（《新民晚报》，1999年10月26日）邵文“附记”又引某报1999年4月29日李树杰文说：“一位送礼者为得到一个录用名额，给原福建闽侯县教育局长送礼。因见局长家什么都有了，想了又想，送了一份别致的礼物——上等的柏木大棺材。送礼者说，棺材棺材，升官发财，祝局长前途无量。该局长不但没有怪罪送礼者诅咒他死，反而高兴无比，不无幽默地说：‘送礼送棺材，好啊，好啊，敢为天下先，可上吉尼斯纪录。’局长大人还真欣然收下了。”

棺材带来的民俗形成了南北差异，北方的截亡人后幅、抱财土等习俗较为隐晦，青年人往往莫名其妙。南方的棺材崇拜从语音联想看已经家喻户晓，尽人皆知，呈思想裸露状态。这也是历史上楚文化与中原文化差异的延续。

“天子用八”及数字迷信

鲁迅曾批评中国人的“十景病”，凡事物都凑够“十”数；但中国人也有凑“八”数的习惯，如北京的“燕京八景”、河南“洛阳八景”、上海静安寺附近的“静安八景”（参见《新民晚报》2000年5月9日文），承德市郊的“外八庙”等。

汉人崇拜八，应源于《易经》八卦，八字有圆融和谐、盛大无遗的含义。从空间上看，八卦与八方相联系，因此有八极、八表、八荒等语汇；从时间上看，八代、八辈子表示时间久远；其他如八索、八音、八风、八佾、八鸾、八仙、八元、八凯。文学上有唐宋八大家，书法上有永字八法，饮食调料有“八大味”等；成语中“八面威风”“八面玲珑”“八竿子打不着”“八抬大轿”“八大金刚”皆有总括之义。《易经》八卦又演化为八八六十四卦，所以“八”及“八八”皆有吉祥义；算命术以人出生的年、月、日、时所对应之八字干支推断命运，称“推八字”，且认为旧历八月的初八、十八、二十八三个时日为吉，民间有“男占三八有饭吃，女占三八有马骑”的口诀流行。洪迈《容斋续笔》卷七《俗语算数》说：“杜预注《左传》，天子用八，云八八六十四人，又六六三十六人，四四十六人。如淳、孟康、晋灼注《汉志》，亦有二八十六，三四十二，六八四十八，八八六十四等语。”

当代人迷信“八”字与古有异，普遍认为始作俑者为广东人，取的是八与“发”的谐音以满足发财致富的心理，反而遗忘或不知《易经》“八”字的深厚文化内涵。近十余年，“八”风强劲，掀起一阵阵冲击波，最为极端的例子是北京奥运会定在 2008 年 8 月 28 日晚上 8 时开幕。《新民晚报》1991 年 10 月 22 日《大连拍卖易记电话号码》短文说“‘900888’号码因吉祥、易记，拍卖时起价就达一千元，最终以 1.8 万元的最高价被一家个体公司买走。”不久，重庆的“908888”电话号码拍卖 5 万元，“901168”因末尾数谐音“一路发”，拍卖 1.9 万元。

《咬文嚼字》1998 年 7 期高虹《都市流行语漫谈（三）·买单》说：“最后总算‘买单’了。价格么？你听那家显然是领导新潮流的餐馆怎么说的：我们这里一般便餐二发起价（88），宴席三发（888），豪华宴席三发加 1 加 2 加 3（1888，2888……照此类推），超豪华宴席四发加 1 加 2 加 3——你听懂了么？”目前，此风波及很多商品的定价和销售。

此风所及，“八”音不绝于耳，“八”字触目惊心，已形成了严重的视听污染，反映了当代人的浅俗与浮躁。

败走麦城的“四”与“十三”

与数字八的暴发户命运相反，古代的吉祥数字“四”“十三”却败走麦城，成了不受欢迎的忌讳数字。语言的宦海沉浮，令人感叹！《新民晚报》1994年8月30日荆中棘《有趣的数字迷》说：“‘8’因‘发’而贵，‘4’因‘死’而贱，数目字竟然也如此命运多舛，受尽折磨……据杭州消息……车牌尾号为‘8’‘6’字的，特别受司机青睐，而‘4’字牌照则唯恐躲之不及……这不光是一些个体户，就连一些厂家单位，也死活不肯要‘4’。”

然而传统文化中四字却是吉祥数目。地有四方，时有四季，语有四声，人有四体，器物有四足，民宅有四合院。四与八组合有成语“四面八方”“四平八稳”等；北方人待客最少四样菜，称“四个盘子”。《醒世姻缘传》三十四回：“正说，一面四碟小菜，四碟案酒，四碟油果，斟上烧酒。”全以四为数目单位。《郎潜纪闻初笔·四花佳兆》说：“康熙己未，宣城施愚山先生以监司膺荐，重入长安，其寓邸寄云楼下，老梅四月间忽开四花。比鸿博诏下，先生与同寓高咏，俱入翰林，其南邻孙卓，会试以第二人及第，茆荐馨一甲第三。四君本同里，遂应四花之兆。”忌“4”之风起于江左一隅，对北方影响不大；齐鲁大地厚重的儒学文化，使人们不屑于此类小聪明。

荆中棘文还介绍了《去年十二，明年十四》的报载笑话：说的是一位迷

十二生肖俑

信而要回避“13”这个数字的母亲，竟教她十三岁的女儿，不直接讲“今年十三岁”，而讲“去年十二，明年十四”，以致误了口试的回答。

忌讳十三，完全是西方宗教带来的洋迷信，即布龙菲尔德《语言论》所说的“十三这个数目字对很多人说来就具有强烈的附带的意义”，达·芬奇名画《最后的晚餐》反映了这一宗教信息，告密者犹大位居13。但在汉文化中，十三却是个古老的吉数，它源于古代“四灵”中的“龟”，龟是甲虫，其背甲由十三块甲骨组成，海龟及玳瑁也是如此。因龟是长寿动物，古人以“龟龄鹤寿”为祝寿之词，所以汉代及明朝即分中国政区为十三，寓国运长久之意。由于十三的文化魅力，所以为人钟爱：佛塔最高十三层，道教有十三虚无，伊斯兰教有十三本经，甘南拉卜楞寺正月法会以正月十三晒佛节最隆重；唐有少林寺十三棍僧，《孙子》十三篇，《史记》一百三十卷，宋有儒学《十三经》，清有武侠小说《七剑十三侠》《侠女十三妹》……金代元好问《续夷坚志》有两个以十三为吉的具体例子：

《莲十三花》：“同年康良辅说，磁州观台刘轨家，承安中，池莲一茎开十三花，是岁轨登科，终于京兆按察判官。”

《瑞禾》：“凤翔虢县太子庄，庚子岁，郝氏谷田八十亩，每茎一叶一小穗，至十二数，并大穗为十三，试割一丛治之，得谷十升。明年，郝使统军万人，佩金虎符，偏将李慥曾见。”

汉文化崇拜的数字是“十二”，它源于道家的“法天”思想。《礼记·郊特牲》：“王被衮以象天，戴冕璪十有二旒，则天数也。”孔颖达疏曰：“象天数十二也。”故又有十二月、十二律、十二生肖、十二星次、十二地支、十二哲等。《红楼梦》一百二十回，中心人物金陵十二钗；武侠小说有《十二金钱镖》，《三国演义》一百二十回。同时，十二的倍数也是吉祥数字，《水浒传》一百单八将，三十六天罡星，七十二地煞星，三个数字皆十二的倍数。其他如二十四节气、二十四孝、三十六计、六十甲子等，都是“十二”崇拜的具体表现。

话说刘邦避“柏人”

汉人民俗中还有“地忌”“地误”之说，语音联想是形成此俗的重要原因。

《史记·张耳陈余列传》记载，汉高祖八年时，刘邦经过赵王地界，到“柏人”时，赵王丞相贯高等人在夹壁墙中埋伏武士，打算劫持刘邦，但是“上过欲宿，心动，问曰：‘县名为何？’曰：‘柏人。’‘柏人者，迫于人也！’不宿而去。”“心动”即古人常说的“心血来潮”，今人称“第六感觉”或“潜意识”“下意识”等。刘邦在警惕之余，从地名的谐音判断吉凶，纯属巧合，但从侧面说明了汉语语音特点的影响之大及出人意料。俗话说“无巧不成书”，“柏人”事件的巧合多了也可成俗。

据李炳泽《吉利话》一书介绍说：明代在北京选皇陵时颇费周折，“开始是在口外的屠家营，但因朱姓谐音‘猪’，猪进‘屠家’，不吉利；后来是昌平的‘狼儿峪’村前与羊山脚下，又因为‘猪’遇到‘狼’，大凶；第三次选在京西的‘燕家台’，又是‘燕家’谐音‘晏驾’，很不吉利。最后才找到现在的十三陵地区。”（河北人民出版社，1997年版）传统文化中的“堪舆术”，即俗云“看风水”，活人住宅称“阳宅”，死人墓穴称“阴宅”，合称为“阴阳宅”。此例说明汉语谐音联想对此术的影响。在民间流传甚广的杨家将故事，杨老令公惨死于狼牙谷，就被附会为犯了“地忌”，因“杨”谐音“羊”。《杨家将演义·令公狼牙谷死节》：“小卒回报：‘乡民说是狼牙谷。’令公大惊，暗忖羊遭狼牙，安得复活……”（上海古籍出版社，1985年版）结果，杨令公于此谷李陵碑前自杀。另外，即使没有“猪”“羊”遇狼这样凶恶的谐音联想，仍然可被认为是地名的关系，如：

《三国演义》六十三回：“庞统心下甚疑，勒住马问：‘此处是何地？’数内有新降军士，指道：‘此处地名落凤坡。’庞统惊曰：‘吾道号凤雏，此处名落凤坡，不利于吾。’令后军疾退。只听山坡前一声炮响，箭如飞蝗，只望骑白马者射来。可怜庞统竟死于乱箭之下。”此例可看作句段关系的一

庞统像

词多义联想，因“落”由草木凋零引申为死亡，故常与“殂”“陨”诸词组成“殂落”“陨落”表示死亡。民国时期，国民党特务领袖戴笠因飞机失事摔死在戴山（又称岱山），且山上有戴庙，也被人说成是“地忌”，被认为是命中注定的。毛泽东十分信命，他与斯诺谈话时曾说到他“山大王”的命运，自己逢凶化吉的遭遇，使他对此坚信不疑。所以，据传解放初入京时，有高人告诫他不能进故宫及去西安，可能也是地忌之因。电视纪录片《故宫》有毛泽东从墙外窥看故宫的镜头，解说词说这种情况出现过三次，让人产生无穷的联想。

北京胡同名的新包装

北京的胡同是下层百姓的聚居地，胡同的形成与宗族、行业、风俗习惯等直接关联，命名也反映了某方面特征。但是随着时间的推移及世事沧桑，后人对原胡同名可能产生厌恶或不满情绪，所以自古就形成了对不“雅”的胡同名进行再包装的文化工程。由于地名有社会性、继承性特点，弃旧图新颇有难度；所以历史上就形成了利用汉语谐音采取偷梁换柱、潜移默化的方式进行，既保持了口语中名称的连贯性，又在书面语中进行改装，两全其美。

清人陈康祺《郎潜纪闻初笔》卷七《烂面胡同》：“京师烂面胡同昔称懒眠，故覃溪移居诗有‘街坊烂面名元好，不敢随人作懒眠’之句。”“烂面”虽粗俗，但强于似有人格缺陷的“懒眠”。

鲁迅《华盖集·咬文嚼字》：“在北京常看见各样好的地名：辟才胡同、乃兹府、丞相胡同、协资庙、高义伯胡同、贵人关。但探起底细来，据说原来是劈柴胡同、奶子府、绳匠胡同、蝎子庙、狗尾巴胡同、鬼门关。”

石安石先生在《语义论》一书中从语言理论分析说：“北京的胡同名，很多都随着书写形式（有的兼及语音）的改变而改变了内部形式，如‘轿子胡同——教子胡同’（在宣武区），‘鸡爪胡同——吉兆胡同’（在东城区），‘棺材胡同——光彩胡同’（在西城区），从而改变了内部形式义。”这就是汉语语音与词汇呈辐射式多元联系特点构成的双音词及短语的音同或音近现象，语音的物质外壳未变而内部词义巧妙转移。

张清常先生对北京地名的这种演变考释详尽，现在名扬天下的科技开发中心“中关村”，原名“中官村”。张先生《北京街巷名称中的14个方位词》说：“宫廷太监又称中官，北京旧时贫苦太监的义地（公墓）在西郊海淀镇北。解放初期即平整中官村，谐音改名中关村。”（《中国语文》，1996年1期）

也有人认为，有名的“史家胡同”是由“屎家胡同”演变的，猜想当地曾是清洁工人居住区。但名涉猥亵，古人不可能以“屎”名巷，它实是一个诙谐调侃语。《孤本元明杂剧·岳飞精忠》三折楔子：［铁罕云］：“临上阵，不披甲，精脊梁，去厮杀。得了胜的着他元帅府里就挂元帅印，输了的都罚去史家胡同吃把把。”它说明“史家胡同”古已有之，“屎”的联想是同音调侃语。

桑梓的近代厄运

初中语文教材有南宋大诗人范成大《四时田园杂兴》诗一首，末两句是“童孙未解供耕织，也傍桑阴学种瓜。”极富童趣和田园诗情。但时至今日，范成大隐居的苏州西南郊“石湖书院”附近农村，再也难觅桑树的踪影，古时宅院周围遍植乔木桑树的习俗已彻底改变。考其原因，却是汉语的语言迷信造成的，完全是非理性的因素。

古人称故乡为“桑梓”，“桑”是农家首选的绿化树种，因为它有养蚕的功用而属于生产的一部分，故农业又称“农桑”。《诗经》中有“无折我树桑”的诗句；《孟子·梁惠王上》明白地说：“五亩之宅，树之以桑，七十者可以衣帛矣。”桑树在古代社会的地位可以想见。其次，桑木又以质地坚硬而是上好木料，又因谐音“丧”而常用于丧事。《仪礼·士丧礼》：“鬠笄用桑。”郑玄注说：“桑之为言丧也，用为笄，取其名也。”现代学者闻一多《释桑》

范成大像

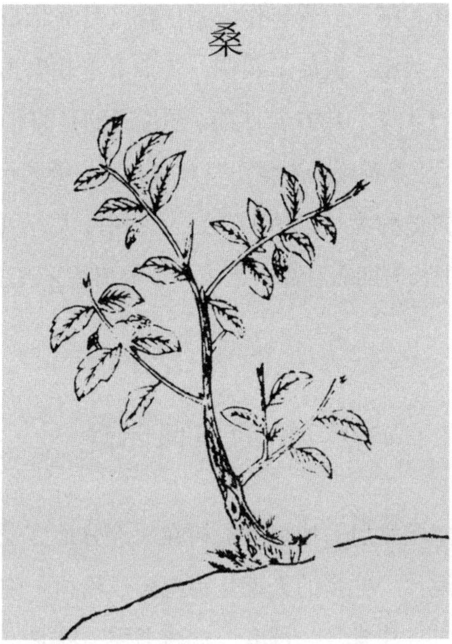

桑树

认为殷代的国社为“桑林”，《论语》“殷人以柏”说有误，并说“古者丧礼器用多以桑木为之”。又引郑玄、何休注为证，且考证“卜辞时代桑丧一字，金文始分为二”。（《闻一多全集》2，三联书店，1982年版，第570页）

汉人祖先心怀开阔，既不因“桑”与“丧”谐音、共字而忌讳，反而因桑树贡献大而视为吉祥物。《三国志·先主传》记载刘备房舍东南角篱笆边上有高五尺大桑树，“往来者皆怪此树非凡，或谓当出贵人”。晋武帝为将军时曾植桑一株，历时悠久，枝叶蕃盛，亦被视为瑞兆。后陆机、傅咸、潘尼有赋颂桑，潘尼《桑树赋》有“岂皇晋之贞瑞，兆先见而启兹”的颂辞。直到元代，桑仍是吉物。元曲《智勇定齐》剧中仍以桑木梳作礼品，并从梳子功能方面理解其好处：“休看这桑木梳小可，他能理万法。”

明代谐音迷信大行其道，桑的联想开始变异。《智囊全集·王戎》说：“王戎梦有人以七枚椹子与之，著衣襟中，既觉得之，占曰：‘椹，桑子’。自后大小男女凡七丧，梦椹化丧，明用其雅。”从此之后，桑树由贵族沦落为弃儿，被逐出了农家宅院。张中行《留梦集·户外的树》：“家乡习惯，院里不种桑树、柳树，推想是桑与‘丧’同音，柳与‘花’容易合伙，使人想到香艳以及水性杨花吧。”青年作家刘庆邦《月光依旧》：“叶新荣想起老家的说法：门前不栽桑，屋后不栽柳，院子里不栽鬼拍手。所谓鬼拍手指的就是杨树。”（《十月》，1997年3期）二位说的是河北、河南两省的民俗，其他地区也多如此。但养蚕用的地桑不受歧视，不过桑园也大都在村子外面，尽量远离宅院。杨树被称为“鬼拍手”是因为树叶大，风中飒飒作响，不种在院子里可能是它生长周期短且高大挺拔，影响房屋采光及安全的缘故。

槐、榆的空间际遇

桑树退出农家宅院之后，槐树及榆树在大部分地区受宠。张中行《留梦集·户外的树》又说：“更多的人家是种槐树或榆树。院内种槐，昔人还有什么说法，如远有‘三槐堂’，近有‘古槐书屋’就是。”槐树是北京园林及行道树的主角。

槐作为庭院植物从周代就受宠，取其与“怀”的谐音。宋代王谠《唐语林·补遗》说：“周礼：三槐九棘。槐者，怀也。上佐天子，怀来四夷。棘者，言其赤心以奉其君，皆三公九卿之任也。”一般认为枣树就是由棘选育而成，从文字看，棘由“朿（刺）”并列会意，显示野生丛聚的状态；枣由“朿”上下会意，突出枣树高大挺拔的身姿，“赤心”是枣木的颜色特点，取其象征意义。种植这两类树的习俗，与其早期的特殊政治文化相关。应指出，现在称槐树的有两种，庭院种植的是不带刺的那一种，木质坚硬树冠大而浓密，生长较为缓慢，北方人称“家槐”。家槐是园林绿化及行道树的重要角色，虬枝盘旋的龙爪槐是其家族成员。带刺的又称“刺槐”，亦称“洋槐”，其花可食用，为北方农家春季美食。农家及野外均有种植，生长周期较短。

种榆树的习俗也与谐音相关。梁实秋《雅舍小品·树》：“北平的人家，差不多家家都有几棵相当大的树。前院一棵大槐树是很平常的，槐荫满庭，槐影临窗，到了六七月间槐黄满树，使得家像一个家……后院照例应该有一棵榆树，榆与余同音，示有余之意。”另外，榆树还有其他优点，树木高大、

槐树

木质坚硬，是极好的建材。榆树在春天开一种叫“榆钱儿”的花，因形如圆钱而得名，也称“榆圈儿”，它是春天青黄不接时农家救饥的上好食品。初中语文课本有刘绍棠的《榆钱饭》一文，详述了河北人的食用方法及其在农民及作者心目中的特殊地位。其次“榆钱”又谐音“余钱”，更讨得好口彩；榆与槐又是园艺家制作盆景的宠儿。

但是，由于谐音联想的多样性及汉字对口语的影响等，个别地区也有忌讳槐树、榆树的。戴淦《民俗中褒槐贬桑小考》说：“陕北农民盖房不用榆木，因其与‘愚’谐音。山西某些农民忌用槐木建房，因为‘槐’字之中有‘鬼’。”（《民间文学论坛》，1987 年 6 期）这种情况肯定是极个别的，它反映了民俗与谐音联想一样，有任意性的特点。因此，“入境问俗”很有必要。

“及第”“落马”及其他

在科举时代，金榜题名是读书人的最大荣耀。因榜上题名有甲乙次第，故名曰“及第”；未被录取则称“落第”“落榜”，如“名落孙山”。《笑林广记·及第》有“第”“地”的谐音笑话说：“一举子往京赴试，仆挑行李随后。行至旷野，忽狂风大作，将担上头巾吹下。仆大叫曰：‘落地了！’主人心下不悦，嘱曰：‘今后莫说落地，只说及第。’仆领之，将行李拴好，曰：‘如今任你走上天去，再也不会及第了。’”主人本欲求吉，仆人却无意或有心不予配合。与“落”字此意相关，“落马”本指从马上掉下来，引申指丢官等失意之事。2010年7月，苏北新沂市骆马湖一度改为“龙马湖”，原因是“部分文史界学者谈到旅游景点和旅游项目的包装、推介时，感到‘骆马湖’‘闸头鱼’等旅游景点和项目，谐音听起来有人为忌讳（谐音‘落马’‘铡头’），造成部分社会名流望而却步，影响了新沂旅游业的对外推介。于是，大家纷纷建议改‘骆马湖’为‘龙马湖’，‘闸头鱼’为‘大闸鱼’……”（《扬子晚报》，2013年7月24日，A6版）这类谐音迷信是媚俗和心理不健康的表现，使地名的千载文化内涵暗淡以致失落，得不偿失，也受到社会的抵制。2007年6月，苏州千年西山古镇改名“金庭镇”，因“西山”寓意“日落西山”。但“当地电视台舆情调查版块中，曾有81%的观众反对更名”。（同前《扬子晚报》）

口语、地名的谐音求吉只是一种心理要求，如果涉及商标，则主要是利益考量，可能形成商业纠纷。1999年，首例谐音商标侵权争议案裁定。说的是“中国摩托车最大生产企业的重庆嘉陵公司和中国变频器最大生产厂家成都佳灵电器制造公司，因其注册商标中的‘嘉陵’和‘佳灵’都同为汉语拼音‘JIALING’，谐音相同而发生商标使用权争议。历时两年的诉讼今终有结果，国家工商行政管理局商标局日前裁定：成都佳灵公司注册的‘JIALING及图形’不损害原告的权益，可继续合法使用”。（原载《工人日报》，11月15日范玉章等文，转引《法律服务》1999年11月15日）

杜鹃啼声的中外谐音

杜鹃又名杜宇、布谷，是很受中国人喜爱的益鸟，它喜在初夏时节啼鸣，故有布谷催春之说。布谷啼声高亢嘹亮，且为四音节的悠长清脆之音，有如人语，自古就被附会联想成人类语言而有种种谐音趣闻。

初一语文课本《大自然的语言》一文说：“布谷鸟开始唱歌，劳动人民懂得它在唱什么：‘阿公阿婆，割麦插禾。’”陈忠实《难忘一种鸟叫声》说：“每到……初夏时节，无论是行走在乡间土路上，抑或是坐在月光朦胧的自家小院里，都会听到‘算黄算割——算黄算割’的鸟叫声。”（原载《甘肃日报》，《扬子晚报》2013年6月6日转载）笔者认为，算字应作“旋”，是即时、马上的意思，告诫人们及时收割小麦，毋误农时。唐代杜荀鹤《山中寡妇》诗“时挑野菜和根煮，旋斫生柴带叶烧”，旋即“即时”之意。在

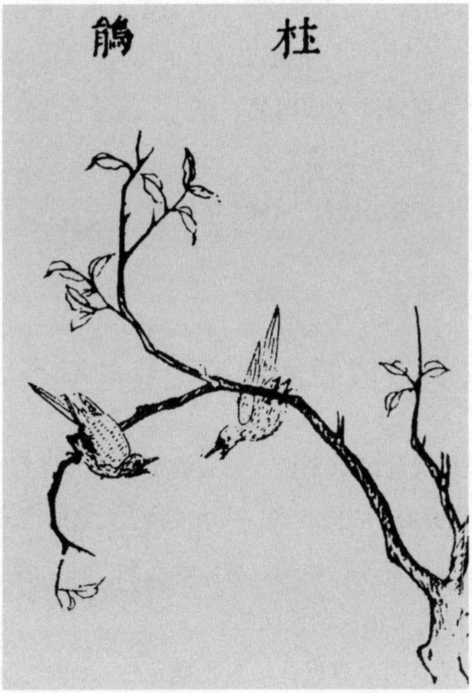

杜鹃

苏北农村，将杜鹃的四音节拟声为“呱呱（或咕咕）呱咕”，并以此称呼杜鹃。儿童则编成儿歌与杜鹃对话：“咕咕呱咕，你在哪住？某庄家后。吃的啥饭？面条浇醋。”其中的问话是儿童的语言，其余三句是杜鹃的自报其名与回答提问的答辞。童声与鸟鸣交错，形成人鸟对话的田园乐景。

在中国古代，由于通讯和交通极不发达，社会生活及文学作品中，充斥着行路难之叹及行人的思乡之苦、留守女士的春闺怨。因此杜鹃的啼声被附会为“不如归去”。《解愠编》卷十三《前粗后细诗》引解学士诗句是：“南山叫鹧鸪，北山叫杜宇；一个叫行不得哥哥，一个叫不如归去。”鹧鸪的多音节叫声有“行路难”的劝诫之意，杜鹃的叫声饱含着行人思妇的回家期盼。

在英语中，名词“杜鹃”与杜鹃的叫声（拟音词）完全相同，就像苏北人称杜鹃为“咕咕呱咕”一样。但英语只截取两个音节，作 cuckoo［'kuku:］；但由于此词与词义是“奸妇的丈夫”“使戴绿头巾”的 cuckold［'kkld］一词语音相近，所以英文中杜鹃的叫声有猥亵不洁的联想，与汉语欢快的联想大异其趣，形成了文化差异。

劳·坡林（L. Perrine）《怎样欣赏英美诗歌》说：莎士比亚的《春之歌》“……听杜鹃在每一株树上叫，把那娶了妻的男人讥笑：咯咕！咯咕！咯咕！啊，可怕的声音！害得做丈夫的肉跳心惊。”编译者注释说：“杜鹃叫的声音是咯咕（cuckoo）和绿头巾那个字（cuckold）发音接近，所以娶了妻的男人怕听这声音。”（北京出版社，1985 年版）

民俗的特点及应采取的心态

专就汉语特点形成的民俗来说，它有约定俗成和任意性两大特点。所谓约定俗成，就是人同此心，心同此理，从众成俗，大家的语言联想及思维心理、应对方式等趋同。例如吉祥物蝙蝠、鹿、鸡、鱼、瓶、佛（或佛手）等的谐音文化含义，就是民族文化长期认同的。

任意性的特点又有两个意思，一是不确定性：即时空相异的特点，从时间上看，桑树与乌鸦古为吉祥物而遭明代之后人忌讳和遗弃；数字四、八、十二、十三为古人所钟爱，但今人只偏爱八且忌讳四、十三；古时枣栗的崇拜联想的是“早”与“慄”，《论语·八佾》“哀公问社於宰我。宰我对曰：‘……周人以栗，曰，使民战栗。’”曾受到孔子的批评。今人却是“早”与“立”（利）。从空间上看，北方人忌讳“棺材”为主，而岭南人想到“官财”而视为吉祥为主；槐、榆的联想与竹、橘的联想一样而在大部分地区受宠，但也有晋、陕局部地区忌槐、榆的。《容斋随笔·乌鹊鸣》说：“北人以乌声为喜，鹊声为非。南人闻鹊噪则喜，闻乌声则唾而逐之，至於弦弩挟弹，击使远去。”（第254页）在汉语中杜鹃啼声是吉庆祥和的，但在英语背景中却是令人烦恼的。

四川盐埠自贡的商贾敬奉“黄荆木”，因“黄荆”谐音“黄金”，这又与地方特产相关。长寿之乡“如皋”的人有“一种豁达的生存理念”：“‘栽花种草，一生不老’……栽上紫竹一片，谐音知足常乐；门口柏树敞开树皮，寓意开怀为人。”（郑晋明、张金凤《“长寿之乡”如皋的生态文化》，《光明日报》，2013年8月24日）这“紫竹”与“知足”的联想，与“黄荆”谐音“黄金”、“八”与“发”的联想相映成趣。

任意性特点的另一方面是排他性：即一方面的联想成俗之后，其他联想往往难以再进入。例如“佛”与音近的“福”相谐成俗，而音同的否定副词“弗”字并不影响它的吉祥义；“八”与“发”的联想一旦为人视为吉祥，但“发”字“东窗事发”的不吉联想就为人漠视或遗忘；欧风美雨使“十三”遭忌，从而传统文化中“十三”的尊贵地位黯然失色。所以，钱锺书先生《管锥编》卷八五考证，古时鞋谐“谐”为吉物，故有“合欢鞋”之称；但当今天津有“正月不买鞋”之说，以鞋谐“邪”。对这种大相径庭的古今南北异俗，也可以见怪不怪了。

正确对待民俗，可从人、我两方面分析：一方面人是社会性动物，“入国问俗”、熟悉并尊重认同所在地的民风民俗，是融入社会人群的文化条件之一。所以古人说：“世事洞明皆学问，人情练达即文章。”

对“我”即每个人来讲，语言吉凶谐音的民俗信息要识透。一方面要破除迷信，知其虚妄不经的本质特点，“吉凶”无动于心。正如《老子》

五十八章所说“祸兮福之所倚，福兮祸之所伏，孰知其极”。中学语文课文中“塞翁失马”的故事，就是福祸相转化的典型例证，明于此理，方为达士。《齐东野语·祥瑞》说：“善乎先儒之论曰：‘未有丧仁而久者也，未有恃祥而寿者也。’商之王以桑榖昌，以雉雊大。郑以龙衰，鲁以麟弱。白雉亡汉，黄犀死莽，恶在其为符也。世有喜言祥瑞之人，观此亦可以少悟也。”此段话可以看出，古人对符瑞，像对待谶纬学说一样，早已视为文化垃圾。处在21世纪科学昌明的今天，人们难道还不如千年前的古人旷达吗？然而文化断裂及世风低俗浮躁，谐音迷信又大行其道。周潜之《政府官员讲风水就是信念动摇》说：“最近，有媒体记者在河南、山西、湖南等地采访时发现，不少单位内‘狮子’成群、‘奇石’成林、‘怪球’扎堆……据说，单位门口的大石狮子是对‘镇邪兽’，而巨石之类则寓意‘时（石）来运转’，大球象征‘有求（球）必应’。”（《光明日报》，2013年7月31日）如此低俗，愧对古人。

另外，汉语谐音联想是多层次的，在不能免俗或需要帮助他人摆脱信息烦恼时，可用逆向思维的方法“逢凶化吉”，消化或转换语言信息。《鹤林玉露·用兵吉兆》说：“重耳出奔，乞食于野人，野人与之块。此本相戏，而子犯曰‘天赐也’，却说从吉兆上去。盖以坚从亡者之心。”春秋时晋文公重耳流亡在外十九年，备受流离之苦，泥土的信息既可联想到入土而亡，汉人土葬，故以“入土”为人生后事。土地又是农民第一财富，亦可联想到得土而生。子犯弃“凶”用“吉”，其机敏之智及旷荡之胸襟足以光照千古，这又与兵法上“置之亡地而后存，陷之死地而后生”的思想相关。扬雄《法言·问明》说：“吉人凶其吉，凶人吉其凶。”故君子居安思危，居易以俟命，危言危行；小人则驽马恋栈豆，行险以侥幸，见小利而忘命。

三　避讳及禁忌种种

从“入境问禁”“入门问讳”说起

似乎与“入国问俗”相配套的，历来还有“入境问禁”“入门问讳”两句俗语，它们一同来自古代儒家经典《礼记》。郑玄解释说：“皆为敬主人也。”所以，禁、讳的产生，同认识与学习伦理道德这一层次的文明直接相关，民间至今流传着“逢着矮人不说短话”的俗语，避免对人造成无意间的感情伤害。但是，中国以外的其他文明古国也都讲究道德文明，而唯独中国由此形成了一门专门的学问——避讳学，应如何解释呢？这个学术问题从汉语特点入手即可迎刃而解，避讳学是由汉语特点、尤其语音特点与伦理文化相结合的产物。故陈垣先生《史讳举例》说：“避讳为中国特有之风俗，其俗起于周，成于秦，盛于唐宋，其历史垂两千年。”

避讳是在特定时空背景下，一些词语及其有音义关联的词在口语中不直说、在书面语中不直写其字的特殊讲究，主要是名讳。《左传·桓公六年》说：“周人以讳事神，名，终将讳之。”从避讳波及的空间范围讲，有公讳，即全社会都要遵守的避讳，如圣人名讳、帝王名讳等；有私讳，如家讳、个人私讳等。从语言学观念看，避讳可分四类，分别举例分析。

杭州市有一交通枢纽名“武林门”，“武”字原作“虎”。《警世通言》卷二十三：“南北两山，多生虎豹，名为虎林。后因虎字犯了唐高祖之祖父御讳，改名武林。”与此类同，当时苏州名胜“虎丘”曾改为“武丘”，此因公讳而改名。淮南王刘安著《淮南子》，因父讳“长”，故该书凡言“长”均用同义词“修”替换，后世双音词“修长”源于此；司马迁父讳“谈”，《史记》宦官赵谈作“赵同”；范晔父讳“泰”，《后汉书》郭泰作“郭太”。以上是私讳，这种类型是避开与应讳字（词）相同的字词，是避讳学中最重要的项目。

第二类是避同音词。古代有嫦娥奔月的神话，嫦娥在《淮南子·览冥训》中本作“姮娥”，后因避汉文帝刘恒名讳改为“常娥”，后类化作“嫦娥”。（也有人认为古本作“恒娥”，避“恒”改为“姮”，则是避同字不避同音）汉宣帝名询，改战国时“荀卿”为“孙卿”。此是公讳。唐代李翱祖父讳“楚金”，为文皆以“今”为“兹”，因“金”谐音“今”。此为私讳。

第三是避语音相近的“嫌讳”，“嫌”是涉嫌。宋人吴处厚《青箱杂记》卷二：“太祖庙讳匡胤，语讹近香印（香印是多种香料制成的香），故今世卖香印者不敢斥呼，鸣锣而已。仁宗庙讳祯，语讹近蒸，今内庭上下皆呼蒸饼为炊饼，亦此类。”此为公讳。《颜氏家训·风操》：“刘绦、缓、绥，

嫦娥

荀子像

兄弟并为名器，其父名昭，一生不为照字，唯依《尔雅》火傍作召尔。”“昭”平声，“照”去声，音近也避讳，此为私讳。

第四是避词义相关的词。冯梦龙《智囊全集》校点者说：“该书入清后因避帝讳改了一些字，一种是蛮、夷、狄、戎、羌、胡、番、酋、鞑子等民族讳……”清朝是少数民族入主中原，原汉人称少数民族的词汇，因词义相关而忌讳。帝王的生理缺陷有时也须避讳。《管锥编》第二册 787 页：“《魏书·匈奴刘聪等传》记苻生既眇其目，所讳者、不足不具，‘少’‘无’‘缺’‘伤’‘残’‘毁’‘偏’‘只’之言，皆不得道。”此为公讳。鲁迅《阿 Q 正传·优胜记略》：“因为他讳说‘癞’以及一切近于‘赖’的音，后来推而广之，‘光’也讳，‘亮’也讳，再后来，连‘灯’‘烛’都讳了。”此为私讳。

话“长城”细绎公讳

万里长城是中华民族的精神象征，也是人类七大文明古迹之一。对“长城”的名称和形象，人人耳熟能详，如数家珍；但如问其中“城”字所指何义，恐怕不是人人能回答上来的。在现代汉语中，“城”是“城市”义，与“乡、镇”相对，长城之“城”，显然不是此义。初中语文课文中有孟子《天时不如地利》一文，老师在讲解其中“三里之城，七里之郭”时，往往强调指出“城”是“城墙”的意思，切忌以今义理解。具体地说，上古汉语中，“城”与“垣”“墙”是同义词，万里长城就是“万里长垣”或“万里长墙”。

“城”字“墙垣”义的萎缩以至于消亡，直接源于帝王公讳。《齐东野语·避讳》说：“梁太祖父烈祖名‘诚’，遂改城曰‘墙’。”可见，这是同音词株连的避讳。另外，它不是帝王本人的名讳，而是帝王的祖先，就像唐人避李虎的“虎”字一样。城作“墙”义，在一些专用词汇和成语中仍然保留着，如北京的“皇城根”、上海的“老城厢”、各地的“城隍庙”，成语如“金城汤池”“城门失火，殃及池鱼”等。

现代汉语中双音词“城墙”，极易被理解为偏正结构，准确地说，它应是并列关系的同义复合词。因避讳而用同义词的现象，是造就双音词的原因之一，例如，汉高祖讳“邦”，汉史凡“邦”皆曰“国”；后有双音词“邦国”。汉武帝讳“彻”，以“彻侯”为“通侯”，“蒯彻”改为“蒯通”；后有双音词“通彻”。汉景帝讳“启”，《史记》“微子启”作“微子开”；后有双音词“开启”。晋景帝讳“师”，以“师保”为“保傅”；后成就“师傅”一词。唐太宗讳“世民”，唐史中凡言“世”皆曰“代”，凡言“民”皆曰“人”，后双音词“世代”“人民”流行。唐高宗讳“治”，唐史中凡言“治”皆曰“理”；后人却用双音词“治理”。以上双音词，其结构性质与形成凝固过程，都与避帝王名讳相关。

为了便于避讳，古代帝王多取单音名，正如何休《公羊传解诂》所说：“一字为名，令难言而易讳。”宋代之后，帝王名又多选用冷僻字，也是为了易于避讳。

由“孔雀”“杨梅”谈私讳

儒学的伦理道德用于人际关系上，有“自卑而尊人”“贵人而贱己”的礼貌要求。所以称呼别人要称“字”示敬，询问人姓氏要说“贵姓”；介绍自己则相反，以称“名”示谦，介绍己姓说“贱姓”。对于长辈的姓名则应避讳，属于私讳中家讳的范畴，所以称人父母为“令尊”“令堂”，自述则说“家父”“家母”等。

《世说新语·言语》有一个“杨梅”“孔雀”的机巧对话，说的是杨姓家一个九岁小儿以水果招待一位孔姓大人，孔氏由水果中有“杨梅”产生联想说：“此乃君家果。”有用其姓氏调侃之义，这位小儿应声回答说：“未闻孔雀是夫子家禽。”由对方“孔”姓，联想到孔雀发问，以表示不满对方的轻薄。此例除说明小儿聪慧外，也反映了汉语的特点及古人重礼貌、尊人姓名的习俗。

儒学重礼，又讲节制，故有“礼节”一词，凡事过犹不及。一些常用词在使用中难免触“讳”，对人对己求之太苛，不仅不值得称道，反而是一大缺陷而常贻笑千古。《世说新语·任诞》记载，王大服寒食散（药石）小醉后去看望桓玄，“桓为设酒，不能冷饮。频语左右令温酒来，桓乃流涕呜咽，王便欲去。桓以手巾掩泪，因谓王曰：‘犯我家讳，何预卿事。’”桓玄父为桓温，王大醉中无心而触其家讳，应予谅解，桓玄竟至于“流涕呜咽”，实为陋儒小人之见。而当客人感到尴尬想离开时，又说“何预卿事”的大话，让人进退两难。

成语“只许州官放火，不许百姓点灯”，也是因避讳派生出来的笑话。陆游《老学庵笔记》记载，一个叫“田登”的官吏，自讳其名，因“登”与“灯”谐音，元宵节赏灯讳“灯”字而称“放火”，遂成就了上面的成语。民国初年袁世凯复辟帝制遗臭万年，他当政期间，因忌“元宵”与“袁消”谐音，遂改称“元宵”这一节日食品为“汤圆”“汤团”。殊不知，“袁”与“鼋”谐音，而“鼋”又称“圆鱼”“团鱼”；而“汤”为热水，汤中之鼋岂有生理？仍为凶险的谶言。

《齐东野语·避讳》：“国朝刘温叟，父名乐，终身不听丝竹，不游嵩岱。徐绩父名石，平生不用石器，遇石不践，遇桥则令人负之而过。此皆避讳不近人情者也。”父讳“乐”而不听音乐，此为“乐”字一词多义联想；“不游嵩岱”，因其为“五岳”名山，“岳”与“乐”谐音，是一音多词联想；此皆小题大做之举。唐代大诗人李贺因父讳“晋肃”，被作为不取进士的理由，亦属荒唐。《容斋随笔·唐人避讳》说："唐人避家讳甚严，固有出于礼律之外者。李贺应进士举，忌之者斥其父名晋肃，以晋与进同音，贺遂不敢试。韩文公作《讳辨》，论之至切，不能解众惑也。"韩文批判此风说："若父名仁，子不得为人乎！"可谓一语中的。

名称改易与古籍淆乱

《三国演义》中名将赵云出场每每自报家门："常山赵子龙！"青少年读者往往会纳闷：常山在何处？其实"常山"就是大名鼎鼎的五岳之北岳恒山。三国紧承东汉，两汉时避汉文帝刘恒讳，遂用同义词"常"字改恒山为"常山"。古代书面语中的避讳方法有空字、改字、同音代换、缺笔等方法；改字是常见的一种，而地名改字又是其中一大类。

赵云像

清人钱大昕《十驾斋养新录·避讳改郡县名》首列“改恒山郡曰常山”。全文收罗百余例，其中有些郡县名时过境迁之后弃新复旧，有些则用新名而遗旧名。例如：恒山、恒山郡于隋朝恢复旧名，弃“常山”之称；隋炀帝讳“广”，改广州曰番州，唐代又恢复“广州”名；简文郑后名“春”，改湖北蕲春为“蕲阳”，隋代恢复旧名。新名完全取代旧名的，如三国吴孙权立子禾为太子，改“禾兴县”曰“嘉兴”，景帝孙休改休阳县曰“海宁”，此二处今为浙北名城；与“蕲春”同时改名的浙江“富春县”，当时亦改为“富阳”，但至今用之；宋太祖之祖名敬，改敬州为“梅州”，至今用之，即广东梅县。小地名亦有此情况，苏州虎丘名胜，唐一度改“武丘”，唐后恢复旧名；但杭州“武林”未改回“虎林”。地名的更迭淆乱，避讳制难辞其咎。

地名改易可以凭史书与方志细绎其来龙去脉，而古代其他作品著者众多，各有所讳，难免晦涩或淆乱古籍。《野客丛书·名与本传不同》纠正一例不明避讳的误解说：“《海陆碎事》谓‘渊明一字泉明，李白诗多用之’。不知‘渊明’为‘泉明’者，盖避唐高祖讳耳，犹杨渊之称杨泉，非一字泉明也。”此是一人而有两“字”之误。《史讳举例》还有“因避讳断定二人为一人”的大量用例。与“渊明”避唐讳作“泉明”相类，丝绸之路上的酒泉市本名“渊泉”县，《史讳举例》说：“后汉书张奂传：‘敦煌酒泉人也。’……胡三省注《通鉴》云：‘奂，敦煌渊泉人。’胡所见本，尚未讹也。汉志敦煌郡有渊泉县。晋志作深泉，盖避唐讳……后人习闻酒泉之名，妄改为酒耳。”

总之，汉语特点及避讳制度的漫长历史，既涉及普通词语的使用及其演变，又涉及专有名词的使用，加重了后人读史的负担。

禁天高之称与起名讲究

避讳制度起于周礼，但周代为防止避讳扩大化，仍作了种种限制，如“诗书不讳，临文不讳，二名不偏讳，已祧不讳”等等。但自从秦始皇建立了君主专制制度之后，避讳的走向是趋于繁苛甚至形成法律；而且连带形成了皇帝的语言霸权。例如“朕”字，本是古代的第一人称代词，自秦始皇后渐成了皇帝的专有代词。其他“万岁”“君”“圣”“上”“龙”“御”“敕”“诏”“诰”等也为皇帝垄断，极端的例子是《容斋续笔》卷四的《禁天高之称》：“周宣帝自称天元皇帝，不听人有天、高，上、大之称。官名有犯，皆改之，改姓高者为姜，九族称高祖者为长祖。政和中，禁中外不许以龙、天、君、王、帝、上、圣、皇等为名字。于是毛友龙但名友，叶天将但名将……”这种情况历史上虽持续不长，但反映了帝王们被专制制度扭曲的灵魂。

避讳以名讳为主，故命名的学问随避讳制度同时发生。《礼记·内则》说：“凡名子，不以日月；不以国，不以隐疾。大夫、士之子，不敢与世子同名。”前三点是针对所有人讲的，有普遍性，郑玄注说：“终使易讳。”日月与国名皆常用词，因难避讳而不可用；“隐疾”句郑玄注：“难为医也。”此条有不雅及使用不便之意。世子即太子，将为天子或诸侯王者，与世子同名易于触讳。

由于汉语谐音是个汪洋大海，名字联想的内容也可为人招来麻烦。欧阳修《归田录》卷一说：北宋词人宋祁与其兄宋郊布衣时名动天下，时人称“二宋”。宋仁宗时宋郊为知制诰，仁宗想重用他。有小人进言说：“姓符国号，名应郊天”。“郊”是冬至时天子南郊祭天之名，进言者的分析，是说宋郊之名有“践天子位”的潜在含义。又说：“郊者，交也；交者，替代之名也，‘宋交’，其言不详（祥）。”此说使“宋郊”二字又成了宋朝灭亡的谶言。结果宋仁宗暂未重用他，宋郊就改名为“庠”，字“公序”。后宋郊仕途亨通，以司空职务退休，享福寿而终。“郊”字的分析属一词多义，“郊”“交”联想属一音多词。这样的突发事件，是人起名时难以逆料的。

“文革”期间，历史沉渣泛起，领袖名讳也给无数家庭带来灾难。王蒙《踌躇的季节》介绍给小孩命名的恐惧时说：“于是你们给儿子起名叫猫猫，猫猫不太好听，又说是叫毛毛。叫了几天毛毛，你突然想起了‘毛’是主席的姓呀，怎么能随便管自己的把屎把尿的婴儿叫毛毛？一个毛不行居然弄出两个毛来？莫非是吃了熊心豹子胆？你吓得不轻，索性连猫猫也不敢叫了，同音字也是回避为上。”（《当代》，1997 年 2 期）事实上，因“毛”遭殃的大有人在。上海作家毛炳甫《姓氏冤案》就叙述了他因姓“毛”，且又当过工会副主席而受批斗、关牛棚的悲惨岁月。他说：“在无数次的批斗会上，像当年希特勒那样凶狠的造反队队员逼我交代为什么不姓赵钱孙李而偏要去姓毛，姓了毛又为什么要去当工会副主席？……在那个群魔乱舞疯狂而又黑暗的时代姓毛也有罪，这是什么世道？”（《新民晚报》，1993年4月21日）真是：欲加之罪，何患无辞！堪称避讳学的今古奇观。

思想专制与古今文字狱

秦王朝借助郡县制实现高度的君主专制集权之后，法家的理论付诸实践，百家争鸣时期的思想自由成了一个模糊的历史背影。而从“焚书坑儒”之后，一切舆论都成了天子喉舌，歌颂之音嘹亮，怨刺之音喑哑；“文字狱”借助汉语特点及避讳学等应运而生，形成了浸润两千余年汉文化的毒瘤。正如《容斋三笔》卷四《祸福有命》所说：“秦氏颛国得志，益厉刑辟，以箝制士大夫，一言语之过差，一文词之可议，必起大狱，窜之岭南，于是恶子之无俚者，恃告讦以进。”告讦是告密揭发，是小人的“特务”行为。

广义的文字狱可分三类：一是以直言贾祸的“披逆鳞”言行，多为忧时伤国的志士仁人拂逆暴君庸主、为民请命的光明正大之言，今人称为“持不同政见者”。历史上的如王子比干、伍子胥、屈原、海瑞、方孝孺以及汉的“清流”、明之“东林”这样的士人团体。第二种是借助诗文等形式委婉讽谏、舒泄愤懑、聊寄情怀的作品，被小人借题发挥，罗织罪名而遭殃的，此为标准的狭义文字狱。《鹤林玉露·诗祸》认为是“小人擿（tī，挑）抉君子之诗文以为罪”。并说，“杨子幼以‘南山种豆’之句杀其身，此诗祸之始也”。杨子幼即杨恽，是司马迁的外孙，惹祸的作品是《报孙会宗书》。《容斋四笔》卷十三《汉人坐语言获罪》认为杨恽之书“初无甚怨怒之语，其诗曰：‘田彼南山，芜秽不治，种一顷豆，落而为萁。’张晏释以为言朝廷荒乱，百官谄谀。可谓穿凿……予熟味其词，独有所谓‘君父至尊亲，送其终也，有时而既’。盖宣帝恶其君丧送终之喻耳。”此种情况是触动了帝王的禁忌。第三种情况是利用汉语音义特点歪讲曲解、指鹿为马、捕风捉影的附会陷害，有如修辞双关以及相声联想的思维跳跃。以今人看完全是一些言语笑话，但却演绎出一幕幕人间悲剧。

狭义的文字狱应为第二种与第三种，它与语言歧义与谐音联想相关，其中第三种又盛行于明清两朝及当代“文革”。

李贺的坎坷与柳永的潦倒

中学语文课文有唐代大诗人李贺的绝句，他称读书人为“寻章摘句老雕虫”，是唐代的“读书无用论”；他的理想一直是做凌烟阁上拜相封侯的人物。但历史给他开了一个不小的玩笑，他不仅未能实现“事功”宏图，连士人的

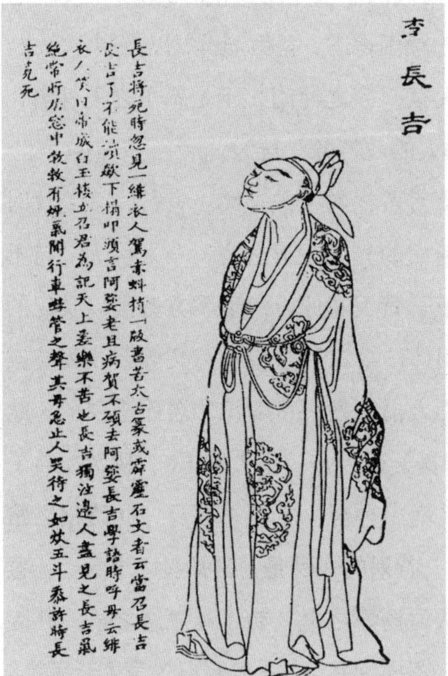

李贺像

韩愈像

进身之阶“进士”文凭也未弄到。如果说水平不够也无遗憾，原因却是父讳“晋肃”触犯了唐代法律的“嫌讳”。钱大昕《十驾斋养新录》卷六《居官避家讳》说：“唐律职制篇：诸府号官称，犯祖父名，而冒荣居之者，徒一年。疏义云：府有正号，官有名称，府号者，假若父名卫，不得于诸卫任官；或祖名安，不得任长安县职之类。官称者，或父名军，不得作将军；或祖名卿，不得居卿任之类。皆须自言，不得辄受。”从法律观点看，规定的皆是正讳，即相同的字词；同时又是专就任职讲的。而李贺父讳“晋”，谐音“进”，是同音词联想的嫌讳，且是资格考试而非任官，可谓是风马牛不相及。虽有韩愈力排众议为之辩护，但终因掌权者与李贺有个人矛盾而铸成了令千古文化人伤心的、不该发生的事。

宋代大词人柳永虽然进士及第，但长期未安排任职，史称“久困选调”。起因是他曾写过《鹤冲天》词，词牌名触讳且词中又有牢骚不平的内容。《渑水燕谈录》卷八记载有位史姓内官有一次趁宋仁宗高兴之际，就让柳永应制填词，欲助其仕进：“耆卿（柳永字）方冀进用，欣然走笔，甚自得意，词名《醉蓬莱慢》。比进呈，上见首有‘渐’字，色若不悦。读至‘宸游凤辇何处’乃与御制《真宗挽词》暗合，上惨然。又读至‘太液波翻’，曰：‘何不言波澄！’乃掷之于地。永自此不复进用。”柳永本想讨天子欢心，不料弄巧成拙，事与愿违。细考三处失误，“渐”与“贱”双声音近，为尊贵者所忌。“翻”与“反”同义，易联想到不安定因素，为帝王大忌；“澄”有清平安泰之义而却不用，说明柳永对应制的空话、套话、谀词不习惯。中间一条与《真宗挽词》暗合，说明柳永对皇帝研究不够。总之，专制制度的种种忌讳窒息了柳永的自然天性和聪明才智。

李贺、柳永的遭遇是封建文化的败笔。

明清文字狱的腥风血雨

李贺、柳永虽在唐宋盛世因触忌讳而失意，但终无性命之忧；且成就了

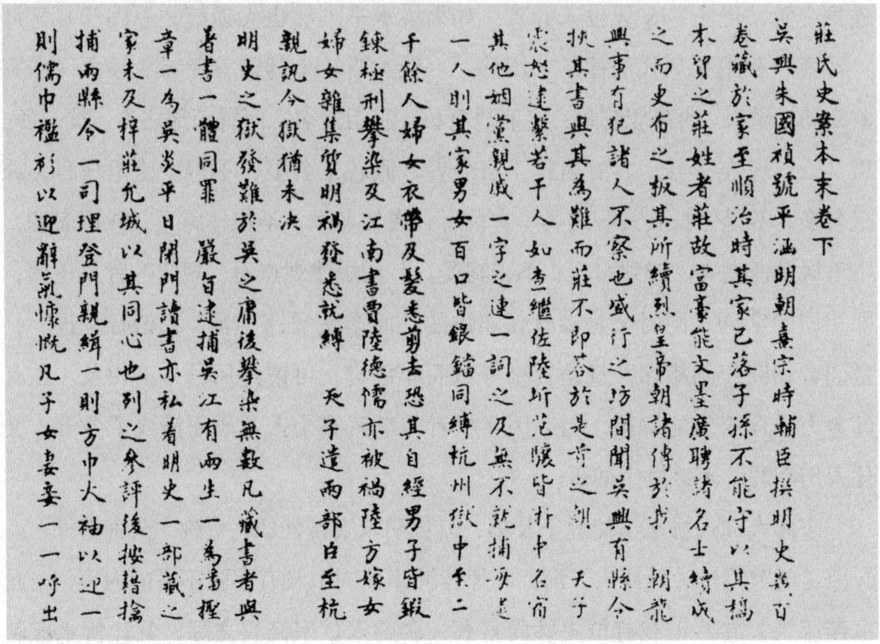
莊氏史案本末卷下
吳興朱國禎號平涵明朝熹宗時輔臣撰明史數百
卷藏於家至順治時其家已落子孫不能守以其稿
本質之莊姓者莊故富豪能文墨廣聘諸名士續成
之而更布之板其所續烈皇帝朝諸傳於我 朝龍
興事有犯諸人不察也盛行之坊間聞吳興有縣令
狀其書與其為難而莊不即答於是中之朝 天子
震怒逮繫若干人如查繼佐陸圻范驤皆浙中名宿
其他姻黨親戚一字之連一詞之及無不就捕每是
一人則其家男女百口皆銀鐺同縛杭州獄中至二
千餘人婦女衣帶及髮悉剪去恐其自經男子皆鍛
鍊極刑攀染及江南書賈陸德儒亦被禍陸方嫁女
婦女雜集賀明禍發悉就縛 天子遣兩部臣至杭
親訊今獄猶未決
明史之獄發難於吳之庸後攀染無數凡藏書者與
著書一體同罪 嚴旨逮捕吳江有兩生一為潘檉
章一為吳炎平日閉門讀書亦私着明史一部藏之
家未及梓莊允城以其同心也列之參評後按籍搶
捕兩縣令一司理登門親縛一則方巾大袖以迎一
則儒巾襤衫以迎辭氣慷慨凡子女妻妾一一呼出

记录明史案详情的《庄氏史案本末》

二人诗词领域的不朽业绩。柳永虽官场失意，又在情场中得意而聊可补偿些损失。到了明清两朝，读书人如触犯了天子忌讳，不仅不能在野作“自由撰稿人”而享逍遥，而且要付个人、家庭以至于宗族的生命代价。当然，如果像方孝孺那样直斥燕王朱棣且坚决不与合作，虽受族灭大灾，尚可名垂青史；可悲可叹的是，两朝文字狱大多是由于汉语语言特点造成的“莫须有”曲解，是皇帝老儿阴暗心理的胡乱猜想、无耻小人的甲乙推求、酷吏的吉网罗钳杜撰。

明清两朝的文字狱都集中在立国初期，原因也略有不同。朱元璋出身微贱，骤然富有四海之后，总摆脱不掉童年“乞丐”“和尚”的苦难情结和自卑，常表现为报复社会、洗雪耻辱的变态心理。例如，浙江林元亮《谢增俸表》“作则垂宪”之语，北平赵伯宁《贺万寿表》“垂子子孙孙而作则”句，朱元璋都把“则”联想成谐音的“贼”，认为讥讽他参加红巾军为贼的历史。常州蒋镇《贺正旦表》“睿性生智”之语，以及他人“天生圣人”的吹捧词，他都由“生”联想到谐音“僧”，认为是讥讽其做过和尚（参见冯天瑜《中华文化史》）。再如“天下有道”他联想到“盗”，“遥望帝扉”他想到了“匪”。

一则灯谜是一位妇女怀抱西瓜的图，他莫名其妙地联想成“淮西妇女好大脚”，由“怀”“西”组成“淮西”，认为是影射其妻马皇后。凡此种种，文人皆遭杀身之祸。另外，揭示宫闱秘事、书写民间疾苦的行为都被视为大逆不道而遭殃。不仅如此，朱氏还追究亚圣孟子的历史责任，歇斯底里地说：“使此老在今日，宁得免耶！”曾想将《孟子》列为禁书，后遭大臣的冒死极谏，结果退让搞洁本《孟子》，将儒学民主性精华剔除干净。种种文化上的倒行逆施大大毒化了文化环境，有明一代的文学及文化事业几乎乏善可陈，缺乏如“唐诗宋词元曲”那样的时代精品。

当满族以其游牧骑射的剽悍之勇叩关入京、席卷中原大地之时，震慑于源远流长的华夏文明博大精深，所以在武力征服的同时，急切地推行文化改造工程，大搞文字狱即其一。康、雍、乾三朝文祸迭起，如著名的“庄廷鑨明史稿案”“戴名世《南山集》案”“吕留良案”，尤其残酷的是竟然掘墓戮尸、罪及亡灵。其中谐音联想、无中生有的例子比比皆是，如沈德潜《咏

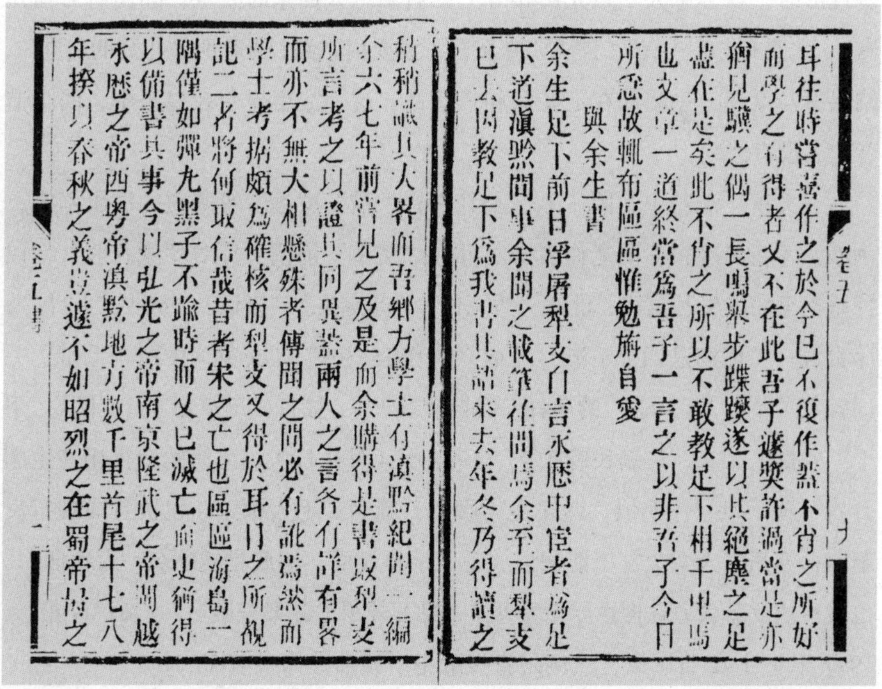
耳往時嘗喜作之於今已不復作蓋不肖之所好
而學之有得者又不在此吾子遽奬許過當是亦
猶見驥之偶一長鳴舉步蹀躞遂以其絕塵之足
盡在是矣此不肖之所以不敢教足下相千里馬
也文章一道終當爲吾子一言之以非吾子今日
所急故輒布區區惟勉旃自愛
與余生書
余生足下前日浮屠犁支自言永歷中宦者爲足
下道滇黔間事余聞之載筆往問焉余至而犁支
已去因教足下爲我書其語來去年冬乃得讀之
稍稍識其大略而吾鄉方學士有滇黔紀聞一編
余六七年前嘗見之及是而余購得是書取犁支
所言考之以證其同異蓋兩人之言各有詳有略
而亦不無大相懸殊者傳聞之間必有訛焉然而
學士考據頗爲確核而犁支又得於耳目之所覩
記二者將何取信哉昔者宋之亡也區區海島一
隅僅如彈丸黑子不踰時而又已滅亡而史猶得
以備書其事今以弘光之帝南京隆武之帝閩越
永歷之帝西粵帝滇黔地方數千里首尾十七八
年揆以春秋之義豈遽不如昭烈之在蜀帝昺之

《南山集》书影

黑牡丹》诗“夺朱非正色，异种也称王”，“朱”被理解朱明王朝，“异种”被解为暗指满清，沈被剖棺锉尸。徐述夔“明朝期振翮，一举去清都”以及“大明天子重相见，且把壶儿搁半边”被指认为“兴明灭清”；至于“清风不识字，何事乱翻书”酿成的惨祸，更为人熟知。（参见《中华文化史》）清朝的文字狱持续了一个世纪左右，不仅导致了思想界的长期苦闷与彷徨、文化发展的畸变，而且使中国孤立于世界大家庭，延缓了社会进步，最终堕入“莽莽神州叹陆沉”的深渊。这是由“万马齐喑竟可哀”到“国魂销尽兵魂空”的必然逻辑。

“猫儿窝”与《猫城记》

《醒世姻缘传》廿七回讲一个恶人遇到鬼魂索命的因果故事，第一次鬼魂现形时，告诉恶人“猫儿窝相等”。后来恶人回家时发觉：陆路有“猫儿窝”，水路有“毛儿窝”。恶人“麻从吾主意要由水路，回避那猫儿窝的所在”。结果事与愿违，鬼魂却在毛儿窝相等索命。这一故事说明在口语中，两个谐音地名没有区别。

“文革”浩劫中，因“毛”及其谐音“猫”“矛”等遭灾的层出不穷，例如：《新民晚报》的老作者陈虞孙，“文革”前撰文反对“党八股”，以钟馗捉鬼的故事写寓言，批评“话冗长”“苏空头”“废话”“缠夹二先生”，斥责说：“你们这四个毛贼，还敢兴风作浪……”“文革”中因“毛贼”一词触犯了统帅“毛泽东”的名讳（贼与泽音近），被打成反革命（见言微《“半干”是谁》一文，《新民晚报》，1997 年 4 月 9 日）。上海的金寅用“主席万岁”这一口号作谜语，谜底是《聊斋》篇名“毛大福”，也被打成现行反革命；苏州工人文化宫王能父以“毛”字作谜面，谜底是越剧名“血手印”，也被打成反革命，且押送原籍泰州。（见苏才果《谜案三则》，《新民晚报》，1997 年 9 月 22 日）以上三例是直接触犯了领袖姓讳或名讳。

更有甚者，成语中某些字曾间接引起人们的恐慌。施春宏《政治语言学：

一个值得考察的话题》说："《新华字典》1971年版编写时，在编到'茹'字时，有个编辑就说：'这个很敏感，不能要呀，删掉！"茹"是吃呀，"毛"是毛主席呀……'但魏建功先生反对这样做，最后字典中还是留下了这个字。"(《新编的语言故事》，商务印书馆2012年版，第339页）显然，这里指"茹毛饮血"成语。

名画家丰子恺因"文革"前画猫而遭受无情打击，残酷迫害。造反派认为："你丰子恺别的动物不画，偏偏要画猫，这不是别有用心吗？……把矛头指向伟大领袖毛主席，真是狗胆包天！"丰子恺觉得啼笑皆非，私下对家人说："清朝有个文人写了首诗，内容有一句'清风不识字，何事乱翻书'，因此得罪清朝，成为当时有名的文字狱。不料，几百年后我画的猫也成了文字狱。"（见丰宛音《画猫获罪》，《新民晚报》，1998年10月26日）大名鼎鼎的作家老舍先生"文革"中投湖自尽，死因尚不完全清楚，但与他三十年代撰写名著《猫城记》有千丝万缕的联系。该书是以"猫面火星人"作鞭挞批判的对象，有深刻的认识价值，享誉海外。但此书因触犯领袖"嫌讳"而在建国后成了禁书，作者自己也曾作了自我否定，且至今尚无国内版本，发人深省。（参见吴定柏《再读〈猫城记〉》，《新民晚报》，1995年2月22日）

丰子恺画的猫

与名讳一起复活的还有"龙"文化。范敬宜《龙年春节忆"沙龙"》介绍说，一位老革命因年轻时有"当作家，成沙龙女主人"的思想，"文革"中被造反派理解为"杀龙——杀毛主席呢！"而受迫害（《新民晚报》，2000年2月24日）。造反派不懂"沙龙"乃法语"客厅"salon的译音词，或者是借助"汉字滤净"产生的跨语言联想。这一故事既反映了封建专制制度下皇帝编造的"龙"文化影响，又说明了译音词与洋泾浜外语的关系。

不仅如此，被称为"满天不言鸟，一片万岁声"的割喉"文革"，"万岁"的谐音也匪夷所思地受到牵连。雷颐《诛心之论》说"文革"往事："群众被发动起来的标志之一，是每天不知道要喊多少次'毛主席万岁'……但我们村的工作组却规定，地、富、反、坏等'四类分子'不能喊'毛主席万岁'，更不能喊'万岁万岁万万岁'的口号。那时我刚到农村，对此百般不解，便问工作组为何不让他们喊，工作组回答说革命群众对毛主席无限热爱，喊'万岁'肯定是发自内心的声音。但'四类分子'是专政对象，他们肯定……人还在，心不死，对无产阶级专政和毛主席一定心怀仇恨，别听他们喊出来的也是'万岁'的声音，但心里实际想的肯定是'万碎万碎万万碎'，所以他们喊的一定是反动口号，当然不能让他们喊这种反动口号。"（《中华读书报》，2002年1月9日第3版）这大概是由成语"碎尸万段"产生的联想。

《"千夫指"之谜》与三世清白

鲁迅诗"横眉冷对千夫指"为人熟知，"千夫指"是由古俗语"千夫所指，不日而死"挪用的。"文革"中上海文化名人钱伯城先生竟与此词有一段姻缘，他在《"千夫指"之谜》一文中说："文革"后期有人化名"千夫指"写匿名信"恶毒攻击"旗手江青，寄发地是上海，作为反革命案件，钱伯城先生本人也受过调查。后有一位老朋友G告诉他："你知道吗？'文革'中有人到我那里调查过你！"该文接着有一段说："我问调查什么。他说：'调查你是不是"千夫指"呀！'我感到奇怪：'怎么可能呢？'G说：'对呀，

李白像

我也这么说。来调查的人说他不是钱夫子吗？“钱夫子”不是跟“千夫指”一个音吗？’我好笑起来，不能不佩服这些办案人员动足脑筋，想入非非的推理思维。”（《新民晚报》，1993年9月4日）这是先将姓钱的文人换算成“钱夫子”，再与“千夫指”联系起来分析。

俗语说：秀才见了兵，有理讲不清。“文革”时对于唐朝大诗人“李白”名字的联想更是千古传奇。1993年3月29日《新民晚报》有《尾巴》短文说：“那一年，根据我的申诉，有关部门决定对我的政治问题给予甄别平反，但在平反结论中硬是给我留下一条尾巴，说我写作反动诗词：‘钟鼓馔玉何足贵，但愿长醉不愿醒。古来圣贤皆寂寞，惟有饮者留其名。’我拖着这条尾巴去申辩：‘这是李白写的诗，题目是《将进酒》。我岂敢掠李白之美？’当时接待我的一位胖胖的女同志（当时我还不够资格称她为‘同志’）说：‘有多少好诗你不读，为什么专去读李白的？这李白是什么东西？里白里白，从外往里都白。你为什么不选一个从外往里都红的革命同志的诗去学习学习呢？嗯！你这脑袋瓜，就是有问题！’她操着胶东口音，口吐白沫，振振有词，不容辩驳。”这由“李白”到“里白”的联想真是可笑又可悲。

这与上节雷颐《诛心之论》所说的对“万岁”的联想一样，雷颐文中评论说：“虽然你喊出‘wàn suì’这个声音，但你并无权解释、决定你的意思是‘万岁’还是‘万碎’……你只能听任旁人‘阐释’。”

朱元璋由图画妇女抱西瓜联想到“淮西妇女好大脚”，可能是明代年画中谐音联想的始作俑者；而且整个汉文化史上在明代之后谐音迷信盛行，似乎也皆滥觞于朱明王朝的各类文字狱。年画中有表现科举考试顺利的题材：一只鹭鸟配以芦苇和莲花的构图，表现的是“一路连科”；以三只圆果，如桂圆、荔枝为中心的构图，寓意是“连中三元”。“文革”后期，国务院曾组织一批老国画家为国宾馆作画，结果却酿成了文字狱的压轴戏“批黑画”运动。王蒙小说《狂欢的季节》说：“一个是一批黑画正在批判。一个老画家画了三个柿子，一个青椒，一棵白菜，他问钱文：‘你知道黑画的用意吗？’钱文摇头，无穷（人名）解释说：‘他是说自己“三世清白”，也就是表达对自己在肃反运动中受到审查的不满啊。’”

四　优戏·相声·音韵学

优戏噱头与“三教教主”

我国古代以歌舞、吹奏、表演为业者称“优人”，表演艺术为“优戏”，演职人员又叫“优伶”“俳优”等。战国时楚国优人“优孟”最为有名，他语言幽默，表演逼真，常用表演艺术的形式委婉讽谏，有“抑止昏暴”的美誉。汉代的东方朔是又一代表，《汉书》称其“变诈锋出，莫能穷者……朔虽诙笑，然时观察颜色，直言切谏，上常用之。”所以后世优戏也多讽谏、抑恶扬善的内容，又称为“优谏”。中古以后汉语音韵学勃兴，它不仅带来了文学尤其是诗歌创作的繁荣，而且使表演艺术的优戏大量利用汉语的语音联想艺术，

老子像

促进了这一艺术的繁荣。

唐代皇帝姓李，尊老子为祖先，所以尊奉“太上老君”的道教得以与儒、佛二教并驾齐驱，呈文化的多元化状态。唐懿宗时优人李可及有以三教教主调侃的节目叫《亦妇人也》，因他表演时著儒服，所以此节目有“攘斥佛老”的讽谏义蕴含其中。表演以问答式进行：一个在角落坐着的人问：“释迦如来是何人？”对曰：“是妇人。”问者惊曰：“何也？”对曰：“《金刚经》云：‘敷座而坐。’或非妇人，何烦夫坐，然后儿坐也？”这是由“敷座而坐”谐音联想成“夫坐儿坐”的惊人结论，逗得皇上开口大笑。又问曰：“太上老君何人也？”对曰：“亦妇人也。”问者作出很不理解样子，他接着解释说：“《道德经》云：‘吾有大患，是吾有身。及我无身，吾复何患？’倘非妇人，何患乎有身乎？”这里利用“有身”的多义性戏谑，汉语委婉地称孕妇为“有身孕”“双身人”，学名又叫“妊娠（shēn）”，故说解为妇人。又逗得皇上非常高兴。坐者又问说：“文宣王何人也？”对曰：“妇人也。”问者曰：“何以知之？”对曰：“《论语》云：‘沽之哉！沽之哉！吾待价者也。’向非妇人，待嫁奚为？”“文宣王”即圣人孔子，唐玄宗祭孔时，赐孔子为“大成至圣文宣王”，至今曲阜孔林中的孔子墓碑上刻着这一桂冠。成语“待价而沽”来源于这段话，李可及用“价”与“嫁”的谐音大胆“判断”圣人为妇人，思维敏捷。这一节目最后博得皇上龙颜大悦，开心非常，并予以重奖；第二天又提拔李可及为“环卫之员外职”。（《太平广记》）

电视剧《宰相刘罗锅》中“见屈原”的内容来源于唐敬宗时优人高崔嵬的节目，因高“善弄痴大”，即卖傻戏谑，皇帝有一次让人把他的头按入水中开玩笑，他从水中出来后发笑，皇上问他，他说：“见屈原，云：‘我逢楚怀王，无道，乃沉汨罗水；汝逢圣明主，何为来？’”逗得皇上大笑，并“赐物百段”。（《朝野佥载》）

这两则故事一方面说明唐代优戏语言艺术的成熟，同时也说明唐代开放自由的文化精神。

国耻“二圣环”及优谏

中国读书人都熟悉岳飞《满江红》词，其中“靖康耻，犹未雪”句中的“耻”又称“靖康之难”，是北宋灭亡后徽、钦二帝被金人掳掠到北国的“国耻”事件。南渡军民念念不忘靖康国耻，并以此作为激发民族志气、团结御侮、收复中原的精神资源。但宋高宗为保持自己的既得利益而宠信奸相秦桧，无心北伐。当时驻守建康的杨存中，在军旗制作中画“双胜连环”图形，称为“二圣环”，取的是徽、钦二帝从北国返还、洗雪国耻之意。后杨存中得一美玉，琢成帽环进献宋高宗，提醒他莫忘国耻。偶然有一次与伶人在一起，“高宗指环示之，曰：‘此环，杨太尉进来，名“二圣环”。’伶人接奏曰：‘可惜二圣环！只放在脑后。’高宗亦为之改色。”（《贵耳集》下）“环”谐音“还”；“放在脑后”由具体义联想到抽象的“不放在心上”的意思。后来伶人以带二圣环的幞头作道具编排了一个表演节目，《西湖游览志余》卷四记载，伶人在秦桧府中表演此节目，有“尔但坐太师椅，请取恩泽。二圣还，且掉脑后可也”的对白，惹得“桧怒，下伶狱，杖杀之”。宋高宗尚能容忍优人讽谏，而奸相秦桧不能容忍，正应了“阎王好见，小鬼难缠”的俗语。

南宋前期，北伐一直是思想文化界的主旋律，优人戏有许多这一主题的节目。《湖海新闻夷坚续志·烦恼自取》是一出讽刺败将韩侂胄的优戏，又分两出，第一出由四人表演：“一人曰樊迟，一人曰樊哙，旁又有一人曰樊恼，又设一人揖问迟曰：‘谁为汝取名？’对以‘夫子所取’；则拜之曰：‘是圣门之高弟也。’又揖问哙曰：‘尔谁取名汝？’对曰：‘是高祖所命。’则拜曰：‘真汉家之名将也。’又揖恼曰：‘尔名谁取？’恼曰：‘樊恼自取。’”这是以“樊恼”谐“烦恼”，有微讽韩侂胄咎由自取，应反省自己的意思。又因直接败因在郭倪、郭杲（gǎo）二将，接下来二出又表演“因赐宴，以生菱进与桌上，命二人移桌，忽生菱堕地尽碎，其一人云：‘苦苦丧了许多生菱，只因移果桌。’”此一出以“生菱”谐“生灵”，感叹官兵死伤，生灵涂炭。

又以“移果桌”谐“倪杲作”，吴方言中“果”与“杲”音近；直接的意思是追究郭倪、郭杲的失败责任，委婉地讽刺韩侂胄用人失察，有渎职罪。

南宋优人代表民族利益，以表演为武器打击投降派，反映了干预生活、关注社会热点、文以载道的优良传统。任半塘先生《优语集·弁言》说：“优语入南宋，奔腾而湛密，兼而有之……从其所谴责之反面人物数之，对刘豫、秦桧、张俊、韩侂胄、史弥远、丁大全、董宋臣，旁及郭倪、郭杲、郭倬、吴知古、史岩之等，一一掊击，都未放过。”另外还有大量反映军民疾苦、政治腐败、儒术无灵的内容。南宋优戏熟练的语言艺术在元明清三朝因忌讳和文字狱呈逐渐萎缩以至消亡之势，到清末民初方始复苏。

由“老卖粘糕”说相声艺术

随着唐宋传奇、宋元话本等文学形式的发展，唐宋优戏演变为元杂剧，形式也由短小精悍的独幕小品演化为情节复杂的多幕剧；内容也由下层市民的娱乐逗笑功能向文以载道、宣扬忠孝节义、抑恶扬善、因果报应的舆论说教为主。又由于忌讳等原因，谐音语言艺术在杂剧中已没有多少分量。清末民初随着思想自由的影响和市民娱乐的增长需要，相声艺术以独特的形式崛起，相声的艺术基因主要是唐宋优戏的谐音艺术，其次是说书艺人的“说”，戏剧唱腔的“唱”，构成了“说学逗唱”的新艺术。

传统相声最负盛名的是《歪批三国》，有大量出人意料而又合音理的奇妙联想。例如“三国三不国”之说：三国不仅因当时中国分裂为魏、蜀、吴三国，还因《三国演义》一书大量用“三”。如“桃园三结义”“三让徐州”“三英战吕布”“三顾茅庐”“三气周瑜”以及“屯土山关公约三事”“荆州城公子三求计”“三国归一统”等。那“三不国”是什么？以此留下悬念，相声艺术称“包袱”，在逗人思索之后，抖出包袱，所谓“三不国”是指小说中有三个人没有归宿，即“三不归”：徐庶无归、貂蝉无归、孟获无归。小说中只写三人的生事，未交代其结局，巧妙用“国”与“归”谐音制造联想。

中古前“国”入声，“归”平声，中古后同音。更巧妙的是，在说“三”之中又提出蜀国五虎将有三位是买卖人，听众都熟悉桃园三结义交代过关羽卖枣、张飞卖肉、刘备卖草鞋，其中刘备不是五虎将，其余三位马超、赵云、黄忠都没有做买卖干个体户经历。下面是相声艺人具体抖包袱的过程：

甲：赵云是个卖粘糕的。（悬念）

乙：赵云多会儿卖过粘糕哇？

甲：你看过《天水关》这出戏吗？

乙：看过呀。

甲：《天水关》这出戏，姜维在教场一传令，那几句流水板就把赵云卖粘糕给唱出来了。

乙：怎么唱的？

甲：（唱）这一般五虎将俱都丧了，只剩下赵子龙他老迈（卖）年（粘）高（糕）——他老卖粘糕。

这是用“神仙对”的思维方式，将成语按音节曲解联想，再组合成“老卖粘糕”短语。

谐音联想是相声的灵魂和它作为独特曲艺形式的依据，因“说”有说书艺人，“唱”有戏剧及声乐，不是相声的专长。现代相声表演艺术家侯宝林、马三立、马季都坚持这个艺术特色。在“文革”百花凋零的文艺休克期，马季以《地名学》这一节目给社会生活带来了一点生气，该节目以洋泾浜英语的思路将国外的音译地名歪讲曲解，形成笑料。例如，将夏威夷的“夷”解为“姨”，成了一位海外亲戚；把巴基斯坦的“坦”联想成“毯”，说成一种毯子；将布拉格的“格”曲解成打嗝的“嗝”；将“伦敦”说解成“厕屎排队——轮蹲”，成了歇后语。《地名学》是马季的成名代表作。

相声艺术以其形式简单、创作排演快、贴近生活等特点在“文革”后一枝独秀，风光十几年。目前相声艺术面临危机，除了传媒手段增多、其他文艺形式普及发展等客观因素外，主要是相声本身缺乏充分展现汉语谐音魅力的好作品。

相声与“小品”的此消彼长

相声艺术崛起京津一带。新中国成立前在北京天桥，它与戏剧、杂耍、说书艺人等平分秋色，占一席之地。相声因成本低廉、内容又贴近百姓生活而成为“下里巴人”的大众娱乐形式，但由于它纯粹是说唱艺术，故事情节的视觉形象就较差。近几年相声艺术的衰弱，除了没有好作品的主观原因外，是因为可视性较好、带有古代优戏表演特色的小品蚕食了它的部分阵地。小品在形象表演过程中也巧妙运用汉语谐音艺术制造噱头，如1999年的春节联欢晚会上赵本山、宋丹丹、崔永元三人的《昨天、今天、明天》，就有如下内容：宋丹丹说“暗送秋波”，赵本山曲解为“秋天的菠菜”，由“波”谐“菠”生发联想。再如宋丹丹说“做个拉皮”，是美容的术语，赵本山将“拉皮”歪讲成北方凉菜“辣皮”，并接着此思路接“我拍个黄瓜”；崔永元逗趣说“烫壶酒”。小品《不差钱》由歌手“刀郎”的“郎”联想到“屎壳郎”，这些都收到了调侃逗乐的效果。其次，节目还利用词语错位、扩大使用范围的方法逗乐，如“家用电器”是现代化进程中的新词汇，特指价格昂贵、用电量较大的电视、冰箱、洗衣机等，赵本山所指的却是“手电筒”，张冠李戴，妙趣横生，且有生活基础。

小品艺术既避免了戏剧内容刻板说教、情节拖沓冗长、成本高规模大的缺点，又吸取了相声贴近生活、语言幽默诙谐、情节简单明快的优点且更具可视性，满足了当代人生活节奏快而追求轻松愉悦、精神放松的新审美趣味。现实生活中有大量文艺创作的素材，由于近几年艺术创作人员逐渐脱离生活，同时又惧怕针砭时弊难以审查过关，担心有人对号入座招惹麻烦等，故思想性艺术性兼善的好作品十分少见。就语言艺术讲，小说中就有大量素材。

刘庆邦《月光依旧》：“可笑的是，村里人跟她的理解是一样的。都认为农转非的非，是带翅膀的飞。”（《十月》，1997年3期）“农转非”一词是大跃进之后城乡经济受到严重破坏，政府采取城市户口管制后的新词，也是计划经济下扩大城乡差别的专用词语，农民将它曲解为“农转飞”与“跳农（龙）门”的谐音联想异曲同工，很有生活基础和艺术价值。再如王青槐《趴牛的青玉米》：“三辈（人名）说：去学政教。趴牛（三辈父亲）一听就说，啥？整窖，红薯窖还是萝卜窖？你爹不学都会，学那干啥？三辈说，不是整窖，是学理论，搞政治教育。”（《十月》，2000年3期）这段中“整窖”与“政教”的否讲曲解，就充满着浓厚泥土气息，与赵本山以“手电筒”为家用电器类似，有城乡、文野两种文明相碰撞的生活根据和情趣。

深入生活，解放思想，创作自由，以“谐音”为基础挖掘语言艺术，是相声再现青春、小品吸引人的重要因素。

由“何韩同姓”说双声

汉人姓氏的演变是一项专门学问，姓氏转变的原因之一是语音讹变，“何韩同姓”即为一例。《容斋三笔》卷五说：“韩文公《送何坚序》云：‘何与韩同姓为近。’尝疑其说无所从出，后读《史记·周本纪》，应劭曰：‘《氏姓注》云，以何姓为韩后。’邓名世《姓氏书辩证》云：‘何氏出自姬姓，食采韩原，为韩氏。韩王建为秦所灭，子孙散居陈、楚、江、淮间，以韩为何，随声变为何氏，然不能详所出也。’……予后读孙愐《唐韵》云：‘韩灭，子孙分散江、淮间，音以韩为何，字随音变，遂为何氏。’乃知名世用此。”何、韩二字，古代汉语中为全浊声母“匣”母字，韵母分别为ɑ、ɑn，语音接近；转入现代汉语，二词仍为同一声母。这种情况应属于口语中音同，导致文字代换的情况，即“字随音变”。

发现汉语音节由声母、韵母两部分组成，是古代僧人翻译梵文佛经时受拼音文字启发的结果，随后就模仿拼音文字规则，用双声叠韵原理发明了反切注音法，这在汉语发展史上具有划时代意义。在音韵学中，声母相同的字称“双声”。双声规律的认识还影响到人们的日常言语，《洛阳伽蓝记》记载，陇西李元谦善用双声词语表现自己才华，有一次经过郭文远的宅院，就问：“是谁第宅？过佳！”此问话中“是谁”二字为“禅”母双声字，“第宅”虽分属定、澄二母，但同为全浊声母，语音相近；“过佳”为见母双声字，体现了他的语言炫技习惯。没想到郭家一位叫“春风”的奴婢听到后回答说：“郭冠军家。”此句四字，古代同为“见”母双声字。李元谦听后，吃惊之余有被人挑战的感觉，就说：“凡婢双声。”意思是说一个奴婢丫头也学会用双声语，配吗？其中“凡”“婢”虽分属奉、并二母，但同为全浊声母，语音接近，可视为准双声。没想到春风接着说：“儜奴慢骂。”又用双声语，前两音节，古今都是“泥”母字，即 n；后两音节古今为“明”母字，即 m。奴婢懂得双声，反映了主人的学养和影响，此例在当时肯定颇有影响，故被收录。东汉大经学家郑玄为《诗经》作“笺”，他家的奴婢由于耳濡目染，也用《诗经》句子对话，人称“康成（玄“字”）诗婢”，成了文化人值得骄傲的美谈。（见《世说新语》）双声规律演变为汉语的口技中的“绕口令”游戏，成了锻炼人口语能力的一种方法。如“瓶碰盆，盆碰瓶”就十分拗口，因为这三个音节声母都是 p。

六朝至唐代，文人还写双声诗。例如唐代姚合《葡萄架》诗前几句：“萄藤洞庭头，引叶漾盈摇。皎洁钩高挂，玲珑影落寮。”首句皆古代“定”母字；第二句古代皆“以”母字，今同为零声母。第三句皆“见”母字；第四句除“影”字外，皆“来”母字，即今 l 声母。

东郭牙泄密与韵母知识

《管子》和《吕氏春秋》都记述了春秋时齐国的东郭牙泄露军事机密的事件，说的是齐桓公与管仲偷偷商量伐莒，其他人未参与其事，结果却被国人知晓。齐桓公非常生气，就向管仲询问原因，似乎有怀疑他泄密的意思。管仲说，国中肯定有了不起的人物，那天一位服务人员观察我们，肯定是他走漏了风声。第二天仍让他上班，一看是东郭牙，桓公问他走漏消息之事，他供认不讳。桓公又问说，我没说伐莒而你说是伐莒，有什么根据？东郭牙陈述了他作判断的三条理由：一是从气色动作上看，有“兵甲之色”；第二从桓公与管仲讲话时“口开而不阖”口型上看是“莒”字音，同时又与手指的方向相合；第三从实际情况分析，只有莒这一小诸侯未归服齐国。说得桓公口服心服，并对东郭牙大加赞赏，没追究他的责任。

“莒”字现代汉语中属撮口呼字，但在上古它是“鱼”部字，韵母为iɑ，开口度较大,故东郭牙说“口开而不阖”。在春秋时代当然没有后来的音韵知识，但东郭牙观察人口型猜测语音，是对语音悟性极高之人。东汉后，反切的出现，说明当时僧人及文人已将汉语音节离析为声母与韵母两大块。反切规则是用两个汉字为一个字注音，反切的两个字分别称为反切上字和反切下字，反切上字与被切字双声，即声母相同；反切下字与被切字叠韵，即韵母与声调相同。例如：东，德红切；德的声母与红的韵母兼声调即组成“东”的音dōng（古代元以前无阳平调）。

在音韵学中，两个字的韵相同叫“叠韵”。“韵”是比韵母更大的概念，可以不考虑i、u、ü等介音，诗歌创作要求押韵，就指入韵字的除介音外的韵母部分相同。六朝以后，对汉语的声调规律有了更清醒的认识，押韵又要考虑声调，这就形成了隋代的《切韵》。《切韵》按词语的韵和声调，第一次将汉字归纳出来，故称为“韵书”“音书”。韵书的出现既标志着汉语音韵学的成熟，同时又是文学上韵文成熟的条件；初唐格律诗成熟并被引入科举考试，押韵是诗歌体裁的首要语言特点。因此，唐诗宋词也是音韵学结出的奇葩。

管仲像

在六朝及隋唐韵书时代，莒字已不读开口呼了，但东郭牙泄密事件保存了上古此词的口型，学者们据此可判定此词古今语音的变化。《颜氏家训·音辞篇》说："北人之音多以举莒为矩，唯李季节云：'齐桓公与管仲于台上谋伐莒，东郭牙望桓公口开而不闭，故知所言者莒也，然则莒矩必不同呼。'此为知音矣。"

与用双声字作诗相对，古人也有叠韵诗，如唐代陆龟蒙《吴宫词》之一："肤愉吴都姝，眷恋便殿宴。逡巡新春人，转面见战箭。"一句用同一韵内的字，首句皆《诗韵》平声"七虞"韵字，第三句皆《诗韵》平声"十一真"韵字；二四两句为仄声韵字。

从切脚语到合音字

受梵语拼音的启发，汉字有了反切注音法，使汉语也可以像拼音文字一样拼读。反切法对词汇形成了两方面的影响，其一是在语速较快时可能将二字读成一个音节，这就是合音词（字）。

三国时吕布被曹操擒获，当时刘备与曹操同盟，也在座上。吕布曾有恩于刘备，向刘备求情说："玄德卿为座上客，我为降虏，绳缚我急，独不可一言邪？"据《三国演义》描写，刘备曾点头应允吕布，但到曹操向他征询对吕布的处理意见时，刘备却让曹操考虑吕布曾两次背叛主人的教训。结果曹操决定杀吕布，吕布有一种被刘备蒙骗的感觉，骂刘备说："大耳儿最叵信！"吕布此时心情激动，语速较快，遂将"不可"说成"叵"。这种情形犹如今日港台人发感叹时，将"这样子"说成"酱紫"而省去一个音节。宋代沈括《梦溪笔谈》"艺文二"说："古语已有二声合为一字者，如不可为叵，何不为盍，如是为尔，而已为耳，之乎为诸之类。"现代汉语方言中，北京话中"不用"为"甭"（béng）；吴方言中"勿曾"为"覅"（fēn）、"勿要"为"嫑"（fiào），被认为是典型的合音词。《海上花列传·例言》说："如说勿要二字，苏人每急呼之，并为一音，若仍作勿要二字，便不合当时神理；

曹操杀吕布

又无他字可以替代，故将勿要二字并写一格。”（人民文学出版社，1981 年版）蒋瑞藻《小说考证·海上花列传》说：“覅、朆之类皆有音无字，故以拼音之法成之，在六书为会意而兼谐声。”（转引《汉语大字典》）合音词虽由二字合成而来，但不能与反切法等量齐观，反切法是上字取声母，下字取韵母和声调严格拼切出来的音；合音词只是简单囫囵的拼装，中间的介音以至于主要元音常不一致。

与合音词急言的情形相反，还有故意把单音词读成两个相拼音节的情况，古人称为“切脚语”。《容斋三笔·切脚语》说：“世人语音有以切脚而称者，亦向见之于书史中，如以蓬为勃笼，槃为勃阑，铎为突落，叵为不可，团为突栾，钲为丁宁，顶为滴 ning，角为矻落，蒲为勃卢，精为即零，螳为突郎，诸为之乎，旁为步廊，茨为蒺藜，圈为屈挛，锢为骨露，窠为窟驼是也。”元代睢景臣《般涉调·哨遍》：“一面旗白胡阑套住个迎霜兔，一面旗红曲连打着个毕月乌。”其中：胡阑为“环”，曲连为“圈”。现陕西宝鸡凤翔仍用这两个词，小孩满月时，其舅父蒸一个如面包圈形状的大馍，称“曲连馍馍”，让小孩从中钻圈，祈求团圆幸福。口语中又称结环为“绾胡阑”。

切脚语常用作隐语或江湖黑话的构成方式。滕家征《洞庭切》介绍，上海解放前就流行这种语言，称“洞庭切”，如“茶庄”“霍盖”就是“上海”的切脚语。“茶之”“瓜鞋”“霍古”是“是假货”短语的隐语表达。（《新民晚报》，2000年5月26日）切脚语也是粗糙的拼音，还受方言的影响。

从上海华山路“华”字说破读

1999年11月26日中午12时，上海人民广播电台报道了上海市华山路的毁坏树木事件。广播员开始时读华山路的“华”字为去声，但在以后的市民讨论中，大都读“华”为平声，最后播音员也从众读“华”为平声。这种情况反映了口语与书面语不一致的尴尬状况，怎么办呢？

多音字是常见的文字现象，而文字是语言的符号，多音字反映了语言和文字之间的复杂关系。词语在漫长的使用过程中，也有新陈代谢的规律；其中最重要的一种情况是由于词义引申等原因形成的词汇义项逐渐增多，形成多义词。例如，名词“锁”又引申为动词“锁门”的“锁”，名词表数目的“数”又引申有计量义如“数钱”的“数”等等。词语义项的增多有可能造成歧义或使用的混乱，为适应这种情况，常用三种方法解决：一种是不容易带来麻烦的情况，如“锁”既是名词又是动词，但使用中可从语境或书面上下文中排除歧义，就用一字一音不变。一种是为新出义或原本义重新造字，这与古今字概念直接相关。

还有大量情况是采取破读的方法，即用改变原字读音（主要是声调）的方法区别不同的词性与词义，形成一字多音现象，类似于外语的形态变化，故又称为“音变造词”法，音韵学、训诂学称为“破读”或“读破”。周祖谟先生说：“汉语古代书音以四声区别词性及词义，颇似印欧语言中构词上之形态变化……故根据此类现象，一则可以考见古人对语法之认识，一则可以知汉语语词之分化派生与四声变读之关系。”（《问学集》上，中华书局，1981年）这样，既减轻了文字的负担，又满足了语言的需要。如名词数读shù去声，动词数读shǔ上声；古汉语中作副词读shuò去声，形容词读cù去声。“华”字作形容词“华丽”的语素及名词“中华”的“华”读平声，而用作姓及五岳华山的“华”读作去声；而与华山相关联的如“华阴”之“华”，也相应读去声。所以在韵书里，“华”字既在平声韵中出现，又在去声韵中出现，但词义有别。上海华山路借用西岳华山之名，“华”字理应读去声，而且陕西方言中华山之“华”仍延续旧音去声不变。只靠改变声调区别词性词义的又称“四声别义”“声调法”，改变声、韵的又称“字母法”。

语言具有社会性，由于“华”字去声音使用较为狭窄，华山之外广大地区百姓受“华”字平声常用音的同化，难免望文而读平声音，故去声音呈萎缩之状，《现代汉语词典》采取变通办法说：“应读huà，近年也有读huá的。”因此，华山路之“华”字读音，处在两种音共存的状态下。

在语言规范和语文教学中，破读音是个棘手的问题，对书面语与口语相一致的破读音要坚决维持，避免误读与错解，如成语“好逸恶劳”中“好”“恶”的破读音绝不能读错。否则的话，汉语就会蜕化、混乱而受到破坏。其次，书面语中的破读有时要先疏通语义，再回头定音。例如《史记·陈丞相世家》“平为人长美色”句，“长”是破读字，读cháng平声是形容词，读zhǎng上声是动词。王念孙《读书杂志》说：“当从《汉书》作‘长大美色’，下文人谓陈平何食而肥，肥与大同义，若无大字，则与下文义不相属。”（江苏古籍出版社，1985年版，第113页）可见，“长”字此处应读形容词音。如果将此句说成“身长美色”，读“长”动词音，则如口语“长肉”“长疮”之“长”同，与原文“义不相属”。

类似的破读错误很多，如“丧”字的四声别义，平声为名词，如婚丧嫁娶之“丧”；去声为动词，如“丧魂落魄”之“丧”。这一读音差别至今保留在口语，故《现代汉语词典》两读。《论语·里仁》："见贤思齐，见不贤而内自省也。"此处"不贤"容易被人理解为"不肖"，且读"肖"平声，其实是误读。《礼记音义·中庸》"不肖"，《经典释文》曰："音笑，下同。"《现代汉语词典》仍作两读。

当然，也有两读甚至三读皆通的情况，则不妨并存，避免拘泥，但理解时可能语义有别。如《诗·关雎》"君子好逑"的"好"字，《经典释文》说："好，毛如字，郑呼报反。""如字"即基本义的常用音，"好"理解为形容词，"好逑"是"好配偶"义，破读为去声是动词，"好逑"是"喜欢追求"之意。《诗》"景行行止"的"行"甚至有三个读音并存于古籍中，分别是道路、行走、品行的意思，皆通。

由佛语"南无"说古音残留

电视剧《济公》曾风靡神州大地数年，其主题歌也妇孺皆知，其中"南无阿弥陀佛"一词的"南无"唱成"那谟"，是什么原因呢？可能大多数人不知其所以然，它属于古音残留的语言现象。

南无是梵语 Namas 的音译词，是敬礼、归命的意思，魏晋时代"南无"两字读音与此词语音最为接近，故用它描摹 Namas 的音，类似于古人为冷僻字注音的"直音法"，现代人学外语，有时也这样。根据古音知识，南为"泥"母"侵"部字，音 nam；无为"明"母"鱼"部字，音 ma。两音合起来与梵文音相近，故用"南无"表示这个词语音。随着汉语语音发展，"南无"已不能代表原词读音，故后人改用"那谟"拟音，但古代佛经及汉文化作品及佛寺用字仍旧未变，所以今人不能用"南无"今音读它，此其一。

另一方面，此词限于佛教徒使用，其读经靠口耳相传，至今仍大量保存古音；同时古印度梵语已经是死语言，此词的古音也就静止了，只能按字母拼读。因此"南无"二字在今天和尚口中的诵读音，既是认识这两个汉字古音的化石，也是了解梵语古音的活材料。清代钱大昕《十驾斋养新录》说："南无字读如曩谟，梵书入中国，绎译多在东晋时，音犹近古，沙门守其旧音不改。”古人对这类读音现象已表示不满和厌烦，《笑林广记二种·僧士诘辩》：“秀才诘问和尚曰：‘你们经典内“南无”二字，只应念本音，为何念作“那摩”？’僧亦回问云：‘《四书》上“於戏”二字，为何亦读作“呜呼”？如今相公若读“於戏”，小僧就念“南无”。相公若是“呜呼”，小僧自然要“那摩”。’”“於戏”是“呜呼”的早期写法，保留了古音线索。该书还有一则《於戏左读》，辨析《大学》“於戏前王不忘”应读“呜呼”，而《论语》“傩虽古礼而近於戏”应如字读之。

汉语的许多专有名词也有“守其旧音不改”的情况，如姓氏、地名、人名等。如姓氏中“解”音 Xiè、“冼”音 Xiǎn、“尉迟”音 Yù chí，地名“番禺”音 Pān yú、“阿房宫”音 E páng gōng，人名“皋陶”音 Gǎo yáo、“伍员”音 Wǔ yún 等。其他如族名“吐蕃”读 Tǔ Bō、《论语》“论”音 Lún 平声等也是。这些反映了专有名词语音的顽强不易变的特点，其中“番禺”“阿房宫”中的古音是汉语语音史“古无轻唇音”的活化石材料。

由于专有名词使用范围较狭窄，加之现代社会日新月异，新老词汇的代谢速度加快，传统文化包袱太重需要拣择淘汰等原因，使许多古读音也面临消亡的命运。例如，广东番禺今仍读古音，但上海地名“番禺路”的“番”字也正像华山路的“华”字去声音一样，处于两音并存状况。“吐鲁番”的番作为地名读现代音。再如，古读的保留本身也无统一标准，古国名“吐蕃”的蕃读 bō，作为草木茂盛和繁殖意义讲，则读现代音 fán；作为水神的“冯夷”之冯读 Píng，但见于《滕王阁序》的汉代名人“冯唐”的冯字却读今音；伏羲古籍中又写作“庖牺”，但今人伏字却可不读古音。事实上，许多古音现在已主动放弃或不得已而放弃，如姓氏尉、尉迟及河南尉氏县，yù音渐趋消亡，再如“叶公好龙”的叶姓及“叶县”的 shè读音，一些工具书已不标其古音。

对专有名词的古读音问题，不妨采取物竞天择、顺其自然的办法。在语文教学中，为了讲清语言读音的来龙去脉，要承认与尊重古读的习俗及其学术价值，尽量小心谨慎地保护这一片语言化石之文物，以维持汉语汉文化的厚度及清醇，不能采取简单废除与根本不传承、毫无所知的无知态度与方法。但对人民大众来讲，也不能强人所难，让他们读每一古老词汇都字正腔圆，不出偏差与误读。“凡是存在的都是合理的”，这句话虽常招来抬杠，但在语言史上都有合理性，语言的社会性有时可以习非成是，不以人们的意志为转移。从语言学角度讲，这是“语音类化”现象。

王安石释“剥”与通假字音义

洪迈《容斋续笔》卷十五《注书难》记述了王安石注解《诗经》所犯的一个错误及其改正的传奇故事，是认识汉字中通假字音义问题的极好材料。原文说：“王荆公《诗新经》，‘八月剥枣’解云：‘剥者，剥其皮而进之，所以养老也。’毛公（毛亨）本注云：‘剥，击也。’陆德明音普卜反，公皆不用。后从蒋山郊步至民家，问其翁安在？曰：‘去扑枣。’始悟前非。即具奏乞除去十三字，故今本无之。”

“八月剥枣”是写农事的诗《七月》中的句子，“剥”是“扑”或“攴”（小击也）的通假字，因剥与“扑”“攴”上古同为“屋”韵字，声母仅有送气不送气之别，声音相近。（参见郭锡良先生《汉字古音手册》）《七月》全诗是以月份的农事或物候特点叙述农人生活的，八月正是枣子的收获季节。现北方农谚说：“七月的小枣八月的梨，九月的柿子轧满集。”正反映了枣子七月开始成熟到八月收获的时间信息。毛亨注此句虽未用训诂方法揭示剥与“扑”的通假关系，但释义已显现了二者关系；唐代孔颖达《疏》更明白地说：“枣须树击之，所以剥为击也。”“树击之”就是从树上打下来的意思。唐代陆德明《经典释文》的反切正是“扑”字音，进一步明确揭示了二者关系。也许王安石认为用“剥”字本字也能将诗句讲通，而前人音义解释似有蛇足之嫌，故自以为是地自作新解，想超越前人。但十分幸运的是王安石在蒋山亲耳听到了农人“扑枣”的说法，从活的语言中验证了古人的正确与自己的错误，并主动改正了错误。

通假字现象大概是造纸术发明之前汉文典籍中的常见文字现象。因当时的文字写在竹简或木牍上，书写十分困难；其次是典籍体积大、重量也大，查阅也十分不便，所以古人在书写过程中如遇到字不会写或一时想不起来，就习惯用一个音同或音近的字代替，类似我们今天一些方言词没有字就写个拼音字母或同音白字代替一样。这种语音相通而临时借来作另一词音符的字叫“通假字”，它所代表的实际词语如有字则称“本字”。将通假字转换成本字的过程叫破通假，古籍阅读过程中既要通过通假字的语音线索找出本字来正确释义，同时又要按本字音正确阅读古文。故清代语言学大家王念孙说：“学者以声求义，破其假借之字，而读以本字，则涣然冰释。”

像王安石那样直接以通假字解经的情况被称为“望文生义”，它不是个别现象。当通假字在句中根本无法讲通时，较易破假借求本字，如中学课文《鸿门宴》中“旦日不可不蚤自来谢项王”一句，“蚤”是“早”的通假字，不难理解。而当通假字本身也勉强讲得通时，易生歧义。如《论语·述而》：“自行束脩以上，吾未尝无诲焉。”汉代孔安国注：“言人能奉礼，自行束脩以上，则皆教诲之。”以“脩”为“修”的通假字，全句是有上进心、追求文明之意。但宋代邢昺、朱熹皆以通假字解经，以脩为脯，波及“束”字曰“十脡为束”；这是以唐宋时代的拜师之礼误解古人。孔子“有教无类”，来者不拒，《述而》篇还有“人洁己以进，与其洁也”的论述，强调的是学生上进求知的欲望，不会片面强调“礼品”，那不符合圣人性格。

宋人当时就对邢、朱之解提出了质疑，《野客丛书·束脩》：“吴曾《漫录》曰：‘《论语》：“自行束脩以上，吾未尝无诲焉。”前辈多以“束脩”为“束脯”。余按《后汉·马援》《杜诗》《延笃传》注，皆谓年十五束带脩饰之意，乃知以束脩为束脯非是。’仆谓《后汉传》注出于唐人之说，未可以为据。观《盐铁论》，桑弘羊曰：‘臣结发束脩得宿卫’，此正明验汉人之语以束脩为束带脩饰矣，且在马援诸人之先，可无疑者。”

同样的道理，如果将《庄子》中“道在屎溺”的“溺”读成“溺水”的“溺”，将“旬有五日而后反”中的“有”读成“有无”的“有”，那就是没能破解通假字的“密码”。其实这两个字是“尿”“又”的通假字。如果将宋代张孝祥《念奴娇》词“著我扁舟一叶”句，将“著”读成“著作”之“著”，那也是误读，其实应读 zhuó，乃“附著（着）”义。此字又写作“着”，如朱东润《中国历代文学作品选》即作“着”。王力先生《汉语史稿》有“著”字音义的详细考辨。

《敕勒歌》“野”字读何音

现初中语文统编教材中有《敕勒歌》这首千古传诵的北朝民歌，它以简洁典型的形象、粗犷豪放的情怀，勾勒出令人神往的塞外草原风光。但教材在“野”字下注音说：念 yǎ。现代汉语中野字已无此读，只有 yě上声音，注者觉得读yě与上句韵脚“下”字不押韵了，故用yǎ这一古音。因为“下”与“野”在《广韵》中同在上声“马”韵，皆以a为韵。但是，“下”字在现代汉语中读去声，因它是全浊声母的“匣”母字，是随着元代“浊上变去”的声调规律才变化的，在元代前属上声，故与野字同在“马”韵。教材注者改“野”读 yǎ，却不改“下”字声调，可能是因为现代新诗押韵的十三辙已不考虑声调的原因吧。

押韵是诗歌这一文学形式的第一特征，使它和音乐保持着天然的联系，古今中外概莫能外。然而语言是发展变化的，正如明代学者陈第的名言所说：“时有古今，地有南北，语有更革，音有转移。”宋代大儒朱熹注《诗经》，觉得古诗中的韵脚已不适合宋代口语音，为了诵读的谐调就改古音为宋代音，名为“叶”（xié）音，造成了语音脱离词语、率性而为的荒诞之事，受到了后代学者的严厉批评。教材注“野”读 yǎ与朱熹不同，它是将今音还原为古音，且符合韵书音，这一点似乎比朱熹高明。然而从造成口语中语音与词语相脱离这一点来看，实属于五十步笑百步，同样是不可取的。

首先，古诗在现代汉语中不押韵的现象不是个别的，改不胜改，得不偿失，难以实行。例如类似《敕勒歌》的如高适《营州歌》：“营州少年厌原野，狐裘蒙茸猎城下。虏酒千钟不醉人，胡儿十岁能骑马。”野字也是韵脚，是否要类推读 yǎ呢？其次，普通话改读押韵了，但有方言仍保存着古音，如长沙、南昌、福州、厦门、潮州、梅县等地，“下”与“野”仍然押韵，“野”

字主元音为ɑ，注音的结果会强化这些地区学生的方言音，不利他们的普通话学习。

正确的做法应该是培养学生们“语音史”的观念，通过诗歌用韵的分析，了解一些古今语音演变的知识，不要犯以今律古而信口雌黄的低级错误。例如李商隐《绝句》：“向晚意不适，驱车登古原。夕阳无限好，只是近黄昏。”脍炙人口，但初学者与外行以北方话读会觉得很不押韵而美感大减，可能会觉得李氏难副盛名。其实此诗“昏”字与“原”同为《平水韵》十三“元”韵字，当时应该是押韵的，《唐诗三百首》中魏征的《述怀》亦押此韵，以今音读之不入韵情况更为纷纭，其实都是押韵的好诗。

其次，学生们在诗歌写作过程中，要尽量用影响大的普通话押韵，它是决定作品覆盖空间和市场文化价值的因素之一。正像用方言创作的文学作品、地方戏、方言电视剧等总有推广普及的障碍一样，用方言写诗往往只能在方言区流行。例如刘半农的诗《教我如何不想她》四段，每段四句，其中一二两句押韵，三四两句押韵。但其中第一段“天上飘着些微云，地上吹着些微风”，王力先生《汉语诗律学》认为：“‘云’‘风’押韵，是贫韵。”（上海教育出版社，1979年版，第891页）第二段：“月光恋爱着海洋，海洋恋爱着月光。啊！这般蜜也似的银夜，教我如何不想她？”三四句是押的吴方言韵（刘是江阴人），吴语中“夜”读iɑ，王先生未指出，北方人读它会有白璧微瑕的感觉。《汉语诗律学》中还谈到卞之琳等诗人的方言韵。

“桐封”之典与语言神圣

《吕氏春秋·重言》记载了周初“桐叶封弟”的故事，又称“桐叶戏”，说的是周成王儿时与其弟叔虞一起玩耍，成王拿着一片梧桐树叶权作玉珪给叔虞说：“余以此封女（汝）。”叔虞听后很高兴，把此事告诉了周公。周公根据这一信息询问成王，成王说：“余一人与虞戏也。”等于说“我是同他做游戏、过家家”。但周公却认为“天子无戏言”，结果请成王落实了这

叔虞像

件事，封叔虞于唐，即后来的晋国。现太原名胜“晋祠”又叫“叔虞祠”，当时是晋国历代诸侯祭祖之地。

这一故事有多重信息，周成王即位时年龄很小，周公摄政，他利用这一个儿童游戏培养、教育成王，使他尽快戒除童心，早日长大。同时借此培养他言而有信的诚实品性，这是天子必具的心理和道义素质，可谓用心良苦，故子曰：“民无信不立。”从游戏本身看，圭是古代帝王举行典礼用的器物，是权力和信誉的象征，因梧桐叶与圭形状相似，所以有这一游戏。为什么封叔虞于唐地呢？因为“桐”与“唐”语音相近，上古同为“定”母双声字，韵尾收鼻音 ng。所以高诱注说：“削桐叶以为圭，冒以授叔虞。”这是封唐的依据。

“天子无戏言”的思想在漫长的中国古代历史上有积极的影响，它要求天子以及各级统治者要谨言慎行，同时言而有信。言必行、诺必诚是好的品格，“食言”被认为是小人反复无常的恶劣品德或出言不慎的表现。消极的影响是造成了皇帝及统治阶级的改错难，“收回成命”被认为有损天子权威，所以暴君拒谏，有错不改是司空见惯之事，以致叠床架屋、错上加错。汉武帝晚年以“轮台罪己诏”检讨自己，虽为时已晚，仍受到后人称赞。宋代杨万里《读罪己诏》诗说：“莫读《轮台诏》，令人泪点垂。”20世纪50年代的马寅初人口理论冤案、彭德怀“反党集团”冤案，虽然60年代党中央就采取了纠正大跃进的措施，“文革”后期毛泽东本人也提出了“计划生育”，但在毛泽东生前却不可能为马、彭平反昭雪，这就是个人及历史的多重悲剧。

在社会下层，“无戏言”的思想对语言迷信和“精神胜利法”的形成有一定责任。语言迷信可追溯到原始巫术，流布至今的如宗教祈祷、誓言、求雨、叫魂、诅咒以及“泰山石敢当”的吉祥语、“姜太公在此，百无禁忌”的梁上语等，仍十分普遍流散民间，它夸大和扩张了语言的功能，具有精神力量。精神胜利法则如阿Q的“儿子打老子”的心理语言优势，是弱者减少痛苦、自我麻醉的手段，有心灵按摩的作用。语言迷信的极端例子是“文化大革命”时期的标语口号，所谓的“红海洋”就是言语信息的狂轰滥炸与视听污染，“三忠于”“四无限”“早请示，晚汇报”，甚至饭前祷祝“万寿无疆”“永远健康”，打电话前需先说“毛主席万岁”。王蒙《狂欢的季节》说：“‘文革’的一大后果是言语的极度扩展、加强，极度灵活与最终失灵，就像一个气球吹得山大，便砰的一声破裂了——连‘最’都要改成‘最最最最’，而打倒与万岁的界线，真与伪的界线，赞成与反对的界线，革命与反动的界线，功勋与罪恶的界线，热爱与痛恨的界线，放屁与讲话的界线，划清界线与划不清界线的界线，全都变得稀里糊涂。”（《当代》，2000年第2期）因此，语言作为人类最重要的交际手段，其神圣性是靠不住的。所以，孔子早已告诫人们：“听其言而观其行。”孔子又说：“有言者不必有德，有德者不必有言。”要求天子以及各级统治者要谨言慎行，同时言而有信。

语法趣话

一　句读与虚词趣闻

汉语语法与句读笑话

众所周知，汉语在世界语言分类中被称为“孤立语”，因为汉语词汇在使用过程中一般不因词语的语法功能而发生形态变化，所以汉语语法学发生较晚，也没有印欧语中时、体、态、性、数、格等语法概念。虽然如此，并不能说汉语没有语法，汉语的语法主要借助于词序与虚词的运用。19 世纪德国伟大的历史比较语言学大家洪堡特说：“相比之下，汉语难得使用甚至往往完全不用这类实体性的标记，它借助正确的词序而把握一种贯穿在言语中的不可见的形式。我们或许可以这样说：汉语所具备的外在的语法越少，它的内在的语法也就越多。”（《论人类语言结构的差异及其对人类精神发展的影响》，商务印书馆 1997 年版，第 347 页）

汉语的语法特点再加上古代书面语无标点的传统，古代文化学习的首要任务就是明句读。所以韩愈《师说》说：“彼童子之师，授之书而习其句读者也。”由于这一特点，在书面语与口语中也产生了不少句读笑话。

清代《朱子治家格言》说：“自奉必须俭约，宴客切勿留连。”一则广为流传的句读笑话即与此相关。据说一文人家中来客，因遇雨而客人滞留家中，心中烦闷就写下了“下雨天留客，天留我不留”的打油诗两句，以抒写忧烦。但客人看后，将其五言句重新句读为：“下雨天，留客天，留我不？留！”遂将逐客令曲解为迎宾曲。这一故事说明客人利用句读特点钻空子，既对主人调侃以化解尴尬的局面，同时也减轻了自己不安的情绪，温文尔雅，谈笑风生。

口语中无句读问题，但可借助语句停顿及句调来表达语法关系，但也有故意不用这些手段而制造模糊语义的。梁实秋《雅舍小品·算命》说：“据说有一个摆摊卖卜的人能测知任何人的父母存亡，对任何人都能断定其为‘父在母先亡’，百无一失，因为父母存亡共有六种可能变化……关键在未加标点，所以任何情况均可适用。”这里算命先生首先玩弄了一个句读花招，因为人总是要死的，而父母同时死的可能性极小，基本上是有先有后，而“父在母先亡”就可涵盖两种情况：一是“父在，母先亡”，二是“父，在母先亡”，前一句读“在”为动词，后一句读“在”为介词，存亡顺序相反。其次，又牵涉到时态问题，如果卜卦者父母均已亡故，算卦者可将它解释为“过去时”的两种情况；如果父母仍健在，他可说成是“将来时”的两种预测，如果现在是一存一亡，正好落入两种句读中的一个。算卦者往往在与卜卦者交谈中察言观色，据其透露的蛛丝马迹随时调整自己的语意，以显示自己有先见之明。

“健讼”之误与庸师误人

中华民族历史悠久，文化典籍源远流长且从未中断。但由于古今汉语的演变造成了文献阅读的障碍，常出现句读方面的错误。《容斋四笔·健讼之误》在分析《易经》讼卦彖辞时说：“讼卦曰：‘讼，上刚下险，险而健，讼’，以‘健’字为句绝……而童蒙入学之初，其师点句，辄混于上，遂以‘健讼’相连……”洪迈是宋代人，他指出的“健讼”之误可能是当时较普遍的现象，他还引用文化名人黄鲁直《江西道院赋》“细民险而健，以终讼为能”证明以“健”字为句绝的正确性。

句读的错误主要是汉语知识贫乏及对古籍不熟悉造成的，所以古代的启蒙教育要求“一年视离经辨志”，即正确为古文加标点与正确理解古书的内容，所以韩愈《师说》又说“句读之不知，惑之不解”的人，是无当教师的资格的。

明代冯梦龙《笑府·读破句》有一个庸师的笑话说："冥王恶世多庸师，不识句读，误人子弟，乃私行访之。闻有教《〈大学〉序》者，念曰：'大学之，书古之，大学之所以教人之。'即命鬼卒勾来，责之曰：'汝何甚"之"，我罚你做一个猪。'其人临行，回顾曰：'做猪所不敢辞，愿判生南方。'王问其故，对曰：'南方之（猪）强于北方之（猪）。'"这是由一个句读错误引发出另一句读错误的连锁句读笑话。第一个错误还与方言有关，冯梦龙生长苏州而用吴语，至今吴语中"之""猪"同音。庸师先将《序》的首两句"大学之书，古之大学之所以教人之法也"错断为"大学之，书古之，大学之所以教人之……"全以"之"字结尾，所以冥王要罚他做猪（之）。冥王由"之"联想到"猪"，是一音多词的跳跃性思维联想，有调侃义。不曾想庸师竟然顺水推舟，沿顺这一调侃性思维，认"之"为"猪"，而提出"愿判生南方"的要求。面对这突兀的要求，冥王请教其中缘由，不想又引出一段句读错误，更是出人意表。"南方之（猪）强于（与）北方之（猪）"是将《中庸》中"南方之强与？北方之强与？"的问话错断，该断不断，不当断却断，并利用了"与"与"于"的同音关系，错解成一个比较句。

俗话说"明师出高徒"，反之则"师之不明弟子拙"。庸师以讹传讹，误人子弟，古今一贯。这也是至今人们青睐重点中小学及名牌大学的根本原因，即名师效应。

大师的超人见识

《战国策·赵策》的"触龙说赵太后"一章，古时收在《古文观止》中，多年来又被收入历年的大中学教材，是流传千载、传诵不绝的美文。但遗憾的是，主人公"触龙"之名，长期被误读为"触讋"，其误连绵竟至两千余年，这是古籍竖排及汉字形体特点相结合造成的句读错误。

清代的语言学大师王念孙根据秦汉古籍和自己的深厚的汉语知识功底，在《读书杂志》中断定："此策及《赵世家》皆作'左师触龙言愿见太后'。

今本‘龙言’二字误合为‘詟’耳。”但是，由于习非成是、积重难返，王念孙两个半世纪前的判断并没有为学术界所接受，只不过聊备一说而已。时光流转，到了公元 1973 年，长沙马王堆三号汉墓出土的帛书《战国策》，可以明白无误地指认出，错解了两千余年的“触詟”，正作“触龙言”三字。只是到这时候，句读错误才得以一举廓清，而学术界回头再认识王念孙的论断时，无不俯首称是，重新立正敬礼，甚至于有一种五体投地的朝圣心理。与此同时，王念孙对下一句“揖”字为“胥”的传写之误的论断，同时获得了明证。这就是大师级学者的超人与不朽的魅力。

从语意上分析，“触詟”与“触龙言”不仅在人名的正误上有差别，而动词“言”字的有无不可忽视。无“言”字，则触龙“愿见太后”的想法可能只是一种潜意识的心理活动，不一定能闻于太后，下文“太后盛气而胥之”来得突兀。有“言”字则闻于朝野，耸人听闻，既反映了触龙的胆识与忠义，又充满了一种智慧，有一种“山雨欲来风满楼”“好戏将开场”的戏剧性氛围，而下文衔接也就自然流畅与扣人心弦了。

句读正误的判断，有时要借助语法知识。如初中语文教材《桃花源记》一篇，其中“此人一一为具言所闻，皆叹惋”。又有误断为“此人一一为具言，所闻皆叹惋”。《古文观止》的多数版本是如此句读的。这种断句可能是由“皆”字的词义引起的，因为按正确断句，“皆”字可能包括渔人，而“所闻”属下，则可排除渔人；其次，“所闻”二字不包括“所见”，渔人只谈所闻而不谈所见（如魏晋之事）似乎也不合情理，语义有欠缺。但是古汉语中“所”字结构有一个语义特征，那就是它与动词所组成的名词性短语多指受事——即动词涉及的对象，如“所闻”就是“听到的话”，成语“所作所为”就是干的事情。而指施事——即动作主体的，一般用“者”字结构，如“作者”指创作的人员，“言者”指说话的人等等。因此，“所闻皆叹惋”应理解为“听到的内容都叹惋”了，语义悖谬不通，所以这种断句是不合语法的。

当然，按正确的断句法“所闻”属上是稳妥的，但语义的毛病难以避免。因此，陶渊明《桃花源记》这两句有表达上的毛病，对此也不应讳言。

争论尚未结束

也应该承认，由于汉语的语法特点，不同的句读可能并无正误之别，至多只有优劣之分。例如古语“一失足成千古恨，再回头是百年身”，是一副对联，其中“一失足”对“再回头”，“失足”是犯人生错误的意思。但是这两句古语最常用的是第一句，单说。因此人们又常在“失”字后有语音停顿，变成“一失——足成千古恨”，语意也随之扩大了许多。从语法上讲，这样使用并无不妥。

《礼记·乐记》中有一段名言：“是故治世之音安以乐，其政和；乱世之音怨以怒，其政乖；亡国之音哀以思，其民困。”但是唐代起就有不同的句读法，《经典释文》载，有人断句为：“是故治世之音安，以乐其政和。乱世之音怨，以怒其政乖。亡国之音哀，以思其民困。”陆德明《经典释文》还指出，这种句读法“乐音岳”。清代人王引之《经传释词》批评了后一种句读法，它牵涉到“以”字的连词用法。一般认为，第一种断句“以”同“而”，表示两种并列成分的关系。而第二种断句则“以”字只能作介词用，不甚妥帖。

语言既有普遍性及有规律的特点，但也有特殊性及违反常规的情况，后一种断句法将“以”字理解为连词亦无不可。问题不止于此，还有人提出了第三种句读法：“是故治世之音，安以乐其政和；乱世之音，怨以怒其政乖；亡国之音，哀以思其民困。”（见郑敏《语言观念必须革新》，《文学评论》1996年4期）这种句读法虽然不会产生什么影响，不足以与常规句读法相抗衡，但它从侧面说明多种断句并存的可能，帮助人们体会汉语的语法规律。

再如《论语·乡党》：“‘伤人乎？’不问马。”据说韩愈断句为“伤人乎不。问马。”后来王若虚《论语辨惑》批评说：“且道世之为文者，有如此语法乎？”因为虚词“乎”与“不”连用古文罕见，故不可取。而李济翁在《资暇录》又提出折中方案句读为：“‘伤人乎？’‘不（否）。’问马。”文中说：“夫子问：‘伤人乎？’乃对曰：‘否’。既不伤人，然后问马，又别为一读，岂不愈于陆氏乎？” 陆氏指陆德明《经典释文》有另一种句读的材料。又因古文中“不”与“否”通用，故又认为韩愈和自己的句读法“不”字应读为“否”。

目前，中国大陆人的卫生状况欠佳，“此处不准小便”的提示警戒语常见。但因汉语方言中“不”字有用于句尾表询问的用法，有人重新断句为“此处不?准小便！”，来为不讲卫生的行为辩护，可视为一则现代句读笑话。

律诗三字尾及读诗如词

唐代僧人湛然说：“语绝处谓之‘句’，语未绝而点之以便诵咏，谓之‘读’。”（《法华文句记》卷一）以现代标点符号来看，分号、句号相当于古人之“句”，而逗号、顿号、冒号及句中停顿等相当于古人之“读”（dòu）。其中逗号大多也可视为“句”，处于中间状态。汉语单音成词或作语素为主的特点，表现为汉字的整齐，用于诗歌则形成了整整齐齐的建筑美。汉语诗歌建筑美的极致是格律诗，从句读观点看，格律诗句中有整齐的内部结构，尤以三字尾为典型特征。例如脍炙人口的《枫桥夜泊》诗：“月落乌啼——霜满天，江枫渔火——对愁眠。姑苏城外——寒山寺，夜半钟声——到客船。”这种内部节奏与律诗的抑扬美——平仄、回环美——押韵相结合，为诗歌的吟诵和配乐提供了程式。

物极必反，律诗的严谨形式造就了空前绝后的唐诗繁荣，同时也形成了诗歌语言的桎梏，到晚唐则有打破桎梏的长短句——词诞生。除用韵、平仄格式的革命外，典型的是节奏形式，以参差不齐的长短句取代整齐划一的五七言。

由于汉语无语法形态的特点，有人受词形式的启发，对格律诗进行解构，形成种种句读游戏。例如杜牧《清明》重新点断为：“清明时节雨，纷纷路上行人。欲断魂！借问酒家何处？有牧童，遥指杏花村。”还可点断为以下形式：“清明时节，雨纷纷。路上，行人欲断魂。借问酒家，何处有牧童？遥指杏花村。”王之涣的《凉州词》有人点断为：“黄河远上，白云间一座孤城。万仞山，羌笛何须怨，杨柳春风，不度玉门关。”还可如此断句：“黄河远，上白云，间一座孤城。万仞山羌笛，何须怨杨柳春风，不度玉门关。”

据壮哉《〈阳关三叠〉种种》一文介绍，王维的名诗《送元二使安西》谱曲后又称“阳关三叠”。所谓三叠，有减字法与增字法，而增字法就打破了原来的节奏。该文引《词律拾遗》所收《阳关三叠》为：“渭城朝雨，一霎浥轻尘。更洒遍客舍青青，弄柔凝，千缕柳色新。更洒遍客舍青青，千缕柳色新。休烦恼，劝君更尽一杯酒。人生会少，自古富贵功名有定分，莫遣容仪瘦损。休烦恼，劝君更尽一杯酒。只恐怕西出阳关，旧游如梦，眼前无故人。只恐怕西出阳关，眼前无故人。”（《新民晚报》，1996 年 3 月 15 日）这也可视为重新创造。

上两例读诗如词，只是打破原诗的节奏，使之散文化；而阳关三叠的增字改写则仍须押韵，以便配乐歌唱。

郢书燕说与语义虚实有无

《韩非子·外储说左上》有“郢书燕说”的语言故事，说的是有一位郢人想给燕相国写封书信，因是夜间书写的，烛火不明，写书者就对持烛的人说“举烛”，意思是把烛火举高一些，以便看得更清爽。结果捉刀代笔者把“举烛”二字也写入了书信之中，这本不是书信中应有的内容，校勘学上应称为“衍文”。然而意想不到的是，燕相国接到书信后十分高兴，他由“举烛”生发联想说：“举烛者，尚明也；尚明也者，举贤而任之。”相国把他的理解说给燕王听，燕王也十分高兴，并付诸实施，结果“国以治”。韩非子文末感叹说：“治则治矣，非书意也。今世学者，多似此类。”这种情形恰应了一句古语：无心插柳柳成荫。

在民间还流传着一个古代书法家“摹体”的故事。因中国的书画艺术要从临摹前人作品开始，如果初学者酷爱某一流派或某一家，就难免有明显的前人艺术基因，被看作艺术渊源。但书画大家又都有自己的个人风格，能跳出前人窠臼而出新，这是一种“蝉蜕”过程。据说古代一位书法家长期临摹前人作品而一直不能自成一家，他以为是学习前人不够勤奋，故加大临摹数量。有一天夜里睡觉他还在被窝里用手在身上比划，但不小心碰到了睡着的妻子身上，妻子责问他干什么，他回答说：“摹体。”其妻生气地说：“人各有体，何必摹我体！”意思是不要丈夫影响她睡眠。书法家听到妻子的话后恍然大悟，茅塞顿开，从此停止临摹而用意创新，由初级阶段升华到自成一家的高级阶段。这则由普通的语言信息而悟道的故事，首先是语言的多义性引起的。正如古人分析作者与读者对作品内容理解形成分歧所说的：作者未必然，读者未必不然。

中国诗歌美学的最高境界是“含蓄”，追求能创造一个语言信息之外的意境。明代朱承爵《存余堂诗话》说：“作诗之妙，全在意境融彻，出音声之外，乃得真味。”诗人们虽然要用形象思维，借助语言信息，但要力求实现意境与语言的脱离而升华。正像用粮食酿酒一样，一旦酒成之后，酒糟则无价值；这就是老庄哲学中“有无相生”及“得鱼忘筌，得意忘言”的辩证法。

佛教的禅宗追求“妙悟”，认为日常平凡生活及言语中皆有大道，全靠人的体悟。王维《能禅师碑并序》说：“举足下足，长在道场，是心是情，同归性海。”然而这需要一个由实到虚的修炼过程。《坛经》神秀偈诗：“身是菩提树，心如明镜台。时时勤拂拭，勿使惹尘埃。”正处于修炼、“摩体”阶段，被认为“入门未得，不见自性”。而惠能的“菩提本无树，明镜亦非台。本来无一物，何处惹尘埃”则超然物外，明心见性，成一代宗师。王维的许多田园诗都是含蓄的禅诗，空灵悠远，倾倒了一代又一代读者。宋代严羽《沧浪诗话》有以禅喻诗专论，揭示出“羚羊挂角，无迹可求”的高深境界。故子曰：“予欲无言！”子贡曰：“子如不言，则小子何述焉？”子曰：“天何言哉？四时行焉，百物生焉，天何言哉？”这就是悟道的高境界。

老赵出书的因文定义

中央电视台的赵忠祥是家喻户晓、尽人皆知的名人。他的出名主要是借助于“出镜”，即现代传媒的电视镜头而实现的；有鉴于此，他又调侃地称自己为“泡沫名人”，很有自知之明。前几年赵忠祥出了本《岁月情缘》的畅销书，一时出现书因人贵，人因书显的良性互动。但也有持批评态度的，其中有两个角度：一种角度认为，靠出镜成名的名人因职业特点往往知识底蕴不足，作品内容多浮光掠影的生活流水账，难免自传式的自恋情绪、身世感喟、个人隐私展览，缺乏深沉的哲理，同时又有拜金主义的嫌疑。其次，又有语言工作者从咬文嚼字的角度批评老赵的语言文字错误，典型的是将古代汉语中的代词“宁馨儿”望文生义地说解为“宁静温馨”。此事并且在报纸上形成了争论，迁延到后续名人的同类读物。

1999 年 12 月 22 日《中华读书报》有赵忠祥《名人出书何错之有》的文章，主要是为“名人出书”这种风气作辩护的。但是妙在老赵的这一题目一箭双雕，可作两种理解：既可理解为对名人出书潮流的肯定；又可理解为对名人出书质量的自信和对语文错误批评的回绝。这种歧义现象并不是句读引起的，是由于两种批评同时发生在老赵身上这种大“语境”引起的，理论上称为“语境表现出词义的选择性”。《现代汉语词典》“错”字有以下两个义项：（5）不正确。（6）（错儿）过错、错处。按老赵文章应为义项（5），但因有人批评老赵的语文错误，义项（6）也自然而然会产生。为了避免这种背景歧义，应采取相应方法排除，如增加词语等。可在“名人出书”之后加上“这件事”“的风气”等，则不会有歧义。但是，则没有一箭双雕的效果了。

根据语境确定词义叫“因文定义”，但如果没有上下文或语境条件不足时，还须揆情度理，由语言跨越到社会文化层面。正如《吕氏春秋·察传》所说：“凡闻言必熟论，其于人必验之以理。”它所举的“乐正夔一足”“丁氏穿井得一人”两例，前一例因“足”字有名词、形容词两义而生歧义，孔子据史实引舜言分析说：“……‘唯圣人为能和乐之本也。夔能和之，以平天下，若夔者一而足矣。’故曰‘夔一足’，非‘一足’也。”确认“足”字为形容词义。第二例因“得”字有“得到”和“需要”两个动词义而生歧义，后丁氏解释说：“得一人之使，非得一人于井中也。”而歧义的产生常在于人们处理语言信息时不能以情理考察思考，以讹传讹。古人说“流言止于智者”，正是因为智者能正确理解和处置语言信息。

句子切分与歧义

《咬文嚼字》1997年6期有葛福安《凶手是谁》短文，批评叶永烈在《读者》1996年12期文中的一个歧义句：“凶手是戴厚英老师的孙子。”因为戴厚英本人是老师，所以“孙子”的定语即所属有两种可能，这种歧义在口语里不易区分，如用层次分析法可找出歧义原因：

（1）戴厚英老师的孙子　　　（2）戴厚英老师的孙子

实际语义是（1），但口语中如不利用语音停顿等方法，与（2）没有区别。这类歧义句可变换词序或增加“她”字、结构助词“的”来消除歧义，增加一个“的”字置于“戴厚英”之后。现代汉语语法教学中常用的两个例子“咬死了猎人的狗”“非洲语言研究”都可用层次分析法作两种切分。

在古代诗文中也有这类歧义句，如历年中学教材所收入的杜甫诗《羌村三首》，其中两句是“娇儿不离膝，畏我复却去”。后一句就有两种切分法，古今曾有争议。明代王嗣奭《杜臆》说：“娇儿却去，正为少欢趣，不暇拊摩致之。”以“却去”为娇儿动态。清人浦起龙《读杜心解》说：“‘不离’‘复却’，眼前态，拈出如生。”显然，浦起龙认为由“离”和“却”构成的动词短语都是娇儿的眼前动作行为：忽而亲昵绕膝，忽又陌生离去。今人从考证杜甫生平的角度出发，认为两句诗虽主语都是娇儿，但首句是动作形态，第二句则是心态，非动作。从语法观点看，两种理解导致第二句切分层次不同：

（1）畏我 复却去　　　　（2）畏 我复却去

并　列　　　　　　　　　动　宾语

　　　　　　　　　　　　　　主　谓

如果是近体诗，第二种切分是应予否定的，因为近体诗句式上的重要特点是“三字尾”，即最后三个音节是一个独立短语。但杜甫此诗是古体诗，第二种切分是允许的。从语义上看，第二种切分语义一贯，娇儿的心理描写更深入地揭示了战乱所造成的离别之苦、相思之情。

汉语词汇的语法功能也可能形成歧义句，而且常常不能用句子切分的方法找出造成歧义的形式结构。例如朱德熙先生举的例子：反对的是你。这是一个判断句，主语是“的”字结构“反对的”，主语既可能是动词“反对”的主体即施事，也可能是动词涉及的对象即受事。这种歧义牵扯到现代汉语助词“的”字与及物动词相结合后构成的名词性成分，囊括了古代汉语辅助性代词“者”与“所”两者的功能。在古汉语中，“者”“所”与动词相结合构成的名词性成分有个分工：“者字结构”常表示施事，如“食者”即动词“食”的主体；“所字结构”常表示动作涉及的对象，如“所食”即动词“食”所涉及的内容。朱德熙先生通过《说“的”》等文章，深入地揭示了“的”字结构的语法性质。

由于词汇的语法性质不同，有时同一个内容可以用两个反义词来表达，常让西方学习汉语者困惑。例如：中国队大胜美国队。此句又可说成“中国队大败美国队”，胜负关系不变，两句变换了一个反义词。为什么会出现同一结构而异词同义的现象呢？原来两个动词的语法功能不同，“胜”是及物动词，组成的句子是主谓宾常格；而“败”是不及物动词，组成的是活用式使动宾语句，语义是“中国队使美国队大败”，胜负关系与及物动词句一样。

替王勃改文章

汉语的虚词运用也是重要的语法手段，但虚词有无词义却是个古今聚讼纷纭的老问题。初唐四杰之首的王勃，不仅以诗歌名世，其名赋《滕王阁序》更是千古绝唱。中国四大名楼中的两楼因诗而名，即鹳雀楼因王之涣《登鹳雀楼》绝句而享誉千古；黄鹤楼因崔颢《黄鹤楼》律诗而蜚声中外。另外两楼则滕王阁因王勃赋而屡废屡兴；岳阳楼则因范文正公的《岳阳楼记》而雄视洞庭，成为千古志士仁人的精神丰碑。《滕王阁序》是王勃的得意之笔，据传王勃溺水身亡处常有鬼祟，过往行人常听到吟哦《滕王阁序》名句“落霞与孤鹜齐飞，秋水共长天一色”的鬼叫声，骇人听闻。后有一读书人经过听到后与王勃幽灵对话说：“只须作‘落霞孤鹜齐飞，秋水长天一色’即可，何用‘与’‘共’。”自此之后，鬼祟遂息。这一故事从侧面说明原文中“与”“共”两个连词是可有可无的，去之于语义无损。

另据《宋稗类钞》记载，欧阳修修改《相州锦堂记》一文，主人阅读修改稿后觉得与原稿一模一样；经仔细比较才发现只增加了两个虚词，将原稿“仕宦至将相，富贵归故乡”改为“仕宦而至将相，富贵而归故乡”。此例与文人与王勃改文例相反，增加两个虚词“而”字，与语义也无增补与改变。但据介绍说，主人对欧阳修改稿诵读吟咏之后大为赞赏，拍案叫绝。

从以上两例看，一些虚词在文中确实可有可无，似乎成了画蛇添足的无谓之举，认为虚词无义的看法即来于此。《邵氏闻见录》卷一载：“帝一日登明德门，指其榜问赵普曰：‘明德之门，安用之字？’普曰：‘语助。’帝曰：‘之乎者也，助得甚事。’普无言。”此例“之”字从语义上看也是可有可无的，以至于宋代皇帝也对虚词的作用表示了怀疑。但是赵普的“语助”二字，也揭示了虚词的特殊功能。

以上三例反映了虚词性质的一个方面，即它们没有词汇实义，只起到调节语句结构和形成文势的作用。郭绍虞先生《中国语词之弹性作用》一文说：“由于中国语言基本上是单音缀的，所以在语法上会产生‘华文所独’的助词，而助词在语句中是可有可无，仅在声调神态上表示一些作用的……”（《照隅室语言文字论集》，上海古籍出版社 1985 年版，第 81 页）虚词的这类作用虽无关语义正误，但却影响作品的优劣。散文家曹靖华先生说：“不但诗讲节奏，散文也该讲这些，讲音调的和谐。也应下字如珠落玉盘，流转自如，

令人听来悦耳，读来顺口，不致佶屈聱牙，闻之刺耳，给人以不快之感。”（转引康家珑《语文趣谈》，第 24 页）

帮钱谦益添对联

《笑林广记二种·医诗》记一人喜欢改诗，将杜牧七绝“清明时节雨纷纷”四句删去前两字，成五言诗；又将人生四大喜事“久旱逢甘雨”四句改为七言，分别增加“十年”“千里”“和尚”“监生”。清末汪精卫刺杀摄政王，被捕时口占一绝：慷慨歌燕市，从容作楚囚。引刀成一快，不负少年头。抗战时汪投敌，有陈剑魂者在其诗前分别加上“当时”“曾羡”“恨未”“终惭”各两个音节（见周有光《语文趣谈》），对其人表示惋惜和讽刺。这是实词的增损，上文帮王勃改文是虚词的省略，虚词添加会如何呢?

钱谦益号牧斋，是明末清初文坛领袖。黄宗羲认为其文学地位几乎可与王世贞相上下，并誉其诗文“可谓堂堂之阵，正正之旗”。但由于他后期降清，为士林所不齿，他与柳如是凄婉的爱情也涂上了悲壮的色彩。现代大学者陈寅恪先生撰《柳如是别传》，可窥见钱柳的姻缘及其各自的人品。《清稗类钞·讥讽类·君恩臣节》说：“钱牧斋降后，尝揭一联于门，联为‘君恩深似海，臣节重如山’二句。后有人于联下各添一字云：‘君恩深似海矣！臣节重如山乎？’”“矣”“乎”两个虚词，使对联的意思发生了根本改变，成了讥讽、批判主人的绝对。《马氏文通》说：“无解而惟以助实字之情态者，曰虚字。”又称“矣”为传信助字，“乎”为传疑助字，当它们孤立时确无实义，但它们附着于语言之中却非同小可，不是可有可无的，这是虚词的又一特性。

对语言表达中必不可少的虚词，历代学者都予以了足够的重视。刘淇《助字辨略自序》说：“盖文以代言，取肖神理，抗坠之间，轩轾异情，虚字一乖，判于燕赵。柳柳州所由发哂于杜温夫者邪！且夫一字之失，一句为之蹉跎，一句之误，通篇为之梗塞，讨论可阙如乎！”陈望道《试论助辞》一文说：“助辞能将基本结构中的某一特定部分作特定的显添……不是可有可无。”又说：

“助辞之不是可有可无，就为它有添显功能，能够添显组织中需要加强阐明的部分，强调它，渲染它，使助辞既加之后，其强弱明暗与未加的时候不同，而这不同又正是说者所要显示的。”（《陈望道文集》第三卷，上海人民出版社，1981 年版，第 490 页）在文言文写作中，虚词的使用是关键，但也常出偏差。因此，我国传统“小学”中很早就开始研究认识虚词，《古谣谚》卷五十一说：“之乎者也矣焉哉，用得成章好秀才。”

欧阳修《醉翁亭记》是千秋美文，单虚词“也”字竟有二十一个之多，不仅未受非议，反而为后人所称道，因“也”字的迭现有回环流转的音乐美，如潺潺酿泉。但若非文章高手，往往弄巧成拙，据《文苑滑稽录》载，有一考生，作文喜用“而”字，试卷上一“而”接一“而”。考官批曰：“当而而不而，不当而而而，而今而后，已而已而。”（见闻操《已而已而》短文，《咬文嚼字》1995 年 3 月）这是滥用虚词的一则笑话。

二 词序丛谈

三音节词序趣谈

词序是汉语最重要的语法手段，主宾、施受、修饰与被修饰等语法关系基本上是通过它来实现的，因此具有强制性。《马氏文通序》说：“凡字有义理可解者，皆曰实字，即其字所有之义而类之，或主之，或宾之，或先焉，或后焉，皆随其义以定其句中之位，而措之乃各得其当。”“随义定位”就是据语义恰当安排词序。王力先生《汉语语法史》开宗明义地指出：“词序的固定是汉语语法稳定性的最突出的一种表现。主语在谓语前面，修饰语在被修饰语前面，动词在宾语前面，数千年如一日。有人分析过甲骨文的语法，发现它的词序和现代汉语的词序基本上是一致的。”（商务印书馆，1989 年版，第 1 页）

和孤立语相比，屈折语大多靠形态的曲折变化反映语法关系。典型的是俄语，词序只是一种习惯，并无强制性，如“我读书”在汉语中变成“书读我”则不通；但俄语中动词“读”发生第一人称变位，“书”变化为第四格宾语形式，词序颠倒无妨。

汉语词序重要性的第二个方面是由于汉语无形态变化引起的，即词序变换可能产生另外或者相反的语义。例如“甲骂乙”倒为“乙骂甲”都合语法，但语义的施受关系相反；“下狠心”“狠下心”“心下狠”，涉及“下”“狠”的词性变化；“舆论监督”是民主社会特点，“监督舆论”是专制制度与法西斯主义。

《清稗类钞·讥讽类·放屁狗》："王少香学习为诗，平仄且不谐，以所居僻左，遂以诗名……恒作诗赠人，李九溪见之，批'放狗屁'三字于上。或云：'君何作此恶骂？'李曰：'此为第一等之评语，尚有二等三等者，乃为恶骂。'或究其详，则曰：'放狗屁者，人而放狗屁，其中尚有人言，偶放狗屁也。第二等为狗放屁，狗非终日放屁，屁尚不多。第三等为放屁狗，狗以放屁名，则全是狗屁矣'。"冰心女士有"读书好，读好书，好读书"的说法，与此三音节组合类似。陈燮君《读书精神与读书方法》一文又加了"书读好"（《新民晚报》，2004年5月3日），构成四种组合。当然，还可构成"书好读""好书读"。季羡林先生有"真话不全讲，假话全不讲"名言，"不全讲"是有顾忌，"全不讲"表明做人的底线。此三音节还可组合成"讲不全""讲全不""全讲不""不讲全"亦通顺，"讲不全"可指知识不全面或记忆有遗漏，也可能是谦辞；"讲全不""全讲不"义同，则"不"只能理解为表询问的语气词，不作否定副词用。

当代人也喜爱用三音节词序来表达相比较的语义。例如，陈洁《大学中文系走出的作家》一文："金庸说，当然社会、书籍培养了很多作家，中文系'不一定'培养作家，但为什么'一定不'培养呢？"（《中华读书报》，1999年7月28日）清华大学秦晖教授说："客观标准只能以存量知识为基础来建立，它的确不一定能促进增量知识或创造力的提高。但'不一定'并非'一定不'……要说'一定不'的话，倒可以说没有存量知识是一定不能创造出增量知识的。"（《新华文摘》，2000年6期，第144页）

雒三桂《老师孙其峰》介绍："先生还有一印曰'知足，知不足，不知足'……我生活上知足，治学求是则恒不知足；年已耄耋，每恨腹中空空，所以说'知不足'。"先生又曰："学画不要'走着瞧'，应该'瞧着走'。"后例还可视为"回文"形式。（《光明日报》，2013年5月30日13版）

"文革"期间批判传统教育死记硬背，有"死读书""读死书""读书死"的说法。改革开放后，川菜流布全国，其"麻辣烫"既让人生畏又让人垂涎，遂有"四川人不怕辣，江西人辣不怕，湖南人怕不辣"的说法流行，反映了湘赣两省人对川菜流行的妒忌与挑战心理。徐克琬《妙联趣语话湘肴》介绍上海“湘月楼”餐馆一副对联是；“不怕辣辣不怕怕不辣看四座嘉宾敢尝辣味皆好汉；好喝酒酒好喝喝好酒愿八方贵宾莫辞酒醉是英雄。”（《新民晚报》，2002年12月30日，23版）再如“说不好，不好说，不说好”三个短语，语义各异，饶有情趣。有人还用这种方法为文章取名，如《新民晚报》1999年11月20日，陆建非有《取名难、难取名》文。

词序颠倒，有时与一音多词特点相结合，形成双重修辞效果。例如讽刺公有制造成大陆上公私不分恶习的口头禅是：国外有个“加拿大”，中国有个“大家拿！”舒展《论赚钱》批评学界用不正当手段借钱锺书先生发迹的风气说：“名曰‘热爱钱锺书’，实则‘热爱书中钱’……乃富中之贼也。”（《新民晚报》，2000年2月26日）

四音节词序趣谈

杨树达《汉文文言修辞学·颠倒》：“闻诸先辈云：平江李次青元度本书生，不知兵。曾国藩令其将兵作战，屡战屡败。国藩大怒，拟奏文劾之，有‘屡战屡败’语。曾幕中有为李缓颊（代人讲情）者，倒为‘屡败屡战’，意便大异。”这是当代人耳熟能详的一则词序故事，从语义看，“屡战屡败”让人灰心丧气，看不到希望；而“屡败屡战”则让人肃然起敬，虽败犹荣，大有希望。何以有此差异呢？关键在于两个连续谓语位置的调整。汉语语义重心在谓语，尤其在最后一个谓语，是主语的主要行为。“屡战屡败”重心落实在“败”，“屡败屡战”则强调“战”，逻辑重心转移了，意思也就相反了。

张中行《留梦集·书》：“而我的存书，有不少，轻则不很纯正，重则很不纯正。”纯正的轻、重之别在“不”与“很”两个连用副词的顺序，“不”是一般否定，它在前则全句呈中性色彩；“很”是程度重的意思，“很”在前则全句有程度重之义。部队作家李存葆介绍，军人中有把王杰烈士“一不

曾国藩像

怕苦，二不怕死”的格言调侃成“一怕不苦，二怕不死”的，语义的差别在于副词“不”与形容词“怕”的词序颠倒。也有人用这种方法为文章起名，如1999年10月4日《新民晚报》陈黎斐文《怕我的人和我怕的人》。

四音节因用词较多，有时会产生意外的联想。《清稗类钞·诙谐类·母配孟德》：“有以母寿设宴受贺者，或赠以幛。其幛文曰‘德配孟母’，盖置于匣中之四金字也。悬时，颠倒其文，则为‘母配孟德’矣。”孟母是中国文化圣人孟轲之母，“孟母三迁”的故事编入《三字经》后家喻户晓，影响深远，故称人母德比拟于孟母。就“母配孟德”四字看也可理解为孟氏之德，王勃《滕王阁序》就有“接孟氏之芳邻”之语。但“孟德”二字又正巧是大名鼎鼎的奸雄曹操之“字”，人们会不由自主地生发联想，“配”字也由比并之义演变为婚配之义，简直就是骂人的语言了。

由说曹操又可引出他的八字格言，孙盛《杂记》记曹操杀吕伯奢一家之事说：“太祖闻其食器声，以为图己，遂夜杀之。既而凄怆曰：‘宁我负人，毋人负我！’遂行。”（见《三国志》注）“我负人”与“人负我”是主宾、

孟母教子

施受语法义之别。《三国演义》开头“分久必合，合久必分”的倒文，“分”“合”两字主谓语易位表达不同语义。按照排列组合的规律，音节越多，靠词序组成的句子也越多、越复杂。王丽萍《用得起你》说：“她是一般不用人，不用一般人，用人不一般。”（《新民晚报》，2007 年 2 月 22 日）

词序对思维的消极影响

对并列关系的短语来说，词序并不影响先后词语的轻重缓急。但由于语流及书面语中“先入为主”的关系，加上等级制度伦理先后的思维方式，常会形成争先恐后的趣事。

《世说新语》卷六：“诸葛令王丞相共争姓族先后，王曰：‘何不言葛王而云王葛？’令曰：‘譬言驴马，不言马驴，驴宁胜马邪！’”

汉语并列短语的顺序应分自然型和重轻型两类。自然型没有轻重缓急之别，而是出于习惯、顺口或时空次序，按时序的如：春夏秋冬、孔孟、老庄申韩、夏商周、唐诗宋词元曲等，偶尔也有逆时排列的，如“唐诗晋字汉文章”。按空间顺序的如：东西南北、南拳北腿、南腔北调、南甜北咸、东辣西酸、东张西望、天南地北、上行下效等，这与中国在北半球及太阳东升西落的方位感有关，逆向叙述的不多。当时空顺序交错时，空间顺序占先，如“东西周”“东西汉”“东西晋”与“南北朝”思路一致，但按时间顺序则应称“西东周”“西东汉”“西东晋”了。天地上下的顺序则与人们阴阳清浊的五行观相关。姓氏的顺序，除以时序的“孔孟”类型外，《百家姓》中除开头一句因宋代创作而尊皇姓“赵”之外，其余皆为押韵，适当考虑姓族人口的多少。如“周吴郑王”一句，大姓王反在后，即为押韵；《世说新语》“王葛”之序可能因为说“葛王”易生歧义：如“葛姓王”之类，贵族“王谢”而不称“谢王”，也可能与此相关。再如唐代格律诗奠基人“沈宋”，不说“宋沈”，是出于顺口，也可能因其谐音“送审”而忌讳。初唐四杰“王杨卢骆”也是出于顺口，平声在前，仄声在后，无关诗人文学地位大小。但据《朝野佥载》卷六说，四杰之一的卢照邻，“时人莫能评其得失”，他有“喜居王后，耻在骆前”

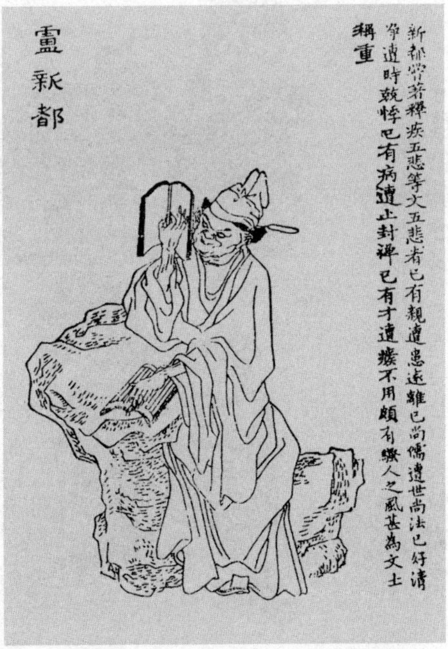

卢照邻像

之语，对排列顺序不满，认为骆宾王应该在自己前面，而杨炯不应在自己前面，同时对王勃位第一表示满意。卢照邻赞赏王、骆是公平之见，王、骆各以《滕王阁序》和《讨武曌檄》名扬天下，胜杨、卢二位，但杨、卢二人似乎是半斤八两，难有高下之分。

重轻型顺序与等级观念、重要性、数量比例大小等相关。如五伦中的父子、君臣、夫妇、兄弟、朋友，后来的“天地君亲师”等有等级伦理观念。古代的“士农工商”之顺序有重要性及从业人数多寡之分，与历史上“万般皆下品，唯有读书高”的观念、农业社会“重农抑商”的传统相关，然而皆是“国之四良”。有趣的是，新中国成立后有“工农商学兵”的顺序，古代的良民“士”被踢出“良民”之列，当时称为“资产阶级知识分子”，俗称“臭老九”。因为“士志於道”，无士则“国魂”丧失。“文革”结束后，邓小平提出“知识分子是工人阶级的一部分”，虽将“士”划入良民，归类却不伦不类。“文革”期间，又有“工农兵学商”的排列，“兵”的地位陡然上升，与当时各

黄忠像

级临时政权“革委会”都有“军代表”参加的“三结合”政治理念有关。对个人排名，今人多采取“按姓氏笔画排列”或“排名不分先后”（其中有时序等自然因素）则是有意避免重轻型排列的某些消极因素，来消除人们争先恐后的思维习惯。

《三国演义》第七十三回：“云长问曰：‘汉中王封我何爵？’诗（费诗，人名）曰：‘五虎大将之首。’云长问：‘哪五虎将？’诗曰：‘关、张、赵、马、黄是也。’云长怒曰：‘翼德吾弟也；孟起世代名家；子龙久随吾兄，即吾弟也；位与吾相并，可也。黄忠何等人，敢与吾同列？大丈夫终不与老卒为伍！’遂不肯受印。”后费诗婉言批评，始平息了风波。此事不是顺序先后问题，而是耻与同列，思路是一致的。关羽是《三国演义》中的理想化人物，但对其弱点也不隐讳，此事反映了“武圣”的人性弱点，受到后人讥评。今人如汲汲于此虚名，也会见笑于大方的。

《水浒》中梁山英雄排座次是等级观念的典型反映。由于几千年根深蒂固的“官本位”思想影响，传媒在出镜、排名、篇幅长短方面均有规定，且有“北南”这样的反自然语言。

中西回文的异同

汉语词序规律和语法特点，形成了汉语的回文修辞格。汉语回文又可分为不完全回文与完全回文两类：不完全回文是顶针修辞格的扩大，如初中语文《井冈翠竹》一文中“毛竹青了又黄，黄了又青”就是。人们熟悉的“不得了，了不得”“数字出官，官出数字”都是此类。钱汉东《推销图书》：“我不敢稍有懈怠，上午一身汗，下午汗一身。”（《新民晚报》，2000年5月10日）其中“一身汗”与“汗一身”句异义同。宋代桑世昌《回文类聚·原序》有回文对“情亲因得意，得意逐情亲”，是不完全回文的较长句子。

完全回文是按音节顺逆两读皆可的语言艺术，其中又可细分为两小类：一小类是顺逆两读语义全同者，如“人吃人”“狗咬狗”短语及“上海自来水来自海上”的句子，沙叶新为母校华师大题的辞“师大出大师”，也是此类妙文。名联“马歇尔歇马，华来士来华”上下联每句顺逆两读皆同。周有光先生《语文趣谈》引类似对联及诗：“香山碧云寺云碧山香；黄山落叶松叶落山黄。”“雾锁山头山锁雾，天连水尾水连天。红日千载千日红，青年万代万年青。”（辽宁人民出版社，2011年版，第11页）

另一类是语义转换型的，如本书前引的“走着瞧，瞧着走”，《古谣谚·兴定中童谣》中“青山转，转山青”，医药广告“康必得，得必康”，共产主义口号“人人为我，我为人人”，古代名联“客上天然居，居然天上客”“人过大钟寺，寺钟大过人”等。周有光先生《语文趣谈》引以下诗属此类：“风送香花红满地，雨滋春树碧连天。天连碧树春滋雨，地满红花香送风。”（同上）苏州市有一种车叫“粮食散装车”，逆读为“车装散食粮”，亦饶有情趣，这是完全回文的大宗。还有综合类型的，如民间流传的对联：“北京京北五台山山上五台，西湖湖西三塔寺寺内三塔。”上下两联前四个音节是完全回文的第二类短语，而两联下半部分是不完全回文。

英语回文一词是Palindrome，指顺逆两读完全相同的词（字）或句子。例如：madam（女士、小姐、夫人）、radar（雷达）、rotator（旋转器）等可视为回文字（词）；Able was I ere I saw Elba（在我看到厄尔巴岛之前我是很能干的）、Sator，Arepo，tenet opera rotas（阿列波，那播种的人，把旋转的轮子抓住）、Madam，I'm Adam（夫人，我是亚当斯）则可视为回文句子了。（参见《读者文摘》，1988年8期）

对比研究后可发现中英文回文的异同情况：一、由于两种文字性质不同，汉语中无回文词的概念。裘锡圭先生说：“拼音文字只使用音符，汉字则音符、意符、记号三者都使用。”如果汉语使用拼音文字，则目前以普通话看，可以有“nin”“nan”“nen”三个音节类同于英文回文词。如果用英文回文音位顺逆组合的思路来拆解汉字现行部首，则“林”“从”“朋”“棘”“班”“辩”“嬲”“掰”“羽”“竹”“艸”等左右结构的汉字堪称回文字（词）。汉文化中拆字法等文字游戏中有少量这方面的材料。

二、英文回文是音位回环，属语音层次；它只与汉语完全回文的第一种情况在语义上相当，即顺逆两读同义。汉语回文是音节为单位的词或语素的顺逆两种组合，属语法层次；汉语回文的主体是完全回文中的第二种情况，即顺逆两读皆合语法而语义变异的那一类。英文中这类回文也不可能全无，但肯定极少或没有任何材料。

胡曙中《英汉修辞比较研究》在引用英文回文词、句子之后说："这种现象在汉语的回文中除了某个例子外则很少见。"（上海外语教育出版社，1993 年版，第 421 页）这是未弄清两种语言及文字本质差别的模糊不清之辞。

回文诗词种种

《回文类聚·原序》说："止两韵者谓之回文，而举一字皆可读者谓之反覆。"完全的回文修辞格，造就了规模宏大的汉语回文诗词作品，它是英文中三三两两的回文例句所望尘莫及的，它是汉语语法和汉语单音节成词及汉字规律相结合的产物。

顺逆两读语义皆同的作品创作难度最大，在词中有少量作品；因词是长短句形式，逆读时须重新组句以适应词律，与英文回文重组音位类似。如以下两例：苏轼《西江月·咏梅》：

马趁香微路远，纱笼日淡烟斜。渡波清彻映妍华，倒绿枝寒凤挂。

挂凤寒枝绿倒，华妍映彻清波。渡斜烟淡月笼纱，远路微香趁马。

此词上下两阕字数相同，下半阕为上半阕的逆读重组、上下阕语义并不相同。但整首词从后向前读时，则与顺读字句完全相同。这首词在语言艺术上堪称精雕细刻的上乘之作，其制作难度难以想象。

回文诗的基本要求是有顺逆两读，唐代格律诗产生后有些回文诗两读皆要符合近体诗的押韵、平仄、对仗等规定。南齐王融的《春游回文诗》：

枝分柳塞北，叶暗榆关东。垂条逐絮转，落蕊散花丛。池莲照晓月，幔锦拂朝风。低吹杂纶羽，薄粉艳妆红。离情隔远道，叹结深闺中。

韵脚是“东”“丛”“风”“红”“中”，逆读时为“中闺深结叹，道远隔情离……”韵脚是“离”“低”“池”“垂”“枝”，没有平仄问题。苏轼《题金山寺回文体》：

潮随暗浪雪山倾，远浦渔舟钓月明。桥对寺门松径小，槛当泉眼石波清。迢迢绿树江天晓，霭霭红霞晚日晴。遥望四边云接水，碧峰千点数鸥轻。

韵脚是“倾”“明”“清”“晴”“轻”，逆读时为“轻鸥数点千峰碧，水接云边四望遥……”韵脚是“遥”“迢”“桥”“潮”，首句不入韵。这是一首七言律诗，顺逆两读皆合乎押韵、平仄、对仗格律，让人拍案叫绝。

回文词逆读时大多要拆开顺读句子重新组合，以符合词律，如丘琼山《菩萨蛮·秋思》：

纱窗碧透横斜影，月光寒处空帏冷。香炷细烧檀，沉沉夜正阑。
更深方困睡，倦极生愁思。含情感寂寥，何处别魂销。

逆读时为：

销魂别处何寥寂，感情含思愁生极。倦睡困方深，更阑正夜沉。
沉檀烧细炷，香冷帏空处。寒光月影斜，横透碧窗纱。

这是一首平仄换韵的词，顺逆两首词皆合词律，匠心独运。

苏轼另有逐句倒读的《菩萨蛮》若干首，又是一种类型。例如四季回文之一《菩萨蛮·秋》：

井梧双照新妆冷，冷妆新照双梧井。羞对井花愁，愁花井对羞。

影孤怜夜永，永夜怜孤影。楼上不宜愁，愁宜不上楼。

此词妙在两两互为完全回文而又恰合词律，真有点不可思议；但整首词逆读时为一首五言、七言皆有的回文诗，不能像上面丘琼山那首拆开重组。

清代吴绛雪有回文联珠体，颇有特色，如《四时山水诗》："莺啼岸柳弄春晴夜月明。香莲碧水动风凉夏日长。秋江楚雁宿沙洲浅水流。红炉透炭炙寒风御隆冬。"读法是先顶真横截得两句，再同法逆读，如《春》："莺啼岸柳弄春晴，柳弄春晴夜月明。明月夜晴春弄柳，晴春弄柳岸啼莺。"其余三句夏、秋、冬仿此。

回文体现的汉语语法特点

通过对回文的分析，可以深切体会汉语词汇不因语法功能而发生变化的孤立语特点。

朱德熙先生《汉语语法丛书·序》说："无论是在古代汉语里，还是在现代汉语里，名词修饰名词都是很自由的。"以王融《春游回文诗》为例，池与莲都是名词，顺读时得偏正短语"池莲"；逆读时修饰与被修饰关系相反，得"莲池"。类似的如：花丛—丛花、纶羽—羽纶、幔锦—锦幔、闺中—中闺、柳塞北—北塞柳、榆关东—东关榆。在屈折语中，修饰名词的必然是形容词且发生特殊变化，如俄语的所属格要有性、数、格的语法变化。

汉语的名词可以自由地充当主语和宾语，不必发生任何改变。吕叔湘《汉语语法分析》说："主语和宾语不是互相对待的两种成分。主语是对宾语而言，宾语是对动词而言……在一定程度上，宾语和主语可以互相转化。"吕先生所讲的是语法关系改变、语义基本不变的情况，如"信写好了"与"写好信了"这类。大多情况则有施受或主次关系的语义变化。以苏轼回文诗为例，"桥对寺门""云接水"短语，逆读时有"寺对桥""水接云山"短语，字数有

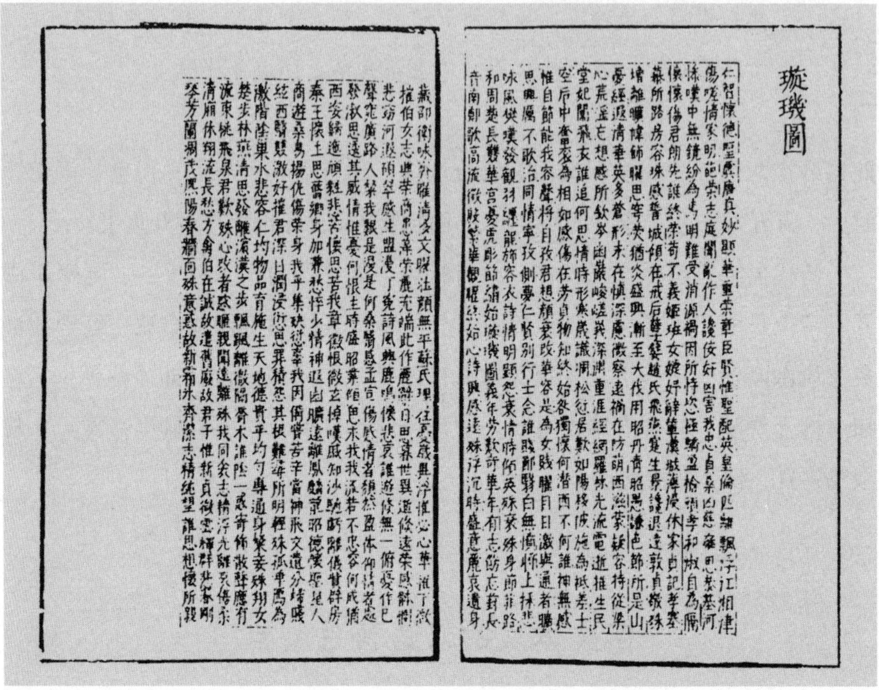

璇玑图

增删调整。吴绛雪“柳弄春晴”为主动宾式，逆读时得“春弄柳”短语。

汉语形容词不仅常作定语，还可以自由地作谓语，有时还作状语、补语用。例如王融诗中“薄粉”“远道”两短语形容词在前作定语，逆读时则在后作谓语，成“道远”“粉薄”短语。苏轼回文诗中“远浦”“远树”“红霞”“碧峰”诸例同。王、苏诗词“叹结深闺中”“潮随暗浪雪山倾”“井梧双照新妆冷”三句，形容词“深”“暗”“新”作定语，逆读时成“深结”“暗随”“新照”短语，形容词修饰动词作状语。我国最早的回文反覆诗是晋代苏蕙的《璇玑图》，有“殷忧缠情将如何”句，形容词“殷”作定语，逆读时得“缠忧殷”短语，“殷”作补语。

汉语动词不仅可作谓语，还可作定语、宾语、主语等。如王诗“垂条”“落蕊”“晓月”短语中动词作定语，逆读时则作动词谓语。李舜弦《蜀宫应制回文》“饮筵中散酒微醒”句，动词“醒”作谓语，逆读时作主语。其次，回文还可观察词类活用、一词多义、兼类等问题。

语境学与偏义复词

2000年3月18日《新民晚报》有秦绿枝老先生《恩仇》短文，他分析鲁迅诗句“度尽劫波兄弟在，相逢一笑泯恩仇”说：“照一般的解释是，在经过劫难之后，彼此都得到教训，是恩是仇，一笔勾销，过去的事就让它过去了。”在此理解的基础上，文中提出了两个新观念：（1）“受恩于人的人则不应该‘忘’（恩）。”（2）“仇害人的人则一定要终身引以为戒，以后再也不能干这种缺德的事情了。”

秦老文章光明正大，无可厚非。但鲁迅诗句“恩仇”一词应视为偏义复词，其中“恩”字无义。这既是词汇学上的问题，也是语境学、修辞学等关心的内容。词汇学中称此类词为偏义复词，它往往由两个语义相反或相近的语素构成，在具体语境中只有一个语素有义，而另一个只是作为陪衬或凑足音节。高中语文课本中有诸葛亮《出师表》美文，它是收入《古文观止》而历代传诵不息的不朽篇章，其中就有两例偏义复词：“此诚危急存亡之秋也”句中，反义词组成的“存亡”一词，语素“存”无义，只“亡”字有义；“宫中、府中，俱为一体，陟罚臧否，不宜异同。”四字句式中，“异同”一词只有“异”字有义，“同”字词义脱落，否则不合逻辑与句意。

顾炎武《日知录》卷二十七说：“古人之辞宽缓不迫，如得失，失也；利害，害也；缓急，急也；成败，败也；异同，异也；赢缩，缩也；祸福，祸也；皆此类。”当代学者余冠英先生考察六朝诗歌，拈出一批偏义复词。《孔雀东南飞》一诗“奉事循公姥，进止敢自专”两句，公姥指公婆，有人认为全诗无公公形象，“公姥”一词也是偏义，只“姥”有义。钱锺书先生《管锥编》一册分析“契阔”一词时说：“通‘契’于‘阔’或通‘阔’于‘契’，同床而浸假同梦，均修辞中相吸引、相影响之例尔。”意思是说，此词在古文中或“契”有义而“阔”脱落词义，或相反。

语境造成的词义脱落有时波及若干词素，如《世说新语·德行》：“王子敬病笃，道家上章应首过，问子敬由来有何异同得失。”最后的四音节词，徐震堮先生说：“只取一‘失’字，其余三字皆无义，作‘过失’解。”（《中华文史论丛》，1979 年 4 辑）显而易见，词义的有无，来于首句“王子敬病笃”这样的语境。

现代汉语的双音词中，有许多由古汉语并列短语通过偏义方式过渡而来的，有些词语还伴随着轻声现象。例如“亲戚”“妻子”“忘记”“褒贬”“动静”“窗户”“教学”“好歹”“兄弟”“国家”“挂漏”等。在《现代汉语词典》中，“亲戚”一词释义为“跟自己家庭有婚姻关系的家庭或它的成员”。但古汉语中“亲”指族内，如“六亲”，“戚”指族外，如“外戚”，两词素皆有义。现代汉语偏在“戚”义；读者不能以现代汉语理解古代的“亲戚”。如大家熟知的廉颇蔺相如故事，《史记》中有一句“臣所以去亲戚而事君者”，其中“亲戚”一词主要指家人。

《孽海花》二十六回：“不如直接了当让我走路，好歹死活不干姓金的事。”其中“好歹死活”一词，偏在“歹”“死”，专指可怕后果、悲惨下场，“好”“活”无义。因此，鲁迅诗句中“恩仇”一词也不难理解了。

省略与语境

与偏义复词语素无义相反，汉语句子中还有词语省略现象。朱德熙先生《语法讲义》说：“所谓省略，指的是结构上必不可少的成分在一定的语法条件下没有出现。”传统训诂学和近代修辞学都对省略作了深入研究。

见于上下文的省略是古今汉语中常见的，又可分承上省略与探下省略两种，分别举例如下：

（1）承上文而省：

《史记·孔子世家》：“夏人殡于东阶，周人［殡］于西阶，殷人［殡于］两柱间。”后两句承前分别省略动词、动词加介词。

《冬夜·风底话》：“我走我底路；你［走］，你底［路］。”（转引

陈望道《修辞学发凡》)

（2）探下文而省：

《诗经·豳风·七月》："七月［蟋蟀］在野，八月［蟋蟀］在宇，九月［蟋蟀］在户，十月蟋蟀入我床下。"前三句主语"蟋蟀"探下第四句主语而省略。

《儒林外史》二十四回："这南京……里城门十三［里］，外城门十八［里］，穿城四十里，沿城一转足有一百二十多里。"前两句量词"里"探下文而省去。

以上省略，都可从上下文语境中寻找到省去的句子成分，但古文中还有类推借用式省略，必须仔细揣摩文义，准确理解缺失的语言成分。

《史记·孔子世家》："卫灵公问孔子居鲁得禄几何，对曰：奉粟六万。卫人亦致粟六万。"数词后无量词，《史记索隐》说："若六万石似太多，当是六万斗。"这是以情理推断的。

借用式省略有四大名例，古今人理解发生了分歧。《左传·襄公二年》："莱人使正舆子赂夙沙卫，以索马牛，皆百匹。"孔颖达疏解说："牛当称头而亦云匹者，因马而名牛，曰匹并言之耳。经传之文此类多矣，《易·系辞》'润之以风雨'，《论语》云'沽酒市脯不食'，《玉藻》云'大夫不得造车马'，皆从一而省文也。"

近现代学者多把以上四类视为"连及"，即类似于偏义复词，其中一个词素连类触及的应脱落其义。具体讲，四句中"牛""风""沽酒""马"无义，杨树达《汉文文言修辞学》将后三例归入"连及"修辞格的"物名连及"。至今许多作品沿袭这种错误看法。

正确的理解是：首例用"皆"字，即表明非一类，其义是"皆百数"，不难明白。以上诸例省略情况如下：（1）［吹］润之以风雨。（2）沽酒［不饮］市脯不食。（3）大夫不得造车［养］马。宋代王楙《野客丛书·食酒》早已指出："古人下字，率多借用，初不似今之拘。如以食物与人谓之'饷'，然后义安，而《汉书》谓'闽王饷荃葛'，且荃葛非食物，岂可以言饷乎？盖古人通以饷为遗耳。如此等字甚多。且'沽酒市脯不食'，此言如《系辞》'润之以风雨'、《左传》'牛马皆百匹'、《玉藻》'大夫不得造车马'，是皆因其一而并言其一，此古人省文之体，不可不知也。"

藏词与文人诙谐及批判精神

藏词是古人掉书袋式的省略，有隐而不发的委婉修辞效果。从语境的角度看，它是省去成语、熟语或古人名句及格言的某一个词或语素，有欲言又止、“只说三分话”的艺术情趣，让人思而得之；与谐音修辞上由此及彼的跳跃性思维有异曲同工之妙。

冯梦龙《广笑府·薄酒诗》：“冷斟全似金生丽，热饮犹如周发商。”这里用了古代启蒙读物《千字文》中“金生丽水”及“周发商汤”两句成语，但省却了“水”及“汤”两字，而汤在古代即是“热水”之意。这是对薄酒如水的绝妙讽刺，但又不直接说破，而让闻者自省。

冯梦龙《古今谭概·巧言》也有类似一例：“一士人家贫，与友人寿，无从得酒，乃持水一瓶称觞曰：‘君子之交淡如。’友应曰：‘醉翁之意不在。’”上句源出《庄子·山木》“君子之交淡如水”而省“水”字；下句出自欧阳修《醉

钱谦益像

翁亭记》“醉翁之意不在酒”一句，省却“酒”字。文人高雅谈吐，令人倾倒。

《清稗类钞·诙谐类·逸居无教老而不死》：“钱牧斋（谦益）罢官归，乃自题其所居曰‘逸老堂’。有滑稽者为之题一联云：‘逸居无教则近，老而不死是为。’”上句源于《孟子·滕文公上》“逸居而无教，则近于禽兽”，隐去“禽兽”二字，下句源于《论语》“老而不死是为贼”一句，故隐“贼”字，是对降清的钱氏之雅语辱骂。

《清稗类钞·讥讽类·民之父母》：“某令以贪虐著，为民所切齿者久矣。某年，将解职，要邑绅赠匾，绅不得已，以‘民之父母’四字贻之。有滑稽者题一联于其旁曰：‘蠹国殃民，别人说此之谓；横征暴敛，自我看乌在其。’”这是引用《四书》内容，讥讽贪官与“民之父母”之称大相径庭的。上联出自《大学》：“民之所好好之，民之所恶恶之，此之谓民之父母。”下联出自《孟子·梁惠王上》：“为民父母行政，不免于率兽而食人，恶在其为民父母也。”在“此之谓”及“恶（徐珂文作乌，义同）在其”后省去“民之父母”，意思是贪官不配此称，而且恰相反。

这种藏词省略法，有时是为了避“亵”（下流）。例如《型世言》五回：“只是年纪大了妇人十多岁，三十余了。‘酒’字紧了些，‘酒’字下便懈了些。”俗间有“酒色财气，人之所好！”谚语，“酒”字下即“色”字。儒学主张以礼节制人的动物性本能，尤其是色欲，故文中以此表达，意为性功能减退。秘密社团及江湖黑话也用藏词法交流信息，如姓氏用“蔓”表示，具体之姓用成语而省去最后一字。刘延武《中国江湖隐语辞典》（中国社会科学出版社，2003年版）介绍说：如赵姓说“云山雾蔓”，省去成语“云山雾罩”的最后一字，且谐音“赵”。张姓作“慌里慌蔓”，藏“张”字，“龙子龙蔓”藏“孙”姓，“高头大蔓”藏“马”姓，“二龙戏蔓”藏“珠”，谐音“朱”，“犀角羚蔓”藏“羊”，谐“杨”姓，“细水长蔓”藏“流”，谐音“刘”，“空中飘蔓”藏“旗”字，谐音“齐”“祁”二姓。

割裂式省略与歇后语

藏词省略修辞法又称“缩脚语”。如《清稗类钞·诙谐类·自称曰不以言》载：“张文襄公之洞发解后，大宴宾客，自撰一联，悬之中庭。其联云：‘上巳之前，犹是夫人自称曰；中秋而后，居然君子不以言。’盖缩脚语也。妙在不出《四书》，其构思之巧，真有令人不可及者。”上联出自《论语·季氏》，省去“小童”一词；下联出《论语·卫灵公》，隐去“举人”二字，原为动宾短语，此作名词用。这种语言技巧，应来源于中古的割裂式省略。

钱大昕《十驾斋养新录·古人姓名割裂》说：“汉魏以降，文尚骈俪，诗严声病，所引用古人姓名，任意割省，当时不以为非。”杨树达《汉文文言修辞学》统称“省字”，有姓省、名省两类。例如近代汉语中例子：

元代佚名《渔樵记》一折：“总饶你似马相如赋子虚，怎比的他石崇家夸金谷。”其中司马相如省作“马相如”，金谷园简称“金谷”。

《警世通言》三十四卷：“妾持节操如姜女，君重纲常类闵骞。”其中孟姜女省姓字“孟”，闵子骞省名中字“子”。

省或隐去一般词汇的，古时又称“歇后语”。《容斋四笔·杜韩用歇后语》说：“杜、韩二公作诗，或用歇后语，如‘凄其望吕葛’，‘山鸟山花吾友于’，‘友于皆挺拔’，‘再接再砺乃’，‘僮仆诚自郐’，‘为尔惜居诸’，‘谁谓贻厥无基趾’之类是已。”其中“吕葛”代指吕尚、诸葛亮二人，前用其姓，后将复姓割裂为一字，如“司马”作“马”字；二三两例“友于”代“兄弟”，是《论语·为政》“友于兄弟”的隐语形式，故称歇后，即隐去后两字。第四例是《尚书》“砺乃锋刃”一句的隐语，藏“锋刃”；第五例是成语“自郐以下”的隐语，藏“以下”二字；第六例来自《诗经》“日居月诸”一句，以“居诸”代“日月”；第七例来自《尚书》“贻厥子孙”，以“贻厥”代“子孙”。总之，这一段或省或隐或代，情况也很复杂。

《石林诗话》称唐彦谦《题汉高庙》诗：“耳闻明主提三尺，眼见愚民

孟姜女像

闵子骞像

盗一抔。”苏子瞻诗：“买牛但自捐三尺，射鼠何劳挽六钧。”这种数量词后省去名词的句子为“语皆歇后”，又说：“一抔六钧，事无两出，或可略土字弓字。如三尺，则三尺律、三尺喙皆可，何独剑乎？”何文焕《历代诗话考索》认为：“既曰‘明主提’‘买牛’‘捐三尺’，下谅无别解。”这与揆情度理补出省略内容的方法是一致的。

现代汉语所说的歇后语熟语词，其名称当来自以上所说的隐语“歇后”，因它分为比喻语和解说语两部分，常可省去解说语——即歇去后半部分；但其内容则直接来于修辞学上的比喻。歇后语歇后的例子很多，如：

《醒世姻缘传》三回：“不消去查，是你‘秋胡戏’。从头里就‘号啕痛’了。”此是用“秋胡戏妻”及“号啕痛哭”隐去“妻”“哭”二字。但同回又有：“你倒也‘曹州兵备’！”用歇后语“曹州兵备，管得宽”，省去解说语。《醒世姻缘传》二十六回：“那道士师徒只得‘三十六计’！”用歇后语“三十六计，走为上计”，省去解说语。

《笑林广记二种》有避亵的《歇后诗》：“一采桑妇，姿色美丽，遇一狂士调之，问：‘娘子尊姓？’女曰：‘姓徐。’士作诗一首戏之曰：‘娘子尊姓徐，桑篮手里携。一阵狂风起，吹见那张’，下韵‘屄’，因字义村俗，故作歇后语也。女知被嘲，还问：‘官人尊姓？’答曰：‘小生姓陆。’女亦回嘲云：‘官人本姓陆，诗书不肯读。令正在家里，好与别人’，下‘笃’字，亦作缩脚韵。”“笃”义为“厚”，即民间“相好”之意。女子被狂士言语调戏，致私处“跑光”，只是面子难堪；士人被戏为“妻子跟人”，戴了绿帽子。

三 词类活用的古今漫话

语境与词类活用

和屈折语相比，汉语的语法特点除了利用词序和虚词这两方面突出特征外，还应包括词类活用这一特征。词序和活用都与语境条件相关，这是二者共性。但是词序主要影响词义或语义的变化，如主谓换位、定语与谓语互易、修饰语与中心词调转等；活用多发生在较大的语境中，它主要引起词性的语法变化，又以名词活用作动词为主（有人总结出 10 种类型）。吕叔湘先生《汉语语法分析问题》说："语义的变化比较特殊，只是偶尔这样用，没有经常化，这算是临时'活用'，不同于永久性的词类转变。"

从语境认识活用，由来已久。清代袁林仁《虚字说》曰："然其虚用活用，必亦由上下文知之，若单字独出，则无从见矣。"王力先生在 1936 年《中国文法学初探》一文中称活用为"变性"，并从语境深入认识说："词有本性、有准性、有变性……所谓变性，是因位置关系，受他词之影响，而变化其原有的词性的……影响之为用大矣；不知影响之理而论词之品质，鲜不误者。"在此问题上，王先生探骊得珠，抓住了两个要害：一即"变性"，指出它是语法性质的问题；第二，抓住了"位置关系"即语境这一理解活用的关键。这样，就在理论和实践两个方面使这一古今难题迎刃而解，遂使"向之惊为神妙者，今则变为平庸；向之不知所以然者，今则能言其故"。（见《龙虫并雕斋文集》）

对古汉语的词类活用问题目前已基本厘清，北大中文系古汉语教研室编著的《古代汉语》教材，承袭并完善了王力先生的理论，总结出“词类活用的鉴别方法”若干条，实用性极强。但是，建国以来汉语规范化运动及现代汉语语法研究放弃了词类活用的提法，将零星的活用现象视为不规范的语病。结果是近代白话作品的活用研究成了空白，现代汉语的活用问题则刚刚引起人们的重视并引发了争论。

对现代汉语词类活用的注意，仅仅是改革开放后近十年左右的事情，因为大陆地区在历次政治运动，尤其是“文化大革命”的冲击下，汉语语法呈僵死状态，词汇呈政治化，文艺创作一片萧条。改革开放后，受海外尤其是港台鲜活语言的影响，再加上政治化的消解和社会生活的空前活跃、文艺创作的繁荣，语言禁锢已成过去，汉语变异、整合、发展的新时代已经到来。新时期的汉语发展变化也是多元的，语音、词汇是表层变化，主要由外语、方言、港台语言影响所致；而深层次的是语法变化，主要是词类活用的全面复活，它与汉语历史及语法特点相关。

由“很青春”说语法裂变

对现代汉语的词类活用现象，目前有三种态度：一是依据《现代汉语》的教材及其教学活动，认为“很青春”一类句子是语病，持坚决排斥批评态度，如1997年《中国语文》第5期郭小武《传媒语文纠错四题》。二是对口语、文学作品、新闻报道中的活用，基本上持宽容态度，如《咬文嚼字》1995年6期聪孙《话说“很青春”之类》一文，认为“‘很青春’之类‘副名结构’的出现，究竟能否拦得住，姑且不论，修改语法教材，大约为时尚早。我们且等待社会和历史的选择吧”。第三种态度是以此为材料，研究其规律，如《中国语文》1995年6期邢福义先生《小句中枢说》一文，分析“甭林黛玉了”用例时说：“‘林黛玉’本来是名词，‘甭××了’的格式，强制它临时变成了动词。这是‘入句变类’。”

其实，词类活用是古今汉语一脉相承的语法现象。古代文言中的活用类型大多转移到现代汉语当中，许多现象可在近代白话文中寻找到中介；另一方面，随着古今汉语的转变，又出现了许多新的活用类型，呈现五彩缤纷的现状。但是近十余年突然出现且有星火燎原之势的语法裂变，为什么让人感到突兀和难以接受呢？大概可以从以下五方面来解释：

首先是古代汉语的影响。“文化大革命”造成了古今文化的断裂，古代汉语和古代文化的传播与教学基本中断；在破“四旧”的红卫兵呐喊声中，竹帛烟消，数千年文物典籍流传于民间者极少幸免。古代文献及语言传承的浩劫，形成古今汉语的断裂状态。但是“文革”结束后，传统文化再度复兴，随之而来的是古今汉语的沟通，古籍以惊人的天文数量重新出版。钱锺书以《管锥编》为代表的文言文学术著作，在一定范围内改变了古代汉语的地位，并使古代汉语词类活用的句式在一定范围内复活与演化。其次，钱先生的白话小说《围城》已大量使用活用句式，完成了古今汉语的语法转换，只是由于解放后，20 世纪 30 年代的那种文人的文学创作戛然而止，使活用句式的使用也出现了“断裂”，使人觉得“恍若隔世”。

第二是口语及方言等鲜活语言的影响。“文革”结束后迎来了文艺的春天，文学作品如雨后春笋，应接不暇。除其表现内容发生转变外，其语言的自由化尤其是世俗语言登堂入室，打破了语法的禁锢而放大了口语的地位。方言词、粗俗语、省略语与活用语成了文艺作品的特色之一。

第三是外语及港台语言的影响。《中国语文》1997 年 3 期苏金智《英语对香港语言使用的影响》首谈“改变词性”，认为“‘很魅力’可能是受 very charming 的影响”。其他类似句式，可能是类推的结果。港台语言的影响，人们印象较深，因现代传媒中常可感受到。

第四是修辞及语言美学的影响。随着学术文化的普及和深入，语言美的追求应运而生，工农兵作品的粗粝直白渐渐失去市场。委婉语、礼貌语、诙谐调侃风格常借助于现代汉语的活用来实现，有方兴未艾之势。

第五是作家对独特语言风格的追求。文学的繁荣也带来了作家的生存竞争，语言平平而无新鲜感是作品大忌。毕淑敏说：“现代汉语的磨损度高，心灵的传达，如果没有新颖别致的手法，很难抓住读者。而每个作家的手法又都不尽相同。譬如鲁迅喜欢使用单字，‘排’出几个大钱什么的，给人以生涩瘦硬的感觉。而我则喜欢一种温暖、平缓的感觉，喜欢把毫无关联的事情关联起来。”（见王洪《素面朝天——毕淑敏访问记》，《中华读书报》，1999 年 7 月 28 日）

重议“副名结构”

副词修饰名词，是古汉语中词类活用的格式，它是由副词只能修饰谓词性成分作状语的性质决定的。例如中学语文教材中刘禹锡的《陋室铭》“有仙则名”及“惟吾德馨”两句，副词“则”后的名词“名”及副词“惟”后的名词短语“吾德”活用，是“显名”“（惟）有吾德”之意。李煜《虞美人》“小楼昨夜又东风”的“东风”，在“又”后活用，是“又刮起东风”的意思。

在元代以来白话作品中，此种用法并未间断。如关汉卿《拜月亭》二折：“俺这梦魂无夜不辽阳。”佚名《刘弘嫁婢》一折：“人道你忒悭忒吝忒心术。”其中名词“辽阳”及“心术”两名词在副词“不”“忒”后活用。《水浒传》二十七回：“去戏台上说的我等江湖上好汉不英雄。”（容与堂本，上海古籍出版社，1997 年，下同）五十一回：“当日尽皆筵宴，饮酒庆贺。”清代小说《照世杯》：“老鸨手也光棍了，眼也势力了。”名词“英雄”“筵宴”“光棍”在副词“不”“皆”“也”后活用。因此，副名结构延续到现代汉语，不值得大惊小怪。

现代汉语目前经常修饰名词的有单音节的“很”“就”“太”“都”“不”“最”“也”“挺”“更”“越”“真”“又”“才”“别”“够”等，例如《围城》五：“他们上了船，天就微雨。”青年评论家马相武评论贾平凹《学着活》书名说：“很通俗，很口语，很大众，很城市，很当下，很迎合。”（《中华读书报》，1999 年 12 月 8 日留言版）六用“很”字，除首尾两词为形容词、动词外，其余全是名词。郭梅《雪》短诗有十句“很”的活用句：

很冬天、很北国、很边塞、很梅花、很春意、很陶渊明、很李白、很名士、很侠客、很才女。（《新民晚报》，2003 年 2 月 3 日）莫言《红高粱家族》说："高密东北乡无疑是地球上最美丽最丑陋、最超脱最世俗、最圣洁最龌龊、最英雄好汉最王八蛋、最能喝酒最能爱的地方。"（《文学评论》，1999 年 3 期）其中名词"世俗""英雄好汉""王八蛋"在副词"最"后活用。这三例可说是连篇累牍、叠床架屋，以此来表现出一种超常的激越情绪，极度扩张语言的容量。其他诸词用例司空见惯，如叶萍《岁尾的云片糕和葡萄干》："心里就汪洋成一片温暖的海。"（《新民晚报》，2008 年 1 月 14 日）名词"汪洋"在"就"后活用。其余不列举。

双音节副词修饰名词的现象也一样普遍，如多么、非常、已经、最最、比较、特别、格外、极为、极其、相当、过于、实在等。

王蒙《踌躇的季节》："都标示着她是多么青春，多么热烈，多么才华，多么幼稚而且多么危险毫无保护！"（《当代》，1997 年 2 期）其中"青春""才华"两名词在副词"多么"后活用。陈祖棻《出世与入世》："诚心诚意又保持距离，健身活血又非常礼仪……佐贺医生家，实在是非常日本。"（《文汇报》，1998 年 6 月 29 日）其中名词"礼仪""日本"在副词"非常"后活用。周克希《"你雅虎了吗？"——学习新句法》说："他说起在法国现在常会听到'我不大咖啡''我不很冰激凌'之类的说法……甚至还可以引申到某些活动和科目，比如'不大海滨'是指不喜欢去海滨度假，'不大体育'是指体育运动不在行。"（《新民晚报》，2000 年 5 月 21 日）郭英德《中国古典文学研究的理论品格》："在学术研究中，'实事求是'可谓最为传统、毫不新潮的方法。"（《新华文摘》，1997 年 11 月）此例中名词"传统""新潮"在副词性的"最为""毫不"后活用。同时，它说明副名结构不仅在小说、散文中大量存在，它也堂而皇之地进入了学术论文之中。

下面是当代作家的用例，不一一指明出处：特别宝贝、非常古典、比较小儿科、特别色情、极其家常、格外绅士、最最黄金、实在小人、不再"人工"、相当世俗、十分狗屎、最是武侠、过于贤妻良母、相当正点、极为传统、非常哲学、毫不兰花……副词的语法功能是作状语，时间名词作状语修饰名词时，名词也要活用。李大伟《买房不如租房》：“搬来个天天麻将的，你就是钉子户，只能锈在那里。”（《新民晚报》，2007 年 12 月 9 日）“麻将”在“天天”后活用。

文学作品是社会生活的反映，大量“副名结构”的出现，反映了口语中的语言事实。语言具有社会性，对副名结构要结合汉语史重新认识。当然，目前副名结构的应用已有俗滥之势，已经是“李杜诗篇万口传，至今已觉不新鲜”了。但从历史角度看，它不会消亡。

蹊跷的名词短语

在古代文言文中，如果并列的名词在句中不是并列、偏正（修饰与被修饰）的语法关系，其中必有一个名词活用为动词，才符合语法。此类活用又可分为两种情况：一是前一个名词活用为动词，后一个作宾语，如初中语文课文《愚公移山》“面山而居”、《崂山道士》“王面墙”两句，“面”皆为“面对着”的意思，“山”“墙”为其宾语。《孟子·寡人之于国也》“王无罪岁”短语的“罪岁”是“归罪年成（不好）”。另一类是主谓结构，前一名词作主语，后一名词活用为动词宾语，如初中语文课文《陈涉起义》“陈胜王”及《粤人食芝》“食之者仙”两句，是“陈胜称王”“食灵芝的成仙”之义。《岳阳楼记》“静影沉璧”，苏教版注曰：“静静的月影像沉下的玉璧。”两个短语也是主谓关系，补出动词“像”。

在白话作品中，《水浒传》二回：“洪太尉听罢，浑身冷汗，捉颤不住。”第二句“浑身冷汗”是“全身出冷汗”的主谓结构。五十回：“当有村坊乡民扶老携幼，香花灯烛，于路拜谢。”其中“村坊乡民”与“香花灯烛”是主谓关系，理解时补出动词“持”等。此类活用有时保存在成语中，如《警世通言》二十五卷：“见今腰金衣紫，食禄千石。”其中，“腰金衣紫”是两个动宾短语，义为“腰揣金银，身穿紫衣（官服）”。《喻世明言》第五卷：“但长安乃米珠薪桂之地，先生资釜既空，将何存立？”其中“米珠薪桂”

是两个主谓短语，义为“米贵如珠，薪贵似桂”。

当代作品中仍不断出现这类活用的蹊跷现象，必须用古代汉语词类活用的思路来理解。《围城》三：“这样惘惘不甘地跳上电车，看见邻座一对男女喁喁情话。”名词“情话”活用作谓语，前面还有状态形容词修饰。《围城》六：“来生一定个个聪明，人人博士。”《赵本夫文集·羊脂玉》：“还是俞二狗的爹俞时周说的：‘这地方，历史！’”李存葆《鲸殇》：“鲸类按人的指令进行的高超艺术表演，常逗得人们笑不可抑，齿牙春色。”（《十月》，1997 年 1 期）江妙春《五兄弟“演”悬棺》：“李家兄长，虎背熊腰，肌肤古铜，满是威力……”（《新民晚报》，1997 年 12 月 13 日）“这地方，历史”是说这里“有年头”，“齿牙春色”短语，是“齿牙生春色”之义，下例中前三句应为“李家兄弟，生得虎背熊腰，肌肤如古铜色”的意思，是两个主谓结构。这些是后一名词活用为动词谓语的一类情况。

在多重谓语的句子中，有时把名词活用的谓语与其他谓词性谓语掺和在一起，但仍可找出来。例如：殷慧芬《屋檐下的河流》：“她豪爽、粗俗、市民，且语言生动，出口就是俗语。”（《小说界》1997 年 3 期）其中“豪爽”“粗俗”是两个形容词谓语，而“市民”是活用为谓词的名词谓语。再如牛海波《“从北京到加州”的立体文字》：“中学部分易感，极端，充满了对生命的渴望；大学部分深沉，热烈，宏观，抽象，意识流，对人类存在的意义有一种疑惑与好奇；美国部分轻快，立体，写实，理性。”（《中华读书报》，1999 年 3 月 17 日）其中有一半左右是名词活用的谓语成分。

名词活用目前有蔓延之势，李存葆在新作《飘逝的绝唱》中再用“齿牙春色”短语。邓贤《流浪金三角》：“这个古老的南亚佛教国家之所以成为世界旅游业的一面旗帜，名声遐迩。”（《当代》，2000 年 3 期）“名声遐迩”也是主谓短语。此类用法还进入了散文、学术论文，例如，李国文《不娶少妇》：“海明威的言语虽然尖刻，但却是那些刻薄后进，雌黄新秀，看不上新生代的老年作家的通病。”（《随笔》，1997 年 6 期）彭玉平、吴承学《中国文学批评史研究的回顾与展望》：“这些羽翼主潮的批评家，对于理解当时文学风气的……”（《中国社会科学》，1997 年 5 期）此两例“雌黄新秀”与“羽翼主潮”短语，前一名词作动词，后一名词为其宾语。杜书瀛《新时期文艺学反思录》：“中华民族从来就善于吸收其他民族和地区的文化来营养自己，丰富自己。”（《文学评论》，1998 年 5 期）其中“营养自己”格式同。

名不副实的助动词

《史记·廉颇蔺相如列传》的故事，近代编为京戏《将相和》，可谓妇孺尽知；而历年中学语文课本也选有《史记》部分原文。其中“蔺相如渑池会”一节有“左右欲刃相如”一句，名词“刃”在能愿动词“欲”字后活用，义为“杀”。能愿动词又叫助动词，顾名思义，它是修饰动词，表示可能及变化的特殊词类，古今相沿。但是，助动词修饰名词却是名不副实，所以，它修饰名词时，句子要出现名词活用为动词的相应变化。古汉语的能愿动词有“能”“可”“足”“欲”“得”等，《荀子·劝学》有若干“能”字加

李逵负荆

名词用例，如“非能水也”，“水”是游泳、识水性之义。古代成语“门可罗雀”，能愿动词“可”后“罗”是“箩筐”，在词中活用为设置箩筐的意思，形容门庭冷落、无宾客登门的寂寥景象。

能愿动词修饰名词，是古代汉语中名词活用为动词的语法条件之一，元明后白话中偶见。如康进之《李逵负荆》二折：“这厮敢狗行狼心，虎头蛇尾。”在当代作品中有起死回生的趋势，除了我们在语音篇所引用的张中行先生文章“不敢兴趣”短语外，还可举出数例：

金克木《文化卮言》148页：“词的豪放、婉约的背景一致，表层异而深层同，不可‘皮相’。”（上海文艺出版社）

沈宏非《用肚肠思想》：“饿着肚子还能风花雪月，饿着肚子还能谈情说爱。”（《新民晚报》，2003年2月21日）

《围城》九：“鸿渐惊骇她会这样毒手，看她扶桌僵立。”

王蒙《上集与下集》：“多数影片下集没有上集好看。上集多半会人情一些，扑朔迷离一些。”（《新民晚报》，1997年2月10日）

王蒙《踌躇的季节》：“我们没有可能婆婆妈妈卿卿我我。”（《当代》，1997年2期）

邓伟志《说根》：“花可食、可药、可染、可观赏；根也可食、可药、可染、可观赏。”（《新华文摘》，1998年1期）

以上诸例，“不可”后名词“皮相”、“能”后的“风花雪月”、“会”后名词“这样毒手”“人情”、“可能”后名词“婆婆妈妈”、“可”后名词“药”字，在理解时都要补出相应的动词。对这类句式，语法界、语文界肯定要予以批评和咬文嚼字式的纠偏，但文学界又肯定会我行我素：走自己的路，让别人去说吧！

当代作家中，王蒙、李国文、沙叶新几位是冲破现代汉语语法规则的骁将，王蒙因名气大而常成为众矢之的，但他非但不“痛改前非”，而且变本加厉，“披荆斩棘”地挥剑不已，举凡古代汉语的词类活用类型大都在其笔下复活了，并且喜欢连篇累牍。例如新作《狂欢的季节》：“首长的打扮不军不民，首长的头发不男不女，首长的表情不人不鬼。”（《当代》，2000 年 2 期）连用六个副词“不”修饰名词。这些句法，人们不仅接受了，而且有新鲜感并予以赞赏。例如，李书磊认为：“王蒙对世界的复杂性有丰富的体验，他是个大智者也是个大有情者，他对汉语的感觉与运用也是第一流的。”（张毓强《中国作家谈中国文学的过去现在与未来》，《中华读书报》，2000 年 1 月 26 日）因此，打破现代汉语的既成叙述格式，是王蒙表达自己情智与社会体验的重要手段。他是现代汉语词类活用的始作俑者和搅海翻江式的风云人物，对文学语言的发展有导夫先路的领袖作用。

青春不老的“而”字

连词“而”字，无论是在古代汉语还是现代汉语中，都是连接形容词、动词或动词性短语来表示两种性质或行为的联系的。所以在古代文言中，如果名词用“而”字连接，名词也要受“而”字语法功能影响而活用为动词。例如中学语文教材中的用例：

《史记·项羽本纪》：“楚以故不能过荥阳而西。”方位名词“西”在“而”后，是“向西进发”的意思。柳宗元《捕蛇者说》“黑质而白章”，名词性短语“黑质”“白章”活用。蒲松龄《聊斋志异·促织》：“儿涕而去。”“涕”是名词“眼泪”的意思，文中在“而”之前，是“流着眼泪”的意思。数量词用“而”连接，也要活用。如《孟子·寡人之于国也》：“或百步而后止，或五十步而后止。”《荀子·劝学》：“蟹六跪而二螯。”

文言中“不蚕而衣”及成语“沐猴而冠”，“蚕”为养蚕，“衣”“冠”是“穿衣”“戴帽”的意思。在近代汉语白话文中，“而”字的活用句十分罕见，似乎归于消泯了。但是在当代作品中，“而”字活用句又见端倪，其前景尚难预料。例如：

季羡林《论博士》："有的人历尽八十一难，还未必能从秀才而举人，从进士而殿试点状元等等。"（《新民晚报》，1998年10月23日）

李劼《注射到大海中的欢乐》："一批又一批的白话诗人，都因此由草莽而高官，由灵魂而肉体。"（《中华读书报》，1998年1月7日）

大卫《树和它的阴凉》："那挺拔而性感的身子，与鳗鱼何异？"（《新民晚报》，2008年2月28日）

这几例结构一致，都是"而"字后面的名词活用为动词，需在理解时补充进去。

对一些老学者而言，词类活用的句式可能是文言句式的直接影响结果。如金克木先生《文化卮言·文学与地域》："辛弃疾、李清照都是山东人由北而南……"方位名词"南"在"而"后活用，指二人皆是北宋时济南人，北宋亡后南渡而成一代词宗的，现济南市有辛、李二人的纪念馆。金先生的句子与上面所引《史记·项羽本纪》"过荥阳而西"有显而易见的继承痕迹。

由于连词"而"字连接谓词性成分的功能比较坚挺，当代作品中其活用的句式可能是伴随着文言文影响而出现的回光返照现象，较难形成规模。

介宾结构的同化

汉语语音学中有"同化""异化"规律，我们可以把语境中语法功能较稳定的成分影响名词、形容词而发生"变性"的情况称为语法同化、异化。《庄子·大宗师》："仲尼曰：'同则无好也，化则无常也。'"

介宾结构在古今汉语中都是功能稳定的语法单位，常修饰谓词作状语或补语。如果介宾结构修饰名词，就会将名词同化为谓词性成分。古汉语中常见，如，《论语·先进》："浴乎沂，风乎舞雩。"王安石《游褒禅山记》："唐浮图慧褒始舍于其址。"名词"风""舍"后有介宾补语表处所，故分别是"乘凉”“建房”的意思。《水浒传》二十九回：“两手揪住，也望大酒缸里只一丢，桩在里面。”“桩”是栽植的意思。

古汉语中介宾结构作状语同化名词的较少，如司马迁《报任安书》所引古语“士为知己者死，女为悦己者容”，后句名词“容”字在介宾状语后活用，是“美容”“打扮”的意思。《水浒传》八十五回：“当晚留宋江庵中闲话。”“庵中”可视为地点状语，“闲话”意为“说闲话”。

现代汉语活用情况分布相反，作状语修饰名词的大增，作补语的活用反而是偶然现象。

由于名词加介宾补语的用例较少，所以较易受批评，郭小武先生《传媒语文纠错四题》即批评《光明日报》一文中“结构在一个舞台表演时空里”短语，说：“‘结构’属名词，当动词用是不合适的，应改为‘编排’……”（《中国语文》，1997 年 5 期）实际上这种句式是文言文中词类活用格式的复活。再如：金克木《文化卮言·序》：“我的思想流动，没有定型，决不可以‘滥竽’于其中。”其中名词短语“滥竽”在介宾补语前活用为动词。王芫《什么都有代价》：“雨水无法排泄下去，就汪在路面上。”（《当代》，2000 年 1 期）名词“汪”既在副词后，又在介宾补语前，是“聚成汪”之义，前后语境同化了“汪”字。周克希《“你雅虎了吗”——学习新句法》引鲁迅《高老夫子》“确乎犯不上酱在一起”用例（《新民晚报》，2000 年 5 月 21 日）。

朱德熙先生《语法讲义》说：“状语是谓词性成分的修饰语。”《围城》四：“辛楣请新同事上茶室早餐。”所以介宾短语作状语后的名词要被同化为谓词。例如：

谈歌《大厂》：“贺玉梅嘿嘿笑道：谈业务？我今天就让你业务业务。一伸手，把桌子掀了。”（《新华文摘》，1996 年 6 期）

毕飞宇《林红的假日》：“张国劲认准了林总是和某一个男人廊桥遗梦来了。”（《小说界》，1997 年 3 期）

王蒙《狂欢的季节》：“然而，既然狗屁成了规则，他就有足够的能力跟着一起狗屁。”（《当代》，2000 年 2 期）

其中，“业务”及“廊桥遗梦”在介词“让”“和”组成的介宾短语后活用，而第三例“跟着一起”则肯定是状语性质的，故其后名词“狗屁”也要活用为动词。还有重叠活用作谓语的，如：

刘震云《故乡面和花朵》：“又总是那么大而化之一下就把我们集体、总结归纳和逻辑掉了。”（《花城》，1998 年 5 期）

“集体”“逻辑”两名词活用。

“地”“得”状补句的活用

助词“地”是现代汉语的状语标志。吕叔湘《现代汉语八百词》说：“名词一般不修饰动词、形容词，少数几个抽象名词可以构成‘地’字短语修饰动词。”该书举的例子是“科学地”“历史地”“部分地”“形式主义地”。《围城》八：“赵老太太婆婆妈妈地说：‘酒这个东西伤身得很，你以后劝他少喝。’”当代作品中，一般名词大量与“地”字组成状语修饰动词，如：

易丹《在哈佛读中国小说》：“不管《家族》如何‘诗意’地描述和阐释历史，如何‘诗意’地涂染英雄和英雄的精神。”（《小说界》，1997 年 3 期）

陈丹燕《波尔图：老酒店咖啡馆》：“它的黑色铸铁也是古典地曲卷着，庄重而妩媚。”（《新民晚报》，1997 年 9 月 26 日）

乔雪竹《男人之夜》：“很优雅很绅士地伸出一条手臂，并努力使自己的身体有点弧度。”（《小说界》，1997 年 5 期）

“地”字前名词都要活用为谓词性成分，“诗意地”意为“富有诗意地”；“古典地”意为“有古风”。第三例名词“绅士”在副词“很”后，前后都是活用语境。刘震云《故乡面和花朵》有“大家风度地”“散兵游勇地”用例，夏坚勇《湮没的辉煌》有“极英雄气地”用例。

助词“得”是现代汉语补语前的标志，《现代汉语八百词》说：“连接表示程度或结果的补语，基本形式是‘动／形＋得＋补’。”因此，“得”前名词要受其语法功能同化而活用，如：

李国文《缘分》：“学写小说，又是新潮得让人痛苦。”（《小说月报》，1997 年 11 期）

钟道新《权力的界面》：“但支老板职业得很，马上拿出全套的法律文书给雷迅。”（《中国作家》，1997 年 6 期）

刘震云《故乡面和花朵》：“为了这个一致，他们灵魂上不是要温暖和集体得多吗？”（《花城》，1998 年 1 期）

名词“新潮”“职业”“集体”在“得”字前活用为谓词。不仅如此，“得”后名词也相同：

《水浒传》四十九回：“打破了祝家庄，壮观得梁山泊。”

谌容《天伦之乐》：“健壮的他在这大家族里更显得英雄了！”（《收获》，1999 年 1 期）

荆歌《地方》：“人们常常在回忆往事时变得婆婆妈妈。”（《十月》，1999 年 1 期）

从语法上讲，副词被定义为只能修饰谓词性成分作状语的词类，因此“地”字结构是副词性的；而“得”字结构前后都需连接谓词性成分，故有前后同化的功能。

“了”“着”时态句的活用

轻声“了”字经常用在动词、形容词后，表示动作或变化已经完成，朱德熙先生称之为动词后缀。黄伯荣、廖序东《现代汉语》说：“动词多数可以带‘着、了、过’等表示动态。”曹广顺先生《近代汉语助词》称“了”为动态助词，认为从北宋起其用法已大量出现。

名词加动态助词“着”“了”，则要受其语法同化而活用为动词，在近代汉语中即有用例：

> 《水浒传》三十回：“牢子狱卒把武松押在大牢里，将他一双脚昼夜匣着。”九十五回：“我等都是阳人，你可精神着。”

“着”表示动作状态、结果的持续，“匣”“精神”活用。

> 《喻世明言》第一卷：“婆子千恩万谢的福了一回……”

名词“福”在“了”前，后又有动量词“一回”，故其活用是显见的。《红楼梦》三十九回有“福了几福”短语，人民文学出版社 1982 年版注：“福，这里指旧日女子与人相见的一种礼节，也叫‘万福’……句中前一福字作动词，后一福字作名词。”

> 《醒世姻缘传》五十一回：“羽翼了珍哥，趁着救火走出。”

“了”表过去时，名词“羽翼”在“了”前是“帮助、使生羽翼”的意思。《水浒传》“黑暗了天地”活用短语，属形容词使动用法。现当代作家对“着”“了”活用仍很普遍：

朱蕊《曾经有首歌》：“青春着的时候……正青春着的人们却还在向往着阅读结局……那时正青春着，听……”（《新民晚报》，1998年6月5日）

丁立梅《一袋野山菌》：“我表面上笑着，心里却疙瘩着。”（《新民晚报》，2007年11月23日）

周孟贤《那就是你》：“你用坚毅的目光精神了孩子憔悴的目光……血，注释着和平的全部涵义。”（《新民晚报》，2004年7月25日）

“着”也是动态助词，表示动作状态、结果的持续。以上“着”前名词活用。“了”字活用也屡见不鲜，如：

鲁迅《社戏》：“或者因为高等动物了的缘故罢，黄牛水牛都欺生……”苏教版《语文》七年级（上册）注首句：“意思是因为成了高等动物的缘故。”

《围城》六：“茶馆里供给的烟，他一支一支抽个不亦乐乎，临走还袋了一盒火柴。”

谢友鄞《黑网》：“民国了，有辱国格。”（《小说界》，1997年4期）

刘震云《故乡面和花朵》：“六指一下就草鸡了，六指一下就软蛋了。”（《花城》，1998年1期）

夏坚勇《湮没的辉煌·遥祭赵家城》：“也许因为他们过于‘文化’了吧。”（东方出版中心，1996年版）

张蔓菱《穷上大学》：“德的三个孩子后来都出息了。”（《当代》，1999年6期）

荆歌《浏览古镇说江南》：“水墨了再水墨。”（《新民晚报》，2008年1月7日）。

几例中，“了”前几个名词，都要增加动词性成分来理解。后几例名词，又在副词后的语境中。有时，“了”前加上表程度的词语，理解起来也一样。

如毕飞宇《唱西皮二黄的一朵》："舞台上的一朵古典极了，缠绵得丝丝入扣。"名词短语"古典"要活用为动词。

由《口技》"抚尺一下"说到"起来"

初中语文《口技》一文，首尾两次出现"抚尺一下"短语，因"一下"是动量词，所以此短语是"抚尺响一下"的意思。汉语动量词是中古以后逐渐增多的，此前不为人所重视。名量词也有类似用例，如杜牧《阿房宫赋》"楚人一炬"是"楚人放一把火"的意思。然而在当代文学中却蓬蓬勃勃出现了，且其势迅猛，例如：

李国文《缘分》："不比捧个女戏子、女歌星、女作家，更精神文明一些？……因此，他偶尔玩笑一下，何必在意。"（《小说报》，1997年11期）

乔雪竹《男人之夜》："只有这个是现代化一点了，全部是西德洁具。"（《小说界》，1997年5期）

沙叶新《沙叶新买菜记》："再说得理论一些和政治一些，即：只要熟悉菜场这一市场……"（《新民晚报》，1997年12月5日）

张人捷《焰火》："妩媚地想要风情一下，却失了生命力地柔弱。"（《十月》，2000年3期）

王安忆《逐鹿中街》："第四天则西式一下，面包白脱咖啡。"（《人世的沉浮》，文汇出版社，1996年10月，第178页）

李国文《偶感》："要情调一些的话，咖啡屋小坐，保龄球一番……"（《文汇报》，1998年5月5日）

肖泉《怎样造就幸福的婚姻》："参加了别人豪华的婚礼，回家后不免微词几句。"（《新民晚报》，2003年3月11日）

以上诸例，“一些”“一点”“一下”“一番”“几句”前名词，从语义看，全要活用为谓词性成分；李国文的“玩笑一下”与《口技》中“抚尺一下”结构上毫无二致，但语义是“开一下玩笑”。其中“一点”“一些”可看作数量词，但在语境中与动量词一样，前面只能是谓词性成分。

无独有偶，现代汉语“起来”一词也是修饰动词或形容词的；但近代汉语中，它就有修饰名词活用的例子，与《口技》“抚尺一下”类似，如清代小说《照世杯·七松园弄假成真》：“你是少年人，想被迂夫子过了气，这等道学起来。”目前，这种用法也在扩展之中。例如：

李国文《缘分》：“万一老太太马列起来，老爷子只有甘拜下风。”又《头发的功能》：“女人要是痴情起来，没有她不敢做的事情！”（《当代》，1999年5期）

徐坤《厨房》：“女人一旦目的起来，比男人一点也不傻……”（《新华文摘》，1998年2期）

王蒙《狂欢的季节》：“他如果狗屁起来，不比任何狗屁差，他可以做到比一切狗屁更狗屁。”（《当代》，2000年2期）

肖复兴《简洁》：“一是我们吃饭，越发变得繁文缛节起来。”（《新民晚报》，2001年9月28日）

显然，“起来”前的名词必须经活用，转化为谓词性成分，才能讲得通。

“这么”“那么”及其他

“这么”“那么”是谓词性代词，朱德熙先生《语法讲义》分析二词时说：“修饰动词表示方式”或“修饰形容词表示程度”，如果“修饰名词，中间必须有数量词”。然而，人们对这两个词的性质刚认识清楚，言犹在耳；而当代作家已迫不及待地打破了这种语法认识，使语法教学陷入尴尬之中。

例如：

王蒙《踌躇的季节》：“瞧你什么时候都这么政治……为什么都显得那么强大那么威力无穷，那么正确那么原则性那么莫可抵挡呢？……在我们国家搞点文艺是那么不易那么风险，在历次运动中常常是文艺家首先被揪出来。”（《当代》，1997 年 2 期）

沙叶新《第一桶金》：“你怎么还这么中国，这么传统！”（《新华文摘》，1997 年 8 期）

王跃文《国画》：“吃饭时你嫌人家脏，用什么公筷，这会儿又这么菩萨心肠了。”（《收获》，1999 年 1 期）

朱德熙先生对“这么”“那么”两词语法功能的分析是完全正确的，以上诸例修饰名词的情况，都必须视作活用为动词才语义完整。“这么政治”意为“这么讲政治”，其他名词或名词短语用法相同。规律是对常规用法的总结认识，活用是对反常情况下语意的正确理解，两者相结合，才能构成完整的汉语语法学。

“多么”这个词是副词性的，常规下修饰谓词性成分，若加名词也要视作活用，例如：

王蒙《踌躇的季节》：“都标示着她是多么青春，多么热烈，多么才华，多么幼稚而且多么危险毫无保护！”

大卫《诗人，就是有诗意的人》：“不管你的才华多么李白，不管你的豪迈多么苏轼，不管你的闲适多么陶渊明……”（《光明日报》，2013 年 8 月 2 日 13 版）

其中“青春”“才华”两个名词活用，其他几例是常规用法。介词“比”和副词“还”构成的活用格式，在口语和书面语中也十分常见，例如：

《界碑下有一座孤坟》："六份材料说甄班长的父亲卖国投敌、残害百姓、血债累累，比汪精卫还汪精卫；另六份材料却说他献身革命、积极抗战、功绩卓著，比'副统帅'还'副统帅'。"（《当代》，1989年6期）

王蒙《踌躇的季节》："党啊，从此我时时忠于你事事忠于你，比对待爹娘还要爹娘地对待你，比赵青山还要赵青山地一心歌颂你。"又《狂欢的季节》："比他赵青山还农民得多傻忠得多的……"

苇鸣《箫声尽处》："他拼命地干活，为老队长争面子，因为老队长比他父亲还父亲。"（《十月》1999年5月）

刘齐《登鹳雀楼》："苏东坡还没到过赤壁呢，照样写赤壁，比赤壁还赤壁。"（《扬子晚报》，2013年9月11日）

这类句式中，"还"字后的名词要活用为动词。"还父亲"，意为"更像父亲"。"还要"是此格式的变体。以上四例，基本上收集了当代作家将名词活用为动词的大多数新类型。

"春风又绿江南岸"再评说

宋代洪迈《容斋随笔》据"春风又绿江南岸"的"绿"字，说起诗词改字的话题，遂使王安石有了"炼句"的形象，并引起了古今人的"哇"声一片，溢美之词不绝。但此句"绿"到底好在何处？好像大多数人也难以说出个所以然来。

从语法上讲，此句诗"绿"字是形容词使动用法，所谓"使动"，是用动宾结构的形式表达了兼语式的内容。此类活用，使句子的容量增大了，有言简意丰的表达效果。许嘉璐先生说："'绿'字里暗含着春风的动态。"（《古语趣谈》，中华书局，2013年版，第132页）许威汉先生在《上海师范大学学报》撰文，认为"绿"字活用，有化静为动的妙处，所见略同。但是，钱锺书先生《宋诗选注》指出，王诗"绿"字活用已见于前人，如唐代李白有"东

王安石像

风已绿瀛洲草”、丘为有“东风何时至，已绿湖上山”的诗句。王诗不仅蹈袭前人“绿”字，连“风”也拿来了，有拾人牙慧之嫌。钱锺书先生发问道：“王安石的反复修改是忘记了唐人的诗句而白费心力呢？还是明知道这些诗句而有心立异呢？他的选定‘绿’字是跟唐人暗合呢？是最后想起了唐人诗句而欣然沿用呢？还是自觉不能出奇制胜，终于向唐人认输呢？”（人民文学出版社，1998 年版，第 49 页）

围绕这个问题，学者重新深入探讨王诗的优点，继续古人的好评。陈绂先生在《百科知识》撰文，认为“绿”字有模糊作用，拓宽了人们的联想；甘歌在《读书》上发文认为，此例有特殊的美学价值。但总的看来，赞扬一方的理由仍显得不十分饱满，有荏弱难持之势。但也有人变褒为贬，别出心裁：1988 年第九期《文史知识》刊登老诗人臧克家先生谈“诗眼”的文章，认为绿字“太显露，限制了春意丰富的内涵，扼杀了读者广阔的想象”。与褒方“拓宽”说相反。孰是孰非？争讼至今。1996 年《咬文嚼字》6 期陆锡铭先生《臧克家“嚼”绿字》详述了臧先生 20 世纪 60 年代称赞“绿”字为“诗眼”，“确有画龙点睛之妙”。80 年代文章他未说，但说到 1993 年臧先生给余光中的信，信中认为绿字“反而不及‘过’或‘到’字含蓄一点，更能令人寻味”。陆文评此事说：“老诗人对‘绿’字评价态度前后如此不同，乃是因为他‘嚼’得极其认真。”孙香我《莫被古人瞒》说：“我们一直以为这个‘绿’字是王安石的灵光一现，却原来早已是唐人的余唾。真要对钱锺书说声谢谢，若没他这一注，我们还不知要被王安石瞒到几时呢。”（《新民晚报》，2008 年 8 月 24 日）

我们认为，褒贬双方的“拓宽”说与“限制”“余唾”说，均是一些似是而非的个人印象，均缺乏令人信服的理由。如果我们换一个角度，将诗句还原或译成现代汉语，再用现代汉语语法规律分析，其是非将一目了然。春风又绿江南岸，用现代的话说则是“春风又使江南岸绿了”。“绿”字是形容词描写句谓语。丁声树等先生编著的《现代汉语语法讲话》说：“一般地说，性质总不是绝对的，而是相对的、比较的。形容词谓语句常常包含比较的意思……‘这个办法好’，这句话有比较的意味，隐含那个办法不好或者没有这个好。”据此，我们认为王诗“绿”字活用确是绝妙好辞：首先，绿字是描写句，描摹出了春天的代表性色彩，并能化静为动。相比之下，“到”“过”的枯燥叙述句则大为逊“色”；所以现代散文家朱自清写春就用《绿》。但是王诗用法确是上承唐人句法，在这一点上三人境界相同。第二，由于形容词谓语句有比较的意味，而李、丘、王三句诗主语不同，比较的空间大小则大不相同。李白的“瀛洲草”与丘为的“湖上山”，都是近景或中景，太具象化，而比较对象的空间也只能是“瀛洲”附近与“湖外”不远处，联想受到限制。而王诗“江南岸”则气象宏放，它比较的对象是江北、黄河、塞外、岭南、西域……神州八方与六合之内，均不请自来，囊括其笔端。此种意境是李、丘之诗所不具备的。因此，王诗后来居上，有“青蓝冰水”“点铁成金”之效。所以，“拓宽”说是有道理的，臧先生的限制说可以休矣！第三，王诗脍炙人口，而李、丘之诗虽“绿”字活用在先，然却是附骥尾之作，是因王诗化用而追溯才求得的，正像夫贵妻荣、父以子贵一样。这又从侧面进一步验证了王诗的艺术魅力，使人爱乌而及屋。

使动、意动及“活用”前瞻

古代汉语词类活用中还有使动、意动两大类型，如《老子》的“小国寡民”，是“使国小、使百姓少”的意思，属形容词使动用法；苏轼《前赤壁赋》：“舞幽壑之潜蛟，泣孤舟之嫠妇”句中“舞”“泣”为动词使动用法，“侣鱼虾而友麋鹿”，是“以鱼虾、麋鹿为伴侣、朋友”的意思，属于名词意动用法。柳宗元《小石潭记》“凄神寒骨”为形容词使动，《捕蛇者说》“若毒之乎”“又安敢毒耶”的“毒”字是形容词意动。白话小说《水浒传》有“耻辱我名”“坚固寨栅”名、形使动短语。现代汉语中使动、意动现象还保存在成语中，如“坚壁清野”“富国强兵”是使动；“不远万里”“重男轻女”是意动。《围城》三：“你自己怕不是当面花言巧语，背后刻薄人家。”“刻薄”是说别人坏话，从语法上看，可视为意动。但是现代汉语中有一批双音词经常用如使动而带宾语，例如：繁荣市场，健全法制，方便群众等。目前双音节形容词使动有扩大之势，并触发了部分名词、动词的使动用法，例如：

萨那《过程》：“你要看到有些红眼巴叉的男人哭着管她叫妈的情景，你就不会拿脏话窝囊她。”（《十月》，1996年6期）

贾平凹《怀念狼》：“你们都一醉了事，倒害骚我。”（《收获》，2000年3期）

邓贤《流浪金三角》：“其实就是旅游、约稿和亲近关系的另一种说法……他们都把这次笔会当作开阔胸襟放眼世界的大好机会。”（《当代》，2000年3期）

陈染《我们的成熟与天真》：“来新鲜我们国家的血液，明朗我们善于揉沙子的混浊的眼睛。”（《新民晚报》，2008年1月30日）

大卫《树和它的阴凉》：“树荫也不会苗条自己。”（《新民晚报》，2008年2月28日）

其中，“窝囊”“害骚”“亲近”“开阔”“新鲜”“明朗”“苗条”七个形容词都带使动宾语，周孟贤《那就是你》短文重复使用此法，如：“我用春的花朵缤纷你……我用夏的翠绿青春你……山涛起伏我、逶迤我……你浓郁着每个黎明的温馨，也浓郁着每个人的笑脸。”（《新民晚报》，2004年7月25日）宣传广告中的“洁净城市”“洁白牙齿”也是此种用法。还有在宾语前用“着”“了”字的，再如：

王玉北《年年岁岁一卷书》：“这些插图，通过绰约的线，含蓄了丰富的内容。”（《读书》，1997年10期）

原因《大叠水瀑布》：“我仿佛就握住了世界上最纯粹的色彩，它缤纷了我的心情，甚至整个灵魂。”（《新民晚报》，1999年10月9日）

形容词“浓郁”加“着”、“含蓄”“缤纷”加“了”字，带使动宾语。动词、名词的使动用法也已出现，或用于学术论文：

谭桂林《论中国现代文学的飘泊母题》：“曹禺的《北京人》揭示了封建大家庭萎缩生命、扼杀才华的霉烂气息。”（《中国社会科学》，1998年2期）

星竹《女性的极地》：“这是一种觉悟，觉悟自己，认识自己。”（《中华读书报》，1998年1月7日）

沙叶新《女大“不中留”》：“女儿总是有说有笑，娱乐双亲……”（《中华读书报》，1998年5月6日）

以上三例，“萎缩”是不及物动词使动用法，“觉悟”“娱乐”是名词使动用法。李钧《走向“文学史哲学”》：“具有‘缜密其思，磅礴其势，激情其思，史哲其质’的品格，足当建构‘现代中国文学史学’学科的奠基力作。”（《中华读书报》，2003年1月22日）四字格皆形、名使动用法。

《咬文嚼字》1998年8期有谢礼波先生《贾平凹的“美”中不足》一文，

揭示了贾氏作品中的语病，其中“不安了我们对父亲的牵挂”，就是使动。文中批评说：“在‘不安’的位置上应是个动词，作谓语。但‘不安’却是形容词，是不可以带宾语的。”这一批评是中肯的，因为句子读起来十分别扭，显系语病。但是双音节形容词甚至不及物动词、名词的使动用法，理解起来没有困难，有成为一种新语法形式的可能。

语言具有继承性和变异性的双重特点。古汉语词类活用中“名词、形容词在代词‘之’‘我’等前活用”“名词在‘所’字后活用”两类已被汉语淘汰，而其他几类生命力也有强弱之分。但是现代汉语中又涌现出大量新的活用现象，要冷静地予以分析，凡文言句式的残留及文人故意创新的用法，正处在方生方死之中，并不稳定。但口语中大量存在的现象，如副词修饰名词、双音节形容词使动等，则将有发展蔓延之势，须拭目以待，不宜禁止，而且禁亦无用。郜元宝先生《语言问题的再反思》一文说：“‘五四’语言变革只是问题的开始，远没有结束，今日汉语仍在急剧变化和不断‘重写’中，所以应鼓励对现代汉语史的各种学术清理，文学创作中尤其应尊重‘各随其便’（鲁迅语）的探索……有人说现代汉语已经成熟了，这不符合事实。如此急着自我作古，自树权威，倒恰恰违背了先觉者的精神。当今中国文化之发展，仍有赖于现代汉语的再一次‘重写’（例如首先就应该将目前已经板结了的语言观念松动一下），这情形跟‘五四’也并没什么两样。”（《文汇报》，1998 年 5 月 13 日）我们赞成这种看法！

词汇趣话

一 词义古今演变大观

由“江”“河”说词义扩大

中学语文教材中有郦道元《水经注》选段《三峡》，劈头一句即是：“江水又东，经三峡”；又有《诗经》名篇《伐檀》，其中有“河水清且涟漪”一句。学习这两句时，同学们会获得两条重要的古今词义演变的信息：第一，“江”“河”两词在古代汉语词汇史上一开始就是专用名词，特指长江、黄河。这与汉语早期单音节词为主的词汇构成特点相关，与此相一致，今淮河古称“淮”，汉水单称“汉”。古人常以“江淮河汉”并称来概括中国河流，又有“四渎”的概念，是“江淮河济”，“济”为古代济水。《三字经》说：“曰江河，曰淮济，此四渎，水之名。”绍兴大禹陵楹联是：“江淮河汉思明德，精一危微见道心。”歌颂大禹治水的丰功伟绩。第二，汉语早期河流的通用名词为“水”或“川”，所以有江水、河水、淮水、汉水、济水等称呼。又称“川”，《史记·夏本纪》述大禹治水为“导九川”；现代汉语山河、江山在古汉语中多说成山川、山水。

在词汇学上，像江、河这样由专用名词变为通用名词的词义变化，称为词义扩大。所谓扩大，即指词的使用范围扩大，又称为外延扩大。词义扩大是词汇史上常见的现象，再如《木兰诗》末尾“雄兔脚扑朔，雌兔眼迷离”两句，“雌”“雄”指走兽，但二字从“隹”（短尾鸟，象形字）表义，本义是指鸟之雌雄，后扩大为兼指兽类了。中国人爱面子，古代“脸”特指女

三峡图

人搽胭脂的部位，整个部位为“面”，后“脸”词义扩大与“面”同，现代汉语成双音词“脸面”。

汉语中某些个别词语使用范围无限扩展，甚至让人产生怀疑。欧阳修《归田录》卷二说：“今世俗言语之讹，而举世君子小人皆同其缪（谬）者，惟‘打’字尔。其义本谓‘考击’，故人相殴、以物相击，皆谓之打，而工造金银器亦谓之打可矣，盖有槌击之义也。至于造舟车者曰‘打船’‘打车’，网鱼曰‘打鱼’，汲水曰‘打水’，役夫饷饭曰‘打饭’，兵士给衣粮曰‘打衣粮’，从者执伞曰‘打伞’，以糊黏纸曰‘打黏’，以丈尺量地曰‘打量’，举手试眼之昏明曰‘打试’，至于名儒硕学，语皆如此，触事皆谓之打，而遍检字书，了无此字。其义主‘考击’之打自音谪（疑当作滴）耿（反切注音，音丁），以字学言之，打字从手、从丁，丁又击物之声，故音‘谪耿’为是。不知因何转为‘丁雅’（反切，音打）也。”这段话中，欧阳修称“打”字的词义扩大为“言语之讹”。

《新民晚报》2000 年 2 月 15 日有流沙河《打与挞的关系》一文，接着欧阳修之文分析“打”字在现代汉语中继续扩大的情况，让人眼界大开。对于字音，该文说：“《增广贤文》说：‘屋漏偏遭连夜雨，船行又遇打头风。’此打读顶，谓之逆风，音 dǐng，蜀人至今谓掷物以击人曰打，音 dǐng……《说文解字》新附打字，其义为击，徐铉曰，都挺切。可以推定，北宋早期打字仍旧读 dǐng，尚未讹读成今之 dǎ音也。”该文又认为 dǎ音来于鞭挞之 tà音，亦可聊备一说。

朱德熙先生认为，现代汉语“搞”几乎无处不用，类似于词汇史上的“打”字。

鲁国尧先生提供语料说双音词“意思”一词的扩大，《意思意思，把老外意思糊涂了》：“某老外苦学汉语十年，到中国参加汉语考试，试题如下：题目：请解释下文中每个‘意思’的意思。

阿呆给领导送红包时，两人的对话颇有意思。

领导：‘你这是什么意思？’

阿呆：‘没什么意思，意思意思。’

领导：‘你这就不够意思了。’

阿呆：‘小意思，小意思。’

领导：‘你这个人真有意思。’

阿呆：‘其实也没有别的意思。’

领导：‘那我就不好意思了。’

阿呆：‘是我不好意思。’

结果，老外泪流满面，交白卷回国了……”

溯“舅”“姑”知词义缩小

现代汉语中，“舅”“姑”是常用的亲属称谓词，无人不知；但古代汉语中，此二词却另有所指，且其词义在现代汉语中消失了。例如唐代名诗，

贾薛亲上加亲

朱庆余的《近试上张水部》绝句："洞房昨夜停红烛，待晓堂前拜舅姑。妆罢低声问夫婿，画眉深浅入时无？"诗题"近试"二字又作"闺意"，诗人以古时新婚妇女第二天清晨早起拜见公婆前的心态和形态，创造了一个优美的意境，以此试探水部郎中张籍对自己诗歌作品的意见，自己的诗是否时髦与适合科场口味？诗中"舅姑"二字是"公婆"之义，不同于现代汉语。

我国第一部词典《尔雅·释亲》说："妇称夫之父曰舅，称夫之母曰姑。"朱庆余诗中"舅姑"就是用的这一词义。与此相关，夫称妇之父母则加"外"字。《尔雅·释亲》又说："妻之父为外舅，妻之母为外姑。"以上诸词在《礼记》及其他古籍中反复出现，是古代常用词汇。当然，"舅""姑"二词也有现代汉语的词义，故王力先生《汉语史稿》下册说："在上古时期，'舅'字有两个主要意义：一个是'母之兄弟'，另一个是'夫之父'；'姑'字有两个主要意义：一个是'父之姊妹'，另一个是'夫之母'。"

进入父系社会之后，人类的婚姻逐渐走向文明，产生了伦理，我国从周代即开始严禁同姓通婚，有"女不娶同姓"的法律，这是符合优生学和遗传学的，它是人类长期生息繁衍的经验结晶，摩尔根《古代社会》称为"外婚制”。然而美中不足的是，我国自古又有表兄妹近亲通婚的陋习，民间认为是“亲上加亲”，如《红楼梦》中贾宝玉与林、薛的婚姻爱情故事就是。直到近年来修改的婚姻法，才严禁三代以内表亲通婚。表兄妹通婚的情况可以造成“舅”“姑”两词两个义项的重合，“舅”既是舅父又是公公或岳父、“姑”既是姑母又是婆婆或岳母的事实。然而，民间对表兄妹结婚又有种种限制，有所谓“骨血不倒流”的说法。这方面讲究可能是造成其中一个义项萎缩以至于消亡的原因之一；所以王力先生《汉语史稿》又说：“后来‘舅’的‘夫之父’的意义和‘姑’的‘夫之母’的意义在口语里消失了。”

其次，舅、姑古义的消失，也可能与古时曾断断续续地禁止过表亲通婚相关。《容斋续笔》卷八《姑舅为婚》说：“姑舅兄弟为婚，在礼法不禁，而世俗不晓……惟西魏文帝时，禁中外及从母兄弟姊妹为婚，周武帝又诏不得娶母同姓以为妻妾，宣帝诏母族绝服外者听婚，皆偏闰之制。”

由此可见，与词义扩大相反，词义缩小是指词使用范围、即外延缩小。再如，《说文》释“金”：“五色金也。黄为之长，久埋不生衣，百炼不轻。”可知“金”本指五色金属，又可专指黄金；五色金其他四种是铅、铜、银、铁，又称为青金、赤金、白金、黑金。后因其他四色金都有专用词汇铅、铜、银、铁，“金”遂专用为“黄金”之称。在商周青铜时期，铜的作用巨大，古籍所说的“金”常以千、万等数词表示，大多指铜。汉语中“宫”字，本是“室”的同义词，故《尔雅·释宫》说：“宫谓之室，室谓之宫。”但后来专指帝王宫殿或佛寺道观，与室有别；今则专指大的公共建筑。“禽”本包括“兽”缩小为专指“飞禽”，“朕”原为通用第一人称代词，秦始皇后成帝王专用词汇。“亲戚”由指族内、族外两层关系，缩小为专指族外。“臭”古指气味，不论香臭，《荀子·劝学》“其臭如兰”之气味就是香气，现代汉语指难闻的气味，都属于词义缩小类型。王力先生还指出一个有趣的现象，法语中指“气味”的词也出现词义缩小的变化，但专指香气，故法国香水全球第一，香飘全球；汉语专指臭味，可能与汉人逐臭习惯有关，典型的是“臭豆腐”，臭名远扬。

《垓下歌》的误解与词义转移

《垓下歌》是项羽这个悲剧人物的千古绝唱，但今人却因对其中“逝”字的误解而错解了诗义。全诗是：“力拔山兮气盖世，时不利兮骓不逝。骓不逝兮可奈何？虞兮虞兮奈若何！”全诗中间两句皆有“骓不逝”短语，对它的正确理解是分析全诗意境的关键。

《说文》《尔雅》皆曰：“逝，往也。”这应是此词的本义，今人理解《垓下歌》大都用此义。如北大中文系《两汉文学史参考资料》注：“逝，向前行进。”朱东润主编《中国历代文学作品选》注：“逝，向前跑。”王利器主编《史记译注》注：“逝，行，这里指向前行进。”山西人民出版社《汉魏晋南北朝隋诗鉴赏辞典》及部分中学语文教材，均因袭这一解释。

但是“逝”字在古代汉语中还引申有现代汉语“离开”的义项，《吕氏春秋·知分》“龙俛（俯）耳低尾而逝”句，东汉高诱注：“逝，去也。”清代阮元《经

垓下之歌

籍纂诂》收“逝”字此义古注若干条。因“去”与“往”在古汉语中词义有别，故古人专拈出此义，与“逝”本义的“往”义划清界限。但由于“去”字在现代汉语中与“往”字同义，所以今人多忽略“去”字的古代词义，遂误解了《垓下歌》。

王力先生《汉语史稿》下册说：“‘去’字在上古有两个主要的意义：一个是‘离开’的意义（去齐，去鲁），另一个是‘除去’的意义（《老子》：“去甚，去奢，去泰”）……在现代汉语里，‘去’字或者表示古代的‘往’（你不去，我去），或者表示古代的‘之’和‘适’（去上海，去苏联）。这样，就造成了和古代相反的意义。依古代的词义，‘去上海’应该是‘离开上海’（比较：“去齐”），但是现在变成‘到上海’了。”

“去”字的古今词义演变情况就是词义转移。为什么说《垓下歌》“逝”字只能以古代“去”即现代“离开”来解释呢？根据《史记》此诗出现的上下文看，此诗抒发了项羽这位末路英雄对“骓”和“虞美人”的无限眷恋难舍之情，解“逝”为“往”，则“骓”成了可诅咒的生灵，它对主人的失败应承担责任，是嫌穷爱贵的“势利眼”；解“逝”为“去”（离开），则“骓”为忠心无二、不弃不离的义马，是“真堪托死生”的“烈士”。汉语中有“犬马之劳”的成语，强调的是二者对主人的忠诚，现河南有“义马”市，俗语有“儿不嫌母丑，狗不嫌家贫”的赞语，体现了“犬马”的性格特点。事实上，骓直到最后一直纵横驰骋，从无“不向前跑”的行为；直到霸王别姬，减轻了主人最大的行军和心理负担之后，它仍“直夜溃围南出，驰走”。后又载主人斩将刈旗，三战三胜，所向披靡。最后项羽饱含深情地将骓献给了乌江亭长，了却了第二桩心事，不忍让宝马为自己殉葬。接着，不惜“下马步行，持短兵接战”，以保全心爱的坐骑顺利转移。元代萨都剌《彭城怀古》词上半阕说项羽事，“骓”为关键角色。其词曰：“古徐州形胜，消磨尽几英雄。想铁甲重瞳，乌骓汗血，玉帐连空。楚歌八千兵散，料梦魂，应不到江东。空有黄河如带，乱山廻合云龙。”（《雁门集》，上海古籍出版社，1982 年版，第 400 页）

无独有偶，“走”字也是古今词义转移的典型例证。它在古代，词义相当于现代汉语“跑”字，古时“徐行曰步，疾步曰趋，疾趋曰走”。故有“飞禽走兽”“飞鹰走犬”等成语。古代还流传有“走马观花”的故事，说有跛足者去相亲，为掩饰自己的残疾而乘马从女子面前跑过去；而女子是兔唇，手持一朵香花放在鼻子下掩盖着，结果双方生理缺陷均未被对方发现。今人用现代汉语理解成语“走马观花”，难免出错。如铁凝《疾步热岛》：“看宝岛由南向北，节目紧密，令我感到用‘走马观花’都不足以表现我们行色的匆忙，或者把此行称作‘跑马观花’更为合适。”(《当代》, 1997年2期)《现代汉语词典》“走”字第二义项即为“跑”，举例是“奔走相告”，成语“走马观花”的“走”字正是此义。其他，如“劝”中古前是“鼓励”的意思，如“劝学”“劝农”“劝战”，唐代后转移为“劝告”义；“兵”本义“械也”，如“短兵相接”“兵不血刃”“弃甲曳兵”，现代汉语指“士兵”；“汤”古指“热水”，如“赴汤蹈火”“金城汤池”，现代汉语指饮食品类；“涕”古汉语指“眼泪”，如杜诗“凭轩涕泗流”，成语“涕泗滂沱”，古人曰“自目曰涕，自鼻曰泗。”现代汉语“涕”原义用“泪”，自身转移指“鼻涕”，“泗”字淘汰。

郭沫若谬说“之徒”褒贬

在现代汉语中，由“之徒”构成的成语都含贬义，如“亡命之徒”“不法之徒”等，不能说“守法之徒”。受此影响，郭沫若先生在《关于宋玉》一文中以今律古，认为古人用“之徒”时也有贬义，他说：“对宋玉首先提出了严正批评的应该数司马迁。这位对封建秩序不大买账的大历史家，他在《屈原列传》里面说过这样的话：‘屈原既死之后，楚有宋玉、唐勒、景差之徒者，皆好辞，而以赋见称。然皆祖屈原之从容辞令，终莫敢直谏。’请细细玩味这几句话吧。司马迁对宋玉、唐勒辈称为‘之徒’，首先就表示了有些鄙屑的意思。”（《郭沫若古典文学论文集》，上海古籍出版社，1985年版，第350页）

这里郭沫若先生犯了一个语言学的错误，他不知“之徒”在古汉语中是一个中性的词汇，并无明显褒贬色彩，既可用于坏人，亦可用于君子以至于

郭沫若像

圣人。例如《史记·淮阴侯列传》："假令韩信学道谦谦，不伐已功，不矜其能，则庶几哉！于汉家，勋可以比周、召、太公之徒，后世血食矣。"显而易见，司马迁不可能对古代文化的圣人周公、召公及姜太公这类伟人表示鄙屑。再如《史记·周本纪》："武王即位，太公望为师，周公旦为辅，召公、毕公之徒左右王，师修文王绪业。"同样用"之徒"二字。孔门七十二贤，《史记》称"七十子之徒"。直到宋代甚至清代，"之徒"仍然是中性的。《容斋随笔》卷九《高科得人》说："国朝自太平兴国以来，以科举罗天下士，士之策名前列者，或不十年而至公辅。吕文穆公蒙正、张文定公齐贤之徒是也。"从题目和内容中均可体会其中的褒赞之情，而不可能有鄙屑之义。

词义褒贬色彩又称为附加的感情色彩，这方面的古今变异是词义演变的第四方面的内容，与词义的扩大、缩小、转移同列。其演变方式也有多种，或由古代的褒义色彩变为现代的贬义，如"爪牙"在唐宋前一直是褒赞之词，近现代汉语变为贬义；或由贬义变为褒义，如"锻炼"一词本指酷吏深文周纳、逼供信以陷人于罪，现代汉语词义转移用于体育而成褒义词；或由中性衍化出贬义，如"之徒""走狗"等；或由贬义演变为中性，如"党"字，繁体字从"黑"，"尚"声，本指秘密团体，在专制制度下，"结社"往往是非法的，故有"私门成党"之说、"朋党"之论、"君子不党""党同伐异"之成语；但进入近代民主社会实行多党制、议会制，"党"也成了一个中性词汇，无明显褒贬色彩。

双音词古今词义演变举隅

现代汉语双音词大都有词义变化的历史，这种演变反映了社会的经济、文化等各个方面的变革。布龙菲尔德《语言论》说：“研究语义变化，我们所关心的恰好就是一个形式向一种新意义的伸展。”

以词义扩大的情况看，“思想”“解放”在近代汉语中是动词，现代汉语扩大有名词用法。《警世通言》卷一：“可惜颜回命蚤亡，教人思想鬓如霜。”“思想”是动词，现中老年口语中仍用，成语有“思前想后”；《现代汉语词典》此词有两个名词义，一个动词义。“解放”本是由两个单音节动词构成的具体动词，《警世通言》三十九卷：“这官人于八月十四夜，解放渔船，用棹竿掉开。”现代汉语有名词义，沈从文《常德的船》：“五四运动谈男女解放平等，最先要求男女同校。”再如“圣经”一词，本指儒、道、佛三教经书，后基督教《圣经》传入，后来居上，人们多熟悉后者，反不知为汉语自有之词；“圣诞”一词情形相同。例如，鲁迅《三闲集·述香港恭祝圣诞》：“文宣王大成至圣先师孔夫子圣诞，香港恭祝，向极称盛。”这才是“圣诞”一词本义。

词义缩小的，如“数学”一词，古汉语中既有计算学之义，如古有《数学九章》一书就是，又指神秘文化中的卜筮命相之学。如《醒世姻缘传》七十九回：“即如宋朝有一个邵尧夫，道号康节先生，精于数学，卜筮起课，无不奇中，后来征验，就如眼见的一般。”再如中学语文课本所选古诗《孔雀东南飞》，其中“枝枝相覆盖，叶叶相交通”两句的“交通”一词，是交互联结的意思。转入现代汉语只用作名词了，专指运输事业。

词义转移的例子，如目前十分响亮的“经理”“董事”，本是动词与动词短语。例如《聊斋志异·凤仙》：“女既归，始出见客，经理家政。”《荡寇志》九十回：“希真就都派作董事，教侯达管领。”可见，二词本为动词。辛亥革命后，资本主义发展，此二词遂成了两个专用名词。例如：沈从文《水

邵尧夫像

云》："我心想，怕是什么银行经理一类人来看樱花吧。"巴金《家》六："这个公司的股子我们家里也有好些，我还是个董事。"

词义褒贬色彩变化的，如"游街"，古时是新科举人夸示荣耀亮相街衢的做法，如元代郑廷玉《金凤钗》楔子："早则轮来到游街三日，不枉了寒窗十载苦攻习。"《石点头》七卷："六街三市，争看新进士游街。"废科举后，褒义的"游街"也从生活中消失了。而在湖南，常将"坏人"游街示众以示羞辱，在毛泽东早期的农民运动、建国后的阶级斗争及"文革"运动中，游街成了对"敌"斗争的手段，此词遂变为贬义。"妥协"一词，本为中性，意同"妥帖"，如《红楼梦》十七至十八回："贾妃从头看了，俱甚妥协，即命照此遵行。"建国后的阶级斗争，"妥协"一词义同"投降"，成了贬义词，《现代汉语词典》举例"妥协投降"。另外，目前使用频率极高的"跳槽""牵头"两词，应为中性词汇，但古时皆有贬义，使用范围较狭小。《拍案惊奇》卷二十二："便有帮闲钻懒一班儿人，出来诱他去跳槽。"上海古籍版王古鲁注："忽然抛弃一个素识的妓女，到另一妓女处来往，叫做跳槽。"《喻世明言》一卷："婆子只为图这些不义之财，所以肯做牵头。"人民文学出版社版许政扬注："不正当男女关系的拉拢人。"由于解放后娼妓业突然消失，“跳槽”与“牵头”两词也随之猝死，改革开放后，两词又赋予了新义，因人才流动制度，用“跳槽”指改换工作或单位，此种用法解放前就有，《围城》七：“不过，有个办法：粗话所谓‘跳槽’。你在本校升不到教授，换个学校就做到教授。”因市场经济活跃，“牵头”指“临时负责人”或“牵线搭桥”者。所以附加色彩也发生了根本变化。

词义的古今变异还牵涉成语、俗语、格言等，不仅光怪陆离，而且十分有趣。

“胡”有“乱”义趣谈

现代汉语有双音词“胡乱”，作为语素词“胡”与“乱”同义，“胡说”意同“乱说”，“胡搞”意同“乱来”。成语“胡思乱想”中，胡、乱可互文见义。

古时统称周边地区与国家之人为“胡人”，其语言则称“胡语”。由于中国东临大海，与中国交往和争战的周边国家主要在北方与西方，故又有“北胡”“西胡”之称。“胡人”的概念很大，既包括已经消亡或融合于华夏文化的国家、民族，也包括至今的中国邻国，如北面的蒙、俄，西面的印、巴等。尤其是印度，与中国文化有源远流长的交流互补关系，其佛经用语又专称为“梵语”“梵文”；所以古时就语言讲，有“胡汉”“梵汉”这样的对应称呼。

《高僧传·康僧会传》附《支谦传》说：“谦以大教虽行，而经多梵文，未尽翻译，已妙善方言，乃收集众本，译为汉语。”

《佑录·支谦传》：“越以大教虽行，而经多胡文，莫有解者。既善华戎之语，乃收集众本，译为汉语。”（见郭良夫《词汇与词典》）

可见，汉语是对应“胡言”“梵文”的称呼。又：

《世说新语·言语》：“高坐道人不作汉语。”此人是晋永嘉年间来华的西域和尚，史书称他“性高简，不学晋语。诸公与之言，皆因传译”。

《隋书·经籍志四》：“觉悟一切种智，而谓之佛……皆胡言也。”此“胡言”指梵语。

对于一个不懂外语的人来说，如果汉语中夹缠着外语，不仅难以理解，而且是十分痛苦的事。故“胡言汉语”有语言不一、语无伦次、难解之义：

《五灯会元·黄檗志因禅师》：“这二老汉，各人好与三十棒，何故？一个说长道短，一个胡言汉语。”

元佚名《村乐堂》二折：“休听这弟子孩儿胡言汉语的。”

《警世通言》卷六：“俞良带酒胡言汉语。”

由此语义，再加上“汉”与“乱”同为去声音近，于是演变为“胡言乱语”，“胡”遂有“乱”义。

元代郑德辉《㑇梅香》二折：“你省可里胡言乱语，谁叫你梦断魂劳。”

元代张国宾《合汗衫》三折：“俺孩子听了他胡言乱道巧差排，便待离家乡做些买卖。”

其次，历史上胡人与汉人战事连绵，且胡人常挟游牧民族的剽悍之风征服或局部征服与扰乱华夏文明，五胡十六国、辽金元曾多次长期分裂中原、问鼎江河，故中国又有胡人为乱的悲惨历史。“五胡乱华”“逆胡乱常”等成语，又使胡与“乱”结下了不解之缘。《容斋续笔·大义感人》载唐明皇避乱入川，上谕有“朕托任失人，致逆胡乱常，须远避其锋”诸语。当然，胡人之乱也包括胡语对汉语的渗透与互相影响。

因此，胡有“乱”义，有语言与地理、历史等多重因素。

误释“略皆”“一路哭”

2000年6月28日《新民晚报》有周劭《踹关公一脚》一文，有如下内容：“‘五四’以来孔家店曾被捣毁，‘文革’时期，孔老二又被拉上被批，命运可称甚为不济。但是对关羽却毫毛未动，好像从未有人提出‘批关’……”

关羽像

周文想重新评价关羽，还其历史真面目，无可非议。但如果误解词语而生发非议，则不仅踹不着关羽，反可能一脚踏空而跌跤。该文有一段说：“陈寿《三国志·关羽传》只说他：‘好《左氏传》，讽诵略皆上口’，‘略’和‘上口’，犹如小学生之念《三字经》，岂能稔知春秋大义？”此段文字有两个错处：其一是所引文字并非陈寿《关羽传》原文，而是来自裴松之注文所引的《江表传》内容，此为小疵。其二是对“略”字望文生义的错解，以为此词是现代汉语“简单、略微”之义，故嗤之以“小学生”水平，且反问“岂能稔知春秋大义？”

汉语词汇中有所谓反训词，也就是说同一个词有互为反义词的两个义项。“略”字不是典型反训词，但副词“略”有类似性质，它既有现代汉语副词基本义“略微”义，也有“完全”、表示囊括无遗的意思，而后一义项在中古时普遍使用，且有“略无”“略不”“略皆”等复合形式。中学语文中《三峡》一篇有“两岸连山，略无阙处”两句，“略无”是“几乎未有”“全无”之义。苏教版《语文》七年级（上册）注曰：“完全没有。略，这里是完全、全部的意思。”董志翘、蔡镜浩《中古虚词语法例释》释略：“表示范围的周遍性，可译作‘全’‘都’‘毫’。”又说：“‘略皆’为魏晋六朝时流行的并列式双音词。”再看以下两例：

少知书，领军将军沈演之使写起居注，所写既毕，暗诵略皆上口。(《宋书·吴喜传》)

于是中州胡晋略皆奉佛。（《高僧传·竺佛图澄》）

因此，“略皆”之“略”与“皆”义近，是“全都”“皆可”的意思。“略皆上口”是“大都能背诵”之义，关羽是千古忠义的典型，其思想渊源在《春秋左传》。《三国演义》七十七回有：“后人题一联于其庙云：赤面秉赤心，骑赤兔追风，驰驱时无忘赤帝；青灯观青史，仗青龙偃月，隐微处不愧青天。”其中“观青史”正描写其“好《左氏传》”之事。《法言·五百》“周人之多行”句，宋咸注曰：“故众人略无讳忌，所行皆可尔。”“略”与“皆”互文见义。

因此，周文一脚踹空。像这样由于误解词语意义而闹笑话的还有“一路哭”的例子。

范佐寅、桂人豪《“一家哭”和“一路哭”》（《新民晚报》，2007年8月18日）介绍北宋范仲淹改革时与富弼的对话，有著名的“一家哭，何如一路哭耶”答词。该文解释“一路哭”说：“广大老百姓就会遭殃，就会哭成一路、一大片。”理解为现代汉语的“一路”，属望文生义。《汉语大词典》说：“路为宋代大行政区名；一路哭指一个地区的人民受害。《明史·河渠志二》语云：‘救一路哭，不当复计一家哭。’”（汉语大词典出版社，1997年版）

细说“觉”字音义

电视连续剧《诸葛亮》及《三国演义》在处理“三顾茅庐”一节时，均将孔明所吟诗句“大梦谁先觉”的“觉”字读jué。从诗义看，应读去声jiào音。

在词义的古今演变中，词的义项增多是较普遍的规律，为了有效地区别词性或词义，古人采取了两种办法：一是创造新的文字，分化多义，这就与古今字相关；另一种办法是语音破读法，在不增加文字的情况下使一字多音，类似于屈折语的音变。“觉”字即是采取后一种方法处理多义的，《说文》觉：“寤也，从见学省声；一曰发也。”“寤”即现代汉语“醒”义，是“觉”字本义；“发”是引申义，段玉裁注曰：“即警觉人之意。”此词上古为入声字，中古音韵学勃兴之后，“觉”字本义即破读为去声音。古代经书中“觉”字本义用法，陆德明《经典释文》均注“音教”或“古孝反”。

“觉”字本义“睡醒”用法，在中唐前一直是常用词，如《世说新语·任诞》：“王子猷居山阴，夜大雪，眠觉。”其中“眠觉”即“睡醒”。白居易《长恨歌》：“云髻半偏新睡觉”，其中“睡觉”仍是“睡醒”之义，不同于现代汉语。但是中唐以后，“觉”字本义用法逐渐萎缩，演变成现代汉语的“睡眠”及其量词用法，出现了词义转移。“觉”字组成的双音词“睡觉”及量词用法，在现代汉语中读去声是无疑的，但是其本义在唐代后古籍中残留的“寤”义用法，读什么音呢？《新华字典》《现代汉语词典》均将“醒”义置jué音之下，这就是电视剧对孔明诗句“觉”字读音处理的依据。然而，这是一种错误处置，让我们从语音史和词汇史两方面剖析其错误。

宋代之后，入声逐渐消失，“觉”字入声音变为jué（文读）或jiǎo上声（白读），其去声音仍保持不变。在元曲中，凡“醒”义，均读去声不变，其他义读jiǎo上声。例如：郑德辉《倩女离魂》一折“飒然惊觉”、石子章《竹坞听琴》四折“将一阵黄粱梦忽惊觉”、范子安《竹叶舟》四折“睡直到觉”诸例，“觉”皆“睡醒”之义，明代万历八年（1580年）进士臧懋循《元曲选音释》皆注曰：“觉音叫。”

与去声音相对，马致远《任风子》四折“我只道人不知鬼不觉”、郑廷玉《忍字记》一折“多管是南方在道，他故将人来厮惊觉”、秦简夫《赵礼让肥》二折“诗书访先觉”诸例，“觉”字皆“发”即“警觉人”之义。臧氏《音释》皆曰：“觉音皎。”可见，在明代，“觉”字语音演变的界线是十分清楚的。不仅如此，在现代汉语方言中去声“觉”字与入声“觉”字至今泾渭分明，演变路线不同。

根据臧懋循为元曲的注音，可以判定凡“醒”义“觉”字皆读去声，那么《三国演义》中“大梦谁先觉”的“觉”字是否是此义呢？其实正是此义，它源于《庄子·齐物论》，反映了孔明的仙风道骨。《庄子》原文是：“方其梦也，不知其梦也，梦之中又占其梦焉，觉而后知其梦也。且有大觉而后知此其大梦也。”陆德明《经典释文》注“觉”音说：“音教。”这段话相当深奥，但“觉”字的音义不难明白。

从词汇史看，去声“觉”字由“睡醒”引申为“睡眠”及其量词，血缘关系清楚，不可能与早已分化的入声音合流。因此，“醒”义“觉”字读 jué，于音理、义理均无法讲清，《新华字典》及《现代汉语词典》以讹传讹，应予以纠正。

古语与方言

白居易的名诗《卖炭翁》是中学生们都熟悉的，诗中有“夜来城外一尺雪，晓驾炭车辗冰辙”两句。但若问“夜来”一词的“来”字怎么讲？恐怕有许多人会感到茫然。

首先，“来”用在时间词或空间词后有确指时空的意思，义同“里”。“夜来”一词在唐诗中就是“夜里”，再如孟浩然那首尽人皆知的五言诗：“春眠不觉晓，处处闻啼鸟。夜来风雨声，花落知多少？”与白居易用法类似，“夜来”与“晓”对言，语义甚为明了。也可表示更长时间段，如白居易《忆江南》词“春来江水绿如蓝”句，“春来”即“春天里”整个季节，“来”不是动词“来去”之“来”；范仲淹《渔家傲》词有“塞下秋来风景异”名句，“秋来”即“秋天里”整个季节。“来”字的这种用法在北方方言里仍大量存在，但同时也有语义弱化为衬字的情况。《现代汉语词典》“来”释义 2：“诗歌、熟语、叫卖声里用作衬字：正月里来是新春 / 不愁吃来不愁穿 / 黑白桑葚来大樱桃。”所举第一例“里”“来”连用，仍可看出“来”有“里”义的线索和弱化原因。

塞下秋来风景异

第二，就“夜来”一词讲，宋代之后逐渐演变为“昨日”的意思。张相《诗词曲语词汇释》说：“夜来，犹云昨日也。昨夜亦同。”且最早引宋代贺铸词：“东风寒似夜来些。”在现代汉语方言中，山东、河北、山西一带，“夜来”一词多是“昨日”的意思，大概与常用于指“过去时”有关。不了解此词的词义演变，会犯望文生义的错误，李行健先生《河北方言词汇编·前言》即批评了何心先生《水浒研究》一书对此词的误解。

第三，“夜来”一词虽在许多方言区是“昨日”的意思，但并不能断定其“夜里”义完全消失，在苏北徐州一带方言中，“夜来”仍是“夜里”的意思，不指“昨天”而指“昨夜”。同时说明“来”字指示时空的功能仍然保留着。钱锺书《围城》五：“一觉醒来，天气若无其事的晴朗，只是黄泥地表示夜来有雨。”“夜来”指“昨夜”。与此相一致，“夜来”又说成近义的“黑来”，且有对应的“白来”一词专指白天。根据《河北方言词汇编》，邯郸、涉县仍有“黑来”一词指“晚上”。贾平凹《高老庄》也用此词，如“要是念旧情，黑来，可以来，没人时也可以来，子路偏是寻个大天白日人稠广众着来！”其中，“黑来”与“大天白日”相对言，其词义甚明了。在苏北徐州方言中，“黑来”与“夜来”并用，但前者多指夜未深之时，又说成“夜黑”；后者多指夜深人静之时。“黑来”一词应是“夜来”一词的变体，同时也从侧面证明“夜来”一词在唐诗中一定要理解为“夜里”。

“黄色”语义演变趣闻

当代汉语中，“扫黄”一词屡见于报端及传媒，其“黄”又称“黄色”，《现代汉语词典》释为：“象征腐化堕落，特指色情：黄色小说 / 黄色录像。”

“黄色”的“色情”之义来源于美国。十八世纪，美国多用黄纸印刷色情书刊，称为“黄色书刊”。在中国流行则与极“左”时期的禁欲、性禁锢倾向有关。“黄色”的此义本是抽象的、社会性的，但对文化水平较低的人来说，又常误以为是具体的黄颜色，常闹些低级笑话。王学泰《文革中的琉璃厂》一文说：“六五年，有一次我到澡堂子洗澡，带了一本三十年代坊间出版的钱穆的《国学概论》，经过了三十年，纸都黄了。洗完澡，我躺在床上看《国学概论》，有位在澡堂‘学雷锋’的解放军战士看到了，走到我身边用极严厉的口吻问：‘你是大学生吧？怎么竟敢当众看黄色书籍呢？’这时‘黄色书籍’几乎是与阶级敌人等同的。”（《十月》，1999 年 5 期）在这位解放军心中，“黄色”的抽象附加义与具体的颜色义是一回事。

我国传统五行学说以五色与五行相对应，五色是青、赤、黄、白、黑。极“左”时期，以“红色”（赤）象征革命，所以“文革”中有“红海洋”运动，其余四色中，除黄色之外，黑、白二色也遭到了厄运。陈原先生《语言与社会生活》一书说：“黑白的黑字，原来只不过表示一种颜色，但是近代社会习惯往往把‘黑’当作‘红’的对面。‘红’表达革命的、进步的、激烈的一面，而‘黑’则表达反革命的、倒退的、顽固的另一面。在这一点上，‘黑’几乎同‘白’是一个含义。‘白’在政治概念上也表达反革命的一方，例如红军与白军，红党与白党。”所以，极左时代既有“红五类”与“黑五类”

的对立，也有“红专”与“白专”、“红旗”与“白旗”的对立。

在古代汉语中，黑与白常与哲学上的阴阳相对应，缘于昼夜、日月、寒暖的自然属性，作为颜色词并无明显褒贬，如太极图中的阴阳鱼图形，反映了道家“一阴一阳之谓道”的中和思想，有相倚相生的哲理。但是董仲舒在哲学上联系人类思想行为的二元对立，将天地、上下、顺逆、善恶、经权、德刑、暖寒、予夺、仁戾、宽急、爱恶、生杀、贵贱附属于阴阳二者，遂使二者具有感情色彩的差别。由于阳“光”阴“暗”，由暗而黑，“黑”字与污秽不洁、阴暗、阴谋等义相关时，有抽象的贬义，古文字中从“黑”表义的“党（黨）”“黠”“点（點）”“黥”“黯”诸字，可见这种色彩的表意作用。“白”由“光明”“通透”而暴露无遗、引申无色等，无色再引申，无官爵、无文化、无收获之义的“白人儿”“白丁”“白忙”，也有不愉快色彩，但语义相对较浅。

黄色在五色顺序、五方分布中居中，在魏晋以后一直享有特权，成了帝王垄断的色彩。《野客丛书·禁用黄》说：“自唐高祖武德初用隋制，天子常服黄袍，遂禁士庶不得服。”故“黄袍加身”指帝王登基，只有帝王宫殿可用黄色琉璃瓦……除帝王外，佛教徒可著黄衣、用黄纸写经，享有特殊礼遇；现民俗祭祀所焚烧的“黄表纸”，与佛教有联系。总之，黄色在历史上曾是至高无上的颜色。

英语“黄色”一词是yellow，但无“色情”义项，所以邓炎昌、刘润清《语言与文化》认为汉语此义不能以yellow译，而只能用“色情的”pronographic等词汇对译。随着中国的社会进步，因政治而附加在“黄”“黑”“白”诸颜色词上的义项，也正逐渐剥落与萎缩，而传统文化“红”与“白”的民俗方面的对立有强化趋势。

“惊艳”与被动句

最近几年，“惊艳”一词频频出现，似乎被书面语接受，有进军《现代汉语词典》的趋势。

此词来源于《西厢记》第一折“惊艳”，原文说：“蓦然见五百年风流孽冤……我眼花缭乱口难言，魂灵儿飞去半天。”金圣叹评曰：“写张生惊见双文，目定魂摄，不能遽语。”因此，惊艳的主语是“张生”，前后语句的意思是：张生被崔莺莺小姐的艳丽所震惊，魂不守舍，连话也不会说了。因此，“惊艳”是个被动句短语，“惊”是不及物动词，不同于“惊动”“惊扰”等双音节及物动词，也不同于“鲜艳”“妖艳”等双音节形容词。

“惊”作为不及物动词，《说文》在“马”部，本义“马骇也”。而“骇”字“惊也”，二字为互训的同义词。可以直接作动词谓语，如胆战心惊、心惊肉跳；也可以作定语，如惊涛骇浪。因此词为不及物动词，故不能带直接宾语，如带宾语则属活用，最常见的是使动用法，如惊世骇俗、惊天动地、惊心动魄、打草惊蛇、一鸣惊人。

“惊”用于被动句除“惊艳”外，成语“惊弓之鸟”的“惊弓”也是，故《现代汉语词典》释为“被弓箭吓坏了的鸟”。在此类短语中，“惊”后的宾语是动作的主动者（施事），其前的主语为被动者（受事）。如唐诗“林暗草惊风”句，“草惊风”即“草为风所惊扰”的意思。中学教材中《愚公移山》“帝感其诚”、《乐羊子妻》“羊子感其言”两例，性质完全一致，“感”也是不及物动词。

在“惊艳”短语中，“艳”为动词的主动者（施事），其前如有主语则为被动者（受事）。但媒体目前使用的情况十分混乱，语法关系不清。如《光明日报》2013年6月23日第二版任维东《哈尼梯田　惊艳世界》，将“惊艳”作为一个双音节及物动词来使用，类同于“哈尼梯田　惊动世界”，施受关系不明。如说成“艳惊世界”则意思明朗，即变成了“哈尼梯田之艳使世界震惊”的使动句，在这一结构中，“艳”仍为动词的主动者（施事），而“使世界震惊”则成了兼语句式。再如《扬子晚报》2013 年 8 月 29 日《双胞姐妹作家导演惊艳现身电影盛典》，“惊艳”作动词短语“现身”的状语，语义关系不清。实际上语义是：（与会人员）被双胞姐妹之艳丽所震惊。还有直接连接处所的用法，如“某某某惊艳大剧院”之类，都是语法关系和语义不明的句子，关键是动词“惊”的受事不明确，“艳”字的施事作用也显得隐晦不彰。吴道富《认识榨菜》：“1913 年，榨菜始由邱家人发货六百坛至申城，惊艳海上，大赢口碑。”（《新民晚报》，2013 年 9 月 21 日）“惊艳海上”与“惊艳世界”类似，目前已成为一种固定模式，应予以关注和纠正。

二 音义讹误与词汇变迁

由“筵席”到“宴席”“喜酒”

王力先生《汉语史稿》下册说：“从语音的联系去看词义的联系，这是研究汉语词汇的一条非常宽广的道路。”本章所说的“音义讹误”有些是消极的、无意产生的；有些则是积极的、有意识的合理语言行为。现代汉语常用的“宴席”“喜酒”两词，其中“宴”“喜”两个语素就是由“筵席”演变的结果。

在南北朝之前，中国人皆席地而坐，古代的各种礼仪活动常铺上层层筵席，古代经书“三礼”中有“铺筵席”短语。《周礼·春官·司几筵》：“设莞筵纷纯，加缫席昼纯，加次席黼纯。”唐代贾公彦疏曰：“凡敷席之法，初在地者一重即谓之筵，重在上者即谓之席，已下皆然，故郑注序官云：‘敷陈曰筵，藉之曰席。’”因此，“筵席”一词本指铺垫物品，既可作席地而坐的垫子，又可陈列几案或器物、食物等。因古人宴饮多在筵席上进行，于是就有了“宴会”“酒宴”的意思。中古后，汉人席地而坐的生活习惯改变，筵席的本义用法日渐萎缩以至于消失，则筵席专指酒宴。例如五代王定保《唐摭言·散序》：“曲江大会比为下第举人，其筵席简率。”在现代汉语中，则只有“酒席”义，鲁迅《华盖集续编·马上支日记》：“筵席上的中国菜诚然大抵浓厚，然而并非国民的常食。”梁实秋《雅舍小品·送礼》：“最后筵席散了，主人央客各自携带一块蛋糕回家。”

筵席的词义转移首先造成了“宴”字代“筵”的转变，如《唐语林·德行》："丞郎宴席，蒋公申在座。"也有用"宴"代"席"的"筵宴"一词，但使用较少些。《现代汉语词典》以"宴席"为正词，"筵席"为别体，"宴"字可使词义能较清楚地从构词成分体现出来。中古以后还有"酒席"一词用法，也突出了语素的表意功能。《梁书·韦粲传》："右卫朱异尝于酒席厉色谓粲曰……"《西游记》四回："一朝闲暇，众监官都安排酒席，一则与他接风，二则与他贺喜。"除此之外，目前方言里还说成"席酒"一词，专指婚宴。

元明时又有用"喜"字代"席"的"喜筵""喜酒"等词，专门指婚宴。元佚名《桃花女》二折："哥哥也，还吃盅喜酒去。"《醒世恒言》七卷："高赞为选中了乘龙佳婿，到处夸扬，今日定要女婿上门亲迎，准备大开筵宴，遍请远近亲邻吃喜酒……趁这筵席，做了花烛……午饭已毕，重排喜筵。"此一卷中，既用"筵席""筵宴"又用"喜筵""喜酒"，囊括了此词的多数形式。《儒林外史》二十六回："因有一头亲事来效劳，将来好吃太太喜酒。"目前城市多说"喜酒"，农村中老年人仍多说"席酒""大席"，仍可体会到"喜"与"席"字的联系。这是由生活方式改变造成的词汇变迁。

语音讹误的情形也存在于其他文学作品中，何九盈先生《汉字文化学》说："《琵琶行》：'自言本是京城女，家在虾蟆陵下住。'……《唐国史补》：'旧说，董仲舒墓门，人过皆下马，故谓之下马陵，后语讹为虾蟆陵。'"（辽宁人民出版社，2000年版，第251页）余秋雨《山居笔记·乡关何处》："一听他说阳明医院就更慌张了，'什么？阳明医院？那是纪念王阳明的？'原来我从小不断从村民口中听到的'养命医院'竟然是这么回事！"此两例纯为语音讹误。

雅俗互动与难易之变

书面语与口语、专业术语与大众语有雅俗难易之别，由于汉语一音多词的特点，许多专业术语及雅语在向民间口语的演变中，常被通俗的同音、音近词取代与误解，有可能因此形成两套文字符号。例如中草药制作中，主要是将原材料晒干、烘烤、切割等，因有时用火，故谓之"炮制"。在此词中，

“炮”指在铁锅中将药物急炒，使其焦黄爆裂；《容斋四笔》卷三《雷公炮炙论》有“煎”“炼”“捣”“蒸”“炮”“浸”诸法，其中介绍“炮”字说：“咳逆者，天雄炮过，以酒调一钱，匕服。”“匕”即今之饭匙。从中可看出，中药制作以水火两法为主，“炮”取用火之义，下篇《治药捷法》又有“炒之焦熟”之语。古代书面语中，此词多作“炮制”，苏轼《和陶桃花源》：“龅啮谢炮制，耘樵得甘芳。”《儒林外史·天目山樵识语》：“功名富贵具甘酸苦辣四味，炮制不如法，令人病失心疯。”

俗间百姓对于中药炮制的情况并不熟悉，而且一般服汤药需用水浸泡煎服，故又将熬中药称“煎药”，对用水的感受较为强烈。又因“炮”“泡”有同音义项，故又讹作“泡制”。“炮制”之“炮”本读平声为动词，今人又多望“泡”而读去声音，形成音义交错纷乱局面。《花月痕》四十九回：“将蔗浆蜂蜜调匀，炼成药丸一般，名为甘露疗饥丸，颁给伪官，令民间如法泡制。”梁实秋《雅舍小品·由一位厨师自杀谈起》：“不是任何人按照其制法便可如法炮制的。”仍用“炮”字。鲁迅《三闲集·通信》：“你是在给别人安排酒筵，‘泡制醉虾’的第一人。”《现代汉语词典》只收“炮制”。

初中语文教材中张志和的《渔歌子》词脍炙人口，其中一句是“桃花流水鳜鱼肥”，“鳜”音 guì去声，字形冷僻，声旁已不能表音，常有人误读偏旁“厥”今音。这是一种名贵鱼类，此鱼的产地江南的饭店宾馆，均将鳜鱼作当家名菜；但为了避免大多数人不识“鳜”字误读的尴尬，饭店宾馆多将它改写作“桂鱼”。这也是雅俗难易之变，《新华字典》介绍鳜鱼时，有“也作‘桂鱼’”的解说，说明“桂鱼”一词已被汉字所接受。苏州名胜古迹有“盘门”，“盘”字本作“蟠”，因二字音同义通，“蟠”字较冷僻，后改为俗字“盘”。动词“跳踉”后作“跳梁”等类同。

王力先生《汉语史稿》下册说：“有时候，某些字眼太深奥了，为了使它更通俗一些，更顺口一些，小小修改也不是绝对不容许的。”王先生举了几个成语的例子，如“揠苗助长”“莫名其妙”“根深柢固”“走投无路”“杜渐防萌”现多写作“拔苗助长”“莫明其妙”“根深蒂固”“走头无路”“防微杜渐”了。

忌讳改词的音义索解

何九盈《汉字文化学》说："有的地名不是无意误写，而是有意改用。如宋代临安有个'石乌龟巷'可能是宋以后乌龟之名不雅，于是改为'十五魁巷'。"（第252页）余秋雨《文化苦旅·狼山脚下》介绍南通"狼山"说："起这个名的由头，有人说是因为山形像狼，有人说是因为很早以前这里曾有白狼出没。不管是什么原因吧，我只知道，就在很早以前，人们已受不住这个名字。宋代淳化年间，当地官僚终于把它改成'琅山'。"这是民间因忌讳而改名，又因"狼""琅"同音，一切改动又在不知不觉之中，温文尔雅。吴雄《盛情游圭峰》说江西弋阳"圭峰"改自"龟峰"，文中说："那为何要改呢？外甥媳妇是当地人，她据大人说，是从这里办了疗养院后，因忌'龟'字，才将'龟峰'改为'圭峰'的。"（《新民晚报》，1999年3月25日）

魏晋时代因受梵语拼音的启发，音韵勃兴，认识了汉语音节由声、韵、调组成的规律，创"反切"注音法，始称"反语"。《颜氏家训·音辞篇》说："孙叔言创《尔雅音义》，是汉末人独知反语。至于魏世，此事大行。高贵乡公不解反语，以为怪异。"反切注音格式是"某某反"，因唐代统治者忌讳"反"字的"造反"联想，所以出现了改音改字法处理"反"字。唐代颜师古注《汉书》，屡见"反读曰翻"的特殊破读音，"反切"也有了"翻切"的写法。徐铉《重修说文序》："时未有反切，后人附益，互有异同。"徐铉是唐末五代人，"反"字尚未改；宋王应麟《困学纪闻·小学》："《考古编》谓周颙始有翻切，非也。"已习用"翻切"。与此相关，"反悔"一词又有"翻悔"的写法。《警世通言》卷二十二："既做了夫妻，同生同死，岂可翻悔。"《现代汉语词典》两词并存。沈从文《凤凰》："银元一百两百，输后不以为意，扬长而去，从无翻悔放赖情事。"余秋雨《文化苦旅·夜雨诗意》："而是夜雨，使无数旅行者顿生反悔，半途而归。"现代汉语以"角色"取代"脚色"，以"急忙"取代"疾忙"，应是民俗轻微忌讳所引起的文字改动。

在民俗中，如果是较为严重的忌讳，不仅不能用音同音近的替换法解决，反而会连带着音同音近字也要改口。例如水上人忌“翻”字，同音的“帆”字遂改说成“篷”，忌“筯”，说成“筷子”；商人忌“赊”，“舌头”遂改为“口条”。深圳有“蛇口”工业区，因“蛇口”有恐怖联想，且与“赊口”同音，使许多港商闻名而生畏，错失了许多商机。

忌讳改词的极端是江湖黑话，其中有的是秘密社团、黑社会的专门隐语；较为流行的是江湖艺人、糊口四方的流动手工业者互相帮助、传递信息的“青黄点子”，即各种艺人通用的内部语，内容十分庞杂。这种词语往往与原词汇有若断若续的语义联系，如“鞋子”叫“踢土”，“安全”称“地平”，“不安全”称“地不平”等。李存葆《沂蒙匪事》：“因‘茶’与‘查’、‘饭’与‘犯’同音，土匪最为忌讳。他们把吃饭称作‘上传子’，喝茶叫作‘上泉子’。”（《十月》，2000 年 1 期）

历史文化与地名讹变

当代“地名学”的称呼早已出现，它是历史学、文化学、词汇学相综合的一门学问，正在引起学术界的关注。我们仅就历史文化因谐音联想或错位所造成的地名改易，来略窥地名学的一些有趣现象。

河南省有古地名曰“孟津”，《尚书》及《淮南子》均有武王伐纣会于孟津的记载，但司马迁《史记·夏本纪》讲大禹治理黄河水患有“东至盟津”之语，因此“孟津”又有“盟津”之名，其原因有二：一是二字语音相近，同为上古“明”母“阳”部字，故《史记索隐》说：“盟，古孟字。孟津在河阳。”二是因武王伐纣在此会盟，而让人产生“会盟之津”的想象猜测，《史记正义》引《括地志》说：“盟津，周武王伐纣，与八百诸侯会盟津，亦曰孟津。”这是历史事件与语音相近而形成的双名，但至今仍用“孟津”为常。

现江南名城镇江有三大名山，在长江中心的是“焦山”。焦山本名为“谯山”，因其扼守长江，有登高眺远的军事价值，山上至今保留着古炮台及大炮。

“谯”与古代“谯门”相关，《史记·陈涉世家》注：“谯门，谓门上为高楼以望远者耳。楼一名谯。”“谯”字以“焦”为声符，二字音近，东汉时有隐士焦光隐居于此，现山西侧有焦光洞。因此，山名借焦光之事，由雅变俗，遂呼为焦山了，而原名“谯山”隐入于历史。也是无独有偶吧，江南名城无锡有“蠡园”名胜，是新建公园，内有张闻天被囚禁之处。名从何来呢？却是因湖而得名，它是蠡湖之滨的公园，故名“蠡园”。蠡湖是太湖的外围湖泊，本名“五里湖”，因春秋末期越国大夫范蠡功成身退，据说挟西施隐居、泛舟于五湖。据宋代范成大《吴郡志》卷四十八：“五湖，即太湖也。”其“五”字有多种说法。范蠡泛舟五湖，何以不称太湖为“蠡湖”，而专称湖外“五里湖”一小湖为“蠡湖”呢？这应是“里”与“蠡”谐音的缘故。由“蠡湖”又推出“蠡园”，可谓是“水不在大，音同则灵”了。老上海的标志性建筑之一“外白渡桥”，名称何来？朱少伟《百年外白渡桥》说：“一说是因为它无需行人付费，可以‘白渡’；另一说是它位于外摆渡渡口附近，大家沿旧习称‘外摆渡桥’，通过音转讹传作‘外白渡桥’；还有一说是它的英文名为Garden-Bridge，‘外白渡’系译音。”（《新民晚报》，2007年12月7日）

范蠡像

历史性地名可因时空转换而讹误，明初三晋百姓大量被迁徙到淮河流域，洪洞县为出发地点，先民的典型记忆是“大槐树”“老鹳窝”。但淮河流域鹳鸟稀少而乌鸦众多，乌鸦俗称“老鸹”，故苏北移民称其祖先来自“老鸹窝”，徐州北柳新镇有村名“老鸹窝”，可能与移民历史相关。明初苏州充军的移民被迁往边塞，刘放《罗成访谈录》考证说：“青海、甘肃、宁夏等地的部分汉族甚至少数回族一致认同江苏‘竹丝巷’‘朱氏巷’‘竹子巷’‘朱玑巷’‘珠屐巷’等多种谐音为古时的娘家。‘竹丝巷’，这个听着就与苏州的江南丝竹还有姑苏小巷有天然的瓜葛啊。”（《姑苏晚报》，2013 年 9 月 1 日）显而易见，这些地名为同一处之讹误。

地名也有被民俗故意调整的可能性，如田樱《望厦村话沧桑》说：“望厦，意为眺望厦门之意，又有旺厦之称，为兴旺厦门之意。找人问之，该处村人多是从厦门而来，所以望厦村有着浓浓的厦门色彩。”（《新民晚报》，1999 年 3 月 25 日）“望”字有思乡之情，“旺”字则有企盼桑梓兴旺之意，二名皆佳而口语同音。

张冠李戴的地名趣闻

在历史上，由于文化普及程度较低，加上汉语一音多词的特殊特点，俗俚以讹传讹，将地名张冠李戴的情况司空见惯。欧阳修《归田录》卷二说：“江南有大、小孤山，在江水中嶷然独立，而世俗转孤为姑，江侧有一石矶谓之澎浪矶，遂转为彭郎矶，云‘彭郎者，小姑婿也’。余尝过小孤山，庙像乃一妇人，而敕额为圣母庙，岂止俚俗之缪（谬）者。”这段文字指出两组语音讹转的例子：“孤”作“姑”，“浪”作“郎”；“圣母”这里指女神，“姑”本民间女性之称，如“村姑”，这里又被神化。又因“姑”是少女之称，常逗引后人产生诗意的诙谐联想，苏轼《李思训画〈长江绝岛图〉》有诗句：“舟中贾客莫漫狂，小姑前年嫁彭郎。”用“小姑”调侃商旅孤寂之客。清代陈康祺《郎潜纪闻初笔·彭雪琴小孤山凯旋诗》说彭侍郎用水师

小孤山

收复了小孤山，摩崖刻诗一首，末句是“彭郎夺得小姑回”。一语双关，风流儒雅，摇曳生色。

在历史文化名城徐州北郊，也有类似的地名讹变。楚汉相争的古战场北侧，有大小两座孤山，因山形像龟而得名大、小龟山，九十年代曾发掘小龟山汉墓，遂以“龟山汉墓”名扬天下。但在当地人口语中，读“龟山”的很少，多读为“孤山”，且“孤”字读轻声；大龟山因采石已基本消失，山之西侧公共汽车站写作“大孤山”站名。可见，龟（孤）山两名自古并存，难分先后。

冯梦龙《古今谭概·谬误部》有《祠庙》一节说：“温州有杜拾遗庙，后讹为杜十姨，塑妇人像。邑人以五撮须相公无妇，移以配之。五撮须，盖伍子胥也。”“拾遗”因同音讹为“十姨”，已让人忍俊不禁，而“伍子胥”讹作“五撮须”，更是匪夷所思；三字全部发生了音义错位，由“伍子胥”讹转为“五髭须”，再由“五”字加量词成“五撮”，遂有“五撮须”之名。该文又引谢在杭的趣闻及感慨说：“阆州有陈拾遗庙，乃陈子昂也。讹为十姨，更肖女像，崇奉甚严。拾遗之官误人如此。子昂屈为妇人犹可，独奈何令子美为鸱夷子妻乎！”子美是杜甫的字，曾任拾遗之官，又名杜拾遗；鸱夷子是“伍子胥”死后的别名。谢氏对民俗将杜甫与伍子胥两个男人跨时代的荒谬婚配发出了无可奈何而又深感悲哀的叹息！这种辗转讹误，正应了《红楼梦》

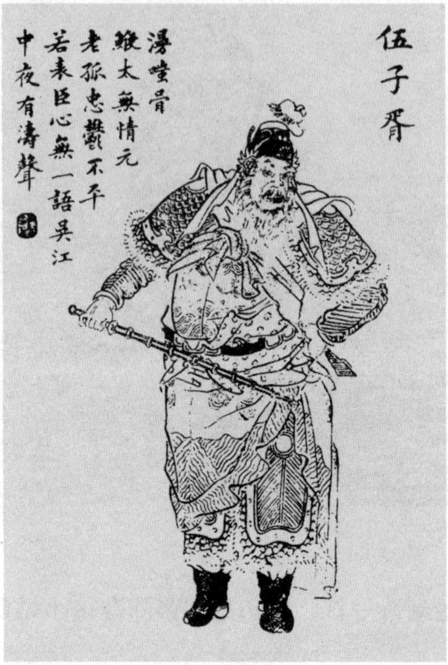

伍子胥像

的诗句："女娲炼石已荒唐，更向荒唐演大荒。"

不仅古代如此，这类讹误至今未绝。墨雨《沙市豆腐巷》短文说："湖北沙市三府街旧有杜甫巷，乡人无知，俗呼为'豆腐巷'。"该文还说抗战时期途经沙市，一位老者告知"豆腐巷已更名杜工部巷"。由两字改为三字，可能会不再产生讹误。（《新民晚报》，2000 年 1 月 15 日）

音义错位与习非成是

1998 年 4 期《咬文嚼字》刊有多篇"作料"和"佐料"的是非争论，"作"与"佐"是音近义通的词语错位所形成的同义词；这两个词的形成还算平和，并不牵涉不相关的词语。汉语词汇史上还有鸠占鹊巢、李代桃僵式的音义错位，有些词汇已习非成是，难论是非了。

现代男女婚姻，男家一般要向女家送"彩礼"，《现代汉语词典》解释为："旧俗订婚时男家送给女家的财物。"但此词本来写作"财礼"，古时求婚时送礼称“纳采”，《仪礼·士昏礼》：“昏礼，下达纳采，用雁。”这是上古习俗，因用雁，又称“奠雁”“委禽”。《汉书·平帝纪》：“三年春，诏有司为皇帝纳采安汉公莽女。”订婚之后求娶称“行聘”，一般将此时男家送给女方的礼物称“财礼”或“聘财”，数量较大。元代佚名《桃花女》二折：“要准备下财礼，迎娶过门。”《二刻拍案惊奇》卷六：“我家只要许得女婿好，那在财礼！”王古鲁注引《梦粱录》云：“议亲送定之后行聘谓之‘下财礼’。”因为求婚纳采也要送礼，且“采”与“财”音近，口语中可能有些错位，但“纳采”一词独立使用时，也不可能与“财礼”合并，如清代《萤窗异草·朱慧仙》：“既行聘纳采，婚有日矣。”另外一个原因是，古时“彩礼”一词另有一所指，专称一些文体活动的奖品为“彩礼”，获奖称“中彩”，犹如今日买彩票，中大彩所得，又称“采物”。《二刻拍案惊奇》卷八：“盆边七八堆采物，是将来作注赌采的。”《儒林外史》四十五回：“因众人迎合他，想雪斋多贴些赏需，遂定了他的首名，彩礼是绸缎花绣等物。亲族秀才俱在前列，每名彩礼是一颗二两重的赤金锞子。”《红楼梦》二十二回：“今日原听见老太太这里大设春灯雅谜，故也备了彩礼酒席，特来入会。”因此，《现代汉语词典》“彩礼”一词实为“财礼”讹误而来的，老舍《柳家大院》有现代作品用例。

汉语中“吴越”一词，本指世代仇怨，有水火不相容之义。因为春秋后期，吴越两国世代战争，先是吴王夫差征服越国，后有越王勾践消灭吴国，所以《孙子·九地》有“吴人与越人相恶也，当其同舟而济遇风，其相救也，如左右手”的著名论断。故成语“吴越同舟”有化敌为友之义。后人用“吴越”一词，多沿袭此“仇人”义，如金代董解元《西厢记》卷四：“当初指望做夫妻，谁知变成吴越。”指恩爱夫妻变成了仇人。《警世通言》二十八卷：“恩将仇报，反成吴越？”但是，由于“胡”与“吴”音近，自古就讹作了“胡越”。“胡”与“越”天南地北，风马牛不相及，从无仇隙可言，纯是以讹传讹。考其历史，汉代邹阳《狱中上梁王书》就有“意合则胡越为昆弟……不合则骨肉为仇敌”的句子，但邹阳所用，也可理解为因空间距离而成的“素不相识的陌路人”的意思，亦难以遽定其错。但后人用此词时，却是显而易见的“吴越”之义，如苏轼《大臣论下》：“故日同舟而遇风，则胡越可使相救如左右手。”直接用《孙子》论述，改用“胡越”。这样使用，“吴越”一词原有的“仇敌”含义已难体现，只有“素不相识”的意思了。

明代沈德符《野获编·内阁三·冢宰避内阁》：“孙富平与新建各结强援，相攻若胡越，而阁部成两讼场矣。”此例将“胡越”代替“吴越”，似有“不能承受之重”。

音义相通与等义词

徐复先生《变音叠韵词纂例》一文认为“草莽”与“草茅”一组词，有语音演变关系，“茅、莽均‘明’母字，莽音变为茅，与草字古音同属‘幽’部。”（《语言研究集刊》一辑，江苏教育出版社，1986年版）从词义看，“茅”“莽”亦相通，《说文》：“茅，菅也。”“莽，众草也。”这种音义相通的情况，是形成汉语中等义词、同义词的重要原因。

这种情况造成的词汇不胜枚举，古代汉语中常用而今天不太常用的，如：名世与命世、平仄与平侧、脱误与夺误、较对与校对、句读与“句逗”“句投”等。由古及今演变后渐趋定形的词语，如“记念”到“纪念”、“喧传”到“宣传”、“耽心”到“担心”、“趁心”与“称心”并存再到“称心”等，以下略作分析。

现代汉语“纪念”一词，是由“记念”演变而来的，口语中至今有“念想”同义词。唐代张鷟《游仙窟》：“取相思枕留与十娘，以为记念。”《三国演义》二十七回：“待我与他送行，更以路费征袍赠之，使为后日记念。”《二刻拍案惊奇》卷十七、《儒林外史》五回亦作“记念”。近代始又写作“纪念”，《孽海花》三回：“那些古董是他送给我们的纪念品。”鲁迅作品中两词并用，如中学语文课本有《为了忘却的记念》，文中说：“我早已想写一点文字，来记念几个青年的作家。”《藤野先生》：“他所改正的讲义，我曾经订成三厚本，收藏着的，将作为永久的纪念。”

“宣传”一词，来于“喧传”，本指市井舆论哗然，是状语加动词短语。欧阳修《归田录》卷二：“明日都下喧传：王氏酒楼有二酒仙来饮。”冯梦龙《古今谭概·婆奸媳》：“时吴中喧传为婆奸媳。”清代有写作“宣传”的，但语义未变。《萤窗异草·咬舌奇闻》：“次日宣传卖花媪被杀，官诣验……”现代汉语中，“宣传”成了一个复合动词，“宣”有宣讲、说明之义，意同“宣扬”。《萤窗异草·咬舌奇闻》：“必树表于后园，以图后会；否则必遍处宣扬也。”与此相关，古时“宣言”是动宾短语，《史记·廉颇蔺相如列传》即有用例，到清代也是如此，如《萤窗异草·弱翠》：“王骇然。归家亦不宣言，窃自愤曰……”到现代汉语中，“宣言”成了一个名词。

在现代汉语中两词并存的仍很多，例如：次序与秩序、连绵与联绵、界限与界线、托生与脱生、莽闯与莽撞、丸子与元子、洪图与鸿图、工夫与功夫、权力与权利、值勤与执勤、填空与填充、丰采与风采、悔棋与回棋……不一而足。

《明史·张居正传》：“以天下为己任，中外想望丰采。”《萤窗异草·耿通》：“当时给事中号敢言者，通与陈谔，举朝惮其风采。”梁实秋《雅舍小品·讲演》：“把你形容得真像是一个万流景仰而渴欲一瞻丰采的人物了么？”《雅舍小品·喜筵》：“可是这时节，客人有机会仔细瞻仰新人的风采。”“采”字也有写作“彩”。其他的如“丰骨”“丰度”“丰姿”“丰神”“丰容”“丰韵”“丰范”等，“丰”皆可用“风”字。《赵本夫文集·苏中对》：“不不，娘，我就要回棋嘛！……大概是凤莲钻到婆婆的被窝里去了，又要闹着悔棋。”（江苏文艺出版社，1998 年版）

成语中此类现象亦司空见惯，虽然学术界不时有正误之争，但总的情况是和平共处。

“拾级”怎么讲

中学语文课本徐迟的《黄山记》写道：“仿佛可以从这长虹之脚，拾级而登，临虹款步，俯览江山。”其中，“拾级”一词是什么意思呢？大概是踏上阶磴前行的意思吧！

古人登阶而行有两个词，一个是用于礼让的缓慢动作，称为“拾级”，一个是快速前进的动作，叫“历阶”，二者动作特点不同。

《礼记·曲礼上》：“主人与客让登，主人先登，客从之，拾级聚足，连步以上。”郑玄注说：“拾当为涉声之误也。级，等也。涉等聚足，谓前足蹑一等，后足从之并。连步谓足相随不相过也。”首先，拾为“涉”的通假字，通假是仅仅借用字的读音而与其字原义毫无关系，切忌望通假字而生义，须寻其本字来理解，故“拾级”即“涉级”。其次，此词的动作特点在“聚足”，即两足都需踏上每一个阶磴，并足让客，客也以同样动作让主人。这种动作，今天仍适用于老幼病残等步幅较小之人在阶梯跨度太大或危险程度较高情况下使用。清代沈起凤《谐铎·鬼妇持家》：“令某偕妇出，建梯屋角，两人拾级而登，俯穴而窥。”此例有小心翼翼登攀之义。苏教版《语文》九年级上册《鼎湖山听泉》：“踩着潮润柔滑的石阶，小心翼翼，拾级而上。”注［拾（shè）级］曰：“逐步登阶。拾，同‘涉’。”

《礼记·檀弓下》：“历阶而升。”孙希旦《集解》说：“历阶，即栗阶。谓升阶不聚足也。”《仪礼·公食大夫礼》：“宾栗阶升，不拜。”郑玄注：“不拾级连步趋主国君之命。”又《燕礼》注：“左右足各一发而升堂也。”可见“历阶”是一足一阶，交替上升。《史记·平原君虞卿列传》：“毛遂按剑历阶而上。”《玄怪录·郭代公》：“公系马西廊前，历阶而升。”

在现代汉语中，“历阶”一词已不用，但“拾级”却很常见，细思其义，却是“历阶”而非“拾级”，至今词典未能予以准确解释。大概是望“拾”字而生“拾取”之义的缘故吧！例如：《文化苦旅·江南小镇》：“系好船缆，拾级上岸，才抬头，却已进了沈厅大门。”1994年10月2日《新民晚报》十版《上海图书馆新馆》：“读者通过室外大楼梯拾级而上，即可进入新馆大厅。”此类不胜枚举的例证，皆“历阶”义。

有时通假字与本字可形成两个并存的等义词。《诗·大雅·皇矣》：“其德靡悔。”马瑞辰《通释》说：“悔当为晦之假借。”由于这种关系，现代汉语中，“晦气”一词又写作“悔气”。元代李文蔚《燕青博鱼》三折：“这也是你自家的悔气，着那厮打了。”《醒世恒言》三十六卷：“不想蔡武今日晦气，下了他的船只。”《醒世姻缘传》两词并用，二十九回：“这不是真悔气。”三十回：“略有些晦气的。”

古汉语常用的“落魄”一词，较早见于《史记·郦生陆贾列传》“家贫落魄”一句，按《史记集解》引应劭曰：“落魄，志行衰恶之貌也。”晋灼曰：“落薄、落托，义同也。”此词有许多种写法，还有“落泊”“落拓”“落托”“落寞”“落漠”，后一音节皆音近的入声字。《辞源》据后一音节词形而释义，如“寞”为寂寞、“泊”为飘泊等，均是望文生义。上海古籍版《拍案惊奇》卷三十二“落泊”注：“同‘落魄’，指飘泊失所。”因“泊”字而将“志行衰恶”缩小曲解为“飘泊失所”，与原意差别甚大。

借“瘪三”再说方言词

“瘪三”一词是现代文学作品中常见的方言词，鲁迅《书信·致增田涉》：“瘪，最难译……又另有‘小瘪三’的名词，这指没有能力谋生，而将沦落为乞丐的人。”近年来还有人试析此词而不得要领。1993 年 4 期《上海师范大学学报》陈五云《方俗语源杂释》认为，此词即吴方言“笔山”一词的音义讹误，而“笔山”是形容人瘦骨伶仃形态的。这一说法是可靠的，古时就有以“山”字嘲人形陋的。宋代尤袤《全唐诗话·长孙无忌》：“无忌嘲欧阳询形状猥陋云：‘耸膊成山字，埋肩畏出头。’”可见，“山字”“笔山”都是一种形象化的比喻语，犹如至今北方人称瘦子为“衣架”“骨头架”一样。进入书面语后，此词被文人杜撰作“瘪三”，则是语言概括，“瘪”仍有瘦义，“三”则有末流、下等的轻贱义，渐成一个詈词了。

方言造成异形词汇的情况很多，如“骨董”与“古董”、“蹩扭”与“别扭”等。明代佚名《目前集》卷二：“骨董乃方言，初无定字……晦庵先生《语类》只作‘汩董’，或作‘古董’。”可见，此词在宋代已有不同写法。宋代严羽《沧浪诗话·诗法》："最忌骨董，最忌衬贴。"明代《型世言》三十二回："我知道令亲，极好古董，专惯局赌人的。"《醒世姻缘传》两词并见，如十一回："那陈古董除打二三十两夹帐，计巴拉还得了七十六两银子。"七十九回："横街口骨董店内卖着一柄匕首。"现代作家中，鲁迅、林语堂用"古董"；郭沫若、周作人用"骨董"。如林语堂《中国究有臭虫否》："寺钟宫角任西东，别弄些古董。"周作人《谈酒》："只有听熟的耳朵才能够断定，正如骨董家的眼睛辨别古物一样。"《现代汉语词典》以"古董"为正词，"骨董"附录。

鲁迅《书信·致增田涉》："蹩扭＝纠葛、意见不合、合不来。天津话。"此词曾又写作"彆扭""瘪扭"等。梁实秋《雅舍小品·腌猪肉》："小两口子一直彆彆扭扭，琴瑟失调。"又《匿名信》："因为竭力往好里写，结果也是免不了拗涩蹩扭。"闻一多《飞毛腿》诗："我说飞毛腿那小子也真够瘪扭……"现代汉语规范作"别扭"。刘庆邦《家道》："岳父别别扭扭地让三芹顶替参加了工作。"（《新华文摘》，1994年10期）

成语的同音变体

1993年《汉字文化》4期有加拿大于春华教授的文章，他考证认为：成语"立锥之地"是由"立椎之地"讹变而来的，"椎"为定地界、拉准绳的器物。于先生对这种讹变表示了忧虑与不满。大陆学者也曾质疑认为，成语"势不两立"不宜写作"誓不两立"。这些学者希望用词规范、科学的思想是可以理解的，但希望词语一成不变的做法本身又违背了语言自身的规律，注定是徒劳无功的不理智之举。

"势不两立"源于《战国策·楚策一》："楚强则秦弱，楚弱则秦强，此其势不两立。"后独立成词。《三国志·吴书·周瑜传》："孤与老贼，势不两立。"元代杨景贤《西游记》五本十七出："我向他借扇子，肯便肯；不肯呵，我与他势不两立。"到近代汉语中，由于"誓"与"势"变为同音词，又因古人有发誓的习惯，如"誓天""誓众""誓师"等，于是又讹转出"誓不两立”。《三国演义》四十四回：“孤与老贼，誓不两立！卿言当伐，甚合孤意……瑜曰：‘吾与老贼，誓不两立！’”从词义看，“势不两立”重在客观形势分析，“誓不两立”重在宣泄主观感情。鲁迅《两地书·六六》：“做文章呢，还是教书？因为这两件事是势不两立的：做文章要热情，教书要冷静。”蒲韧《两千年间》八章：“甚至有在脸上刺了字以示和金人誓不两立的，他们都是忠义之士。”两词并行不悖！

现代常用成语“信口开河”，是由古代的“信口开合”音义讹转而来，“合”在中古为全浊入声字，近代汉语入声消失后才与“河”同音的。元代佚名《盆儿鬼》二折：“说甚的一年二祭，信口开合，谁着你烧窑人不卖当行货。”“开合”两词素是一对反义词，意承上古“翕张”；“开河”是动宾短语。前者强调的是说话欠考虑，后者强调的是无节制及无根据、反应快等。《九命奇冤》四回：“盼乡榜焦心似沸，讲风水信口开河。”鲁迅《故事·序言》：“叙事有时也有一点旧书上的根据，有时却不过信口开河。”

《咬文嚼字》1997年9期有宁源声《“怵目惊心”并不错》短文，批评“是‘触目惊心’，非‘怵目惊心’”的少见多怪现象。其实，音同讹变的成语数量巨大。当代社会道德滑坡的中心是缺乏诚信，尤以商业欺诈为甚，故有“无商不奸”的舆论。然而程乃珊《“无商不尖”和“无商不奸”》说：“‘无商不尖’，出典为旧时买米以升斗作量器……银货两讫成交之后，商家会另外在米筐里再氽点米加在米斗上，如是已抹平的米表面便会鼓成一撮‘尖头’……这一小撮‘添头’，很让客人受用，故有‘无商不尖’之说。”（《新民晚报》，2007年9月11日）其他例如：“伶牙俐齿”与“伶牙利齿”、“弥天大罪”与“迷天大罪”、“不义之财”与“不意之财”、“流芳万古”与“留芳万古”、“发迹变泰”与“发迹变态”、“奴颜婢膝”与“奴言婢膝”、“反唇相稽”与“反唇相讥”、“必恭必敬”与“毕恭毕敬”、“披星戴月”与“披星带月”、“信马由缰”与“信马游缰”、“穿凿附会”与“穿凿傅会”、“流宕忘返”与“流荡忘返”、“丢三落四”与“丢三拉四”……《赵本夫文集·绝唱》：“丝瓜一生没提防过人，只是信马由缰无忧无虑无法无天无心无肺地生活。”《赵本夫文集·李星的来信》：“这并不是说我已经承认了《逝水》是散漫的、芜杂的、信马由缰的。”有些成语不止两个，三个四个的都有，已无所谓正误。

此类成语还有纯由谐音而形成的，如“逃之夭夭”是由《诗经》写桃花鲜艳的“桃之夭夭”讹变的，“夭夭”本是状态词，但在“逃之夭夭”中有音无义。“望洋兴叹”在《庄子》原文中是“仰视兴叹”之义，但后人仿词将联绵词“望洋”讹变为动宾结构。石安石先生《语义论》称这种情况是：“可以新生某种内部形式或改变原有的内部形式，从而新生或改变了非理性意义，尽管这是讹变。”

成语的音近变体

成语因音近而讹误的，数量也很巨大。像《咬文嚼字》1995 年 3 期楚山孤先生《成语中的错别字诊断（一）》所批评的例子，显而易见的错误是字面上无法讲通；如果讹变之后也讲得通，则可能形成成语的变体。例如：

“亦步亦趋”源于《庄子・田子方》：“夫子步亦步，夫子趋亦趋。”其中“亦”为副词，但由于“亦”与数词“一”音近，结果讹转为“一步一趋”。明代汤显祖《复俞淳初侍御》：“舍亲易瑞之一趋一步，自是孔门卓尔。”《儿女英雄传》首回：“就待一步一趋地赶上借问一声，不想他愈走愈远。”从词义看，“亦步亦趋”是模仿、师从之意；作“一步一趋”应为一步慢一步快的意思，因“步”为徐行，“趋”为小步快走，但作者与读者往往并不在意其中差别，属模糊语言。

成语“直接了当”又写作“直截了当”“直捷了当”。老舍《四世同堂》一部二十一：“不想扯什么闲盘儿，而愿直截了当的作些事。”鲁迅《坟・灯下漫笔》：“但措辞太绕弯子了，有更其直捷了当的说法在这里。”张中行《留梦集》既用“直接了当”（《才女小说实境》），又用“直截了当”（《刘佛谛》），三种形式是等义词。再如“走透消息”又作“走露消息”“走漏消息”，“将机就机”又作“将机就计”“将计就计”，也可视为等义词。

“前仆后继”又作“前赴后继”，语义略有不同。鲁迅《中国人失掉自信心了吗》：“他们在前仆后继的战斗，不过一面总在被摧残，被抹杀。”公刘《拜金狂潮与作家心态》：“高歌一曲，便能号召无数热血青年，前赴后继，令人浑身是胆……”（《读书》，1993 年 6 期）余秋雨《文化苦旅》两词都出现过，语义略异。

有时，讹变是雅俗、难易之变，如“老羞变怒”演化为“恼羞成怒”“老羞成怒”。“老”有“恼怒”义，如李贺诗“天若有情天亦老”的“老”字。《儒林外史》一回：“危素老羞变怒，恐要和我计较起来。”《围城》八：“闹了出去，人家总说姓方的饭碗打破，老羞成怒。”到清代白话文时期，“老”字的古汉语义萎缩，被“恼”取代，《官场现形记》三十回：“不禁恼羞变怒，喝令左右……”《儿女英雄传》十六回及《官场现形记》六回有“恼羞成怒”。

音近讹变的还有，如“瞒天过海”与“漫天过海”、“目瞪口呆”与“目睁口呆”、“筋疲力尽”与“精疲力尽”、“佛头著粪”与“佛头作粪”、“真知灼见”与“真知卓见”、“夺胎换骨”与“脱胎换骨”等。还有三音节及多音节的词语或句子，如“杀风景”与“煞风景”、“杀手锏”与“撒手锏”、“可望不可即”与“可望不可及”、“一客不烦二主”与“一客不犯二主”、“山高皇帝远”与“天高皇帝远”、“鹿死不择音”与“鹿死不择荫”等。

朱炳昌先生《异形词汇编》（语文出版社，1987 年版）收现代汉语异形词 603 组，涉及 1316 个词汇。该书认为“同音（或音近）假借，这是产生异形词的主要原因”。又分两种情况，一种与意义无关的，另一种是“不仅同音（或音近），而且同义（或近义）”。这是认识汉语词汇特点的好材料。至于成语的不同变体，《汉语大词典》及大型的成语工具书均收录齐全，可以对比分析、认识。

修辞换“字”的命运

改革开放后，“广告”成了新兴的行业之一，因它主要是语言艺术，所以利用语音讹变造成双关效应成了时髦手段。对此，语文学界时有争论，褒、贬及顺其自然的看法成了三足鼎立之势，如1995年《咬文嚼字》6期一次刊登四篇短文，形成争鸣之势。

我们认为，顺其自然，正确引导是较好的方法。首先，音义讹变是语言发展的正常现象，作为修辞手法的词语换“字”，也是古已有之的，禁绝是不科学的。例如，清代沈起凤《谐铎·石赑屃》改成语“衣锦荣归”为“衣锦荣龟”，梁实秋《雅舍小品·钱》改“量入为出”为“量入为储”，又《牙签》改“欲盖弥彰”为“欲盖弥张”。这类修辞法对熟悉成语者来说有双关效果，对不知成语者理解起来也无困难，禁止是可笑的。时至今日，除广告外，此法又被用于文章题目，如《新民晚报》的以下标题：1999年1月17日荆中棘《坐地分“费”》、2月5日曾凡胜《“熊”心勃勃，恶炒个股》、5月26日秦武平《下乡送货莫送“祸”》、2000年3月12日《依衣不舍》、2004年5月15日《申花今演狐“贾”虎“威”》，1999年12月16日《中国青年报》有《三国演“弈”，再筑擂台》……这类标题新颖别致，让人过目不忘。

强调顺其自然，还有一个尊重作者的权利和习惯的文明礼貌问题。鲁迅《准风月谈·四库全书珍本》说：“明末人好古，刻古书也是一种风气，然而往往自己看不懂，以为错字，随手乱改。不改尚可，一改，可就反而改错了，所以使后来的考据家为之摇头叹气，说是‘明人好刻古书而古书亡’。”今天仍有此类荒唐之举，如上海古籍出版社《二刻拍案惊奇》卷十四：“折了偌多本钱，还悔气哩！”《汉语大词典》引此例作“晦气”；又《拍案惊奇》卷三十五：“披星带月，早起晚眠。”《汉语大词典》引用又作“披星戴月”。人民文学出版社《警世通言》二十二卷：“奴言婢膝，没廉没耻。”《汉语大词典》引用作“奴颜婢膝”；又《红楼梦》六十三回：“贾蓉只管信口开合，胡言乱道。”《汉语大词典》引作“信口开河”。

对当代人作品也有乱改的，张中行先生《动笔前想想如何》(《新华文摘》，1995年9期）诉说其文章被编辑乱改的苦恼；谢冕先生因“沙扬娜拉”一词被编辑误改而曾闹得沸沸扬扬。贾平凹《〈高老庄〉后记》一文用“蝇营狗苟”成语（《收获》，1998年5期），《新民晚报》1998年10月19日以《我与〈高老庄〉》题目刊登，但却改作“营营苟苟”，其他文字未动，惟改此一成语。这是典型的佛头著粪，因为“蝇营狗苟”是一个既古老又常用的内容丰富成语，并未死亡；而“营营苟苟”则是一个音同义异的变体成语，并未完全成活，何以如此喜新厌旧呢？

《诗·小雅·青蝇》：“营营青蝇。”毛传：“营营，往来飞貌。”在成语“蝇营狗苟”中，“营”已将复音词割裂，易望文生动词义，但与原诗语义相承，而单用“营营”，又加“苟苟”，则词语来路不明。以元代张可久《中吕·满庭芳》“营营苟苟，纷纷扰扰”看，已是独立状态词，但难以与“蝇营狗苟”分庭抗礼，可视为另一词。因此，顺应语言规律与积极引导应结合起来！

三　典故与文化词

由“百步穿杨”再说“杨柳”

汉语作为不间断的五千年华夏文明的载体，许多词语常有很深的文化涵义，有时却被后来的词义遮盖住，必须像考古工作者那样小心翼翼地整理!

《新民晚报》2000 年 4 月 22 日刊载的吾三省先生《春风杨柳万千条》短文，有两个错误：第一是认为“杨和柳本是两种树木”，批评古籍用“杨”“垂杨”作“柳”是错用；第二是认为“古人不加细察，往往花絮不分”，批评古人错把“杨花”当成了柳絮。

在古汉语中，上古“杨”是柳的一种，故杨、柳不分或作双音词“杨柳”。《尔雅・释木》：“杨，蒲柳。”《广韵》：“杨，赤茎柳。”所以，《现代汉语词典》“杨柳”词条下两个义项，其二为“泛指柳树”。成语“百步穿杨”的典故，是养由基射柳叶之事，《战国策・西周》：“楚有养由基者，善射；去柳叶者百步而射之，百发百中。”佛教绘画与雕塑中，观音菩萨所持净瓶称“杨枝净水瓶”，但从造型艺术作品中看，观音手持者为柳枝而非今人所谓“杨”。双音词“杨柳”本是偏正短语，专指“蒲柳”，故《左传・宣公十二年》“蒲之爱”，杜预注：“蒲，杨柳，可以为箭。”《诗・小雅・采薇》：“杨柳依依。”毛传：“杨柳，蒲柳也。”《容斋四笔》卷第七《西太一宫六言》：“‘杨柳鸣蜩绿暗，荷花落日红酣……’荆公《题西太一宫》六言首篇也。今临川刻本以‘杨柳’为‘柳叶’其意欲与荷花为切对，而语句遂不佳。”

养由基百步穿杨

此例版本“异文”，侧面说明在北宋时期，“杨柳”就是柳树。

现代汉语“杨”的词义，古时称“白杨”“青杨”“天杨”“移杨”“水杨”等。清代郝懿行《尔雅义疏》说：“按：杨，唐本草谓之水杨，云：‘叶圆阔而尖，枝条短硬’，与柳全别，柳叶狭长，枝条长软，唐本所说，即今所谓杨也。”但唐代虽然以“杨”为今日之杨，但直到明清时代，才完成词义转移，如李时珍《本草纲目》：“杨枝硬而扬起，故谓之杨。柳枝弱而垂流，故谓之柳。”但李时珍又考证说：“杨可称柳，柳亦可称杨，故今南人犹并称杨柳。”为什么呢？因为隋代之后，“杨柳”又变成了一个新的复合双音词，“杨”为隋代皇帝之姓氏。

《古谣谚》卷九十引《开河记》说：“翰林学士虞世基献计，请用垂柳栽于汴渠两堤。上大喜，诏民间，有柳一株赏一缣，百姓竞献之。又令亲种，帝自种一株，群臣次第种，方及百姓。时有谣言曰：‘天子先栽，然后百姓栽。’栽毕，帝御笔写赐垂柳姓杨，曰杨柳也。”《醒世恒言》及《隋唐演义》演绎了以上“杨柳”之事。因此，杨柳又专指“垂柳”，杨为姓字。因此“杨柳”成了一个有特殊文化含义的语汇，形成历史上的咏“杨柳”热。钱穆先生《中

观音菩萨的杨枝净水瓶

国文学讲演集》说："中国诗人上下千万数，诗集上下千万卷，殆无一人不咏杨柳，殆无一集无咏杨柳诗。"与此相关，唐代刘禹锡的《杨柳枝词》又名《柳枝词》；《汉语大词典》以"杨柳"组成的复音节词皆指"柳"，如"杨柳腰"意同"柳腰"。

古人"杨花"就是柳絮，罕有说"柳花"者。今人多将"杨花"与"柳絮"视为二物，大谬！《全唐诗话·韦蟾》："武昌无限新栽柳，不见杨花扑面飞。"宋代陈岩肖《庚溪诗话》卷下："六一居士《诗话》载：梅圣俞《赋河豚鱼》诗云：'春洲生荻芽，春岸飞杨花……'此鱼常出于春暮，食柳絮而肥，南人多以荻芽为羹，最美。"杨花即柳絮，甚明。今人金伯弢《唯有杨花独爱风》即将"杨花"视同"柳絮"，并引北朝胡太后的《杨白花》爱情诗："阳春二三月，杨柳齐作花，春风一夜入闺闼，杨花飘荡落南家……"（《新民晚报》，2002年5月8日）亦可证"杨花"与"杨柳"关系。所以，《汉语大词典》"杨花"词条说"指柳絮"，并引从庾信到曹禺的古今人用例。植物花作絮飘飞，是其繁衍的重要手段，草本的蒲公英为典型，木本的柳絮为代表。现代汉语"花絮"一词的语义，由其飘飞的特点引申而来。

王维诗句理解的“代沟”

由于明清之后，才有现代意义上的“杨”“柳”之别；后人缺乏词汇“史”的观念，常犯以今律古的毛病，形成语言理解的“代沟”。例如王维《老将行》诗句：“昔时飞箭无全目，今日垂杨生左肘。”对其中“垂杨”一词，清代之前并无疑义，有清之后渐起疑窦，招来批评。例如：

《清诗话续编·诗辩坻卷第三》：“《庄子》‘柳生其左肘’，柳类是疮疡。摩诘误以为树，《老将行》遂云‘今日垂杨生左肘’，误矣。”沈起凤《谐铎·巾帼幕宾》：“‘垂杨生肘’，《南华》不妨错解。”《南华》是《庄子》别名，道教称之为《南华经》。为什么由王诗说到《庄子》呢？皆因《庄子·至乐》有“俄而柳生其左肘”句，王先谦《庄子集解》说：“瘤作柳声，转借字。”“柳”与“瘤”，上古同为“来”母“幽”部字，二字应有同源关系，“瘤”之音义来于“柳”，因柳树常有体外结疙瘩的疾病，如人体的附赘悬疣，故“柳”有“瘤”义，《庄子》“柳生左肘”，即“瘤生左肘”。王维诗句将“垂杨”代“柳”，仍是“瘤”义。因唐代“垂杨”就是柳树，唐宋人无理解障碍；同时，唐人据此还有“杨枝肘”一词，王维《胡居士卧病遗米因赠》：“徒言莲华目，岂恶杨枝肘。”又可与“垂杨生左肘”诗句互证。明清至现代，“柳”与“杨”别，遂不解王诗。

杨树达《汉文文言修辞学》从修辞理解王诗说：“变柳为杨，以叶音也。”朱东润先生《中国历代文学作品选》注因袭此解说：“杨和柳是同类植物，这里因诗歌平仄声调的关系，又改柳为杨。”均不得要领。因王诗是古体诗，此词又不在句尾不需考虑押韵，故此说不通。《唐诗鉴赏辞典》又有“杨”“柳”通假之说，谬误更甚，因二字古代声韵调皆不同，无由通假。其实很简单，在唐人辞典里“垂杨”即“柳”，用此词就是词义一致的关系。后人不解“垂杨”即“柳”，故有种种“莫须有”猜测。

“垂杨”，即今之“垂柳”，又名“垂杨柳”。《扬州府志》：“隋开

鲁智深倒拔垂杨柳

邗沟入江，旁筑御河，树以杨柳，今谓之隋堤……杜甫《隋堤柳》：‘夹岸垂杨三百里，只应图画最相宜。’”唐代是古代文学“咏杨柳”的高潮期，原因至少有两方面：一是折柳送别的习俗，直承《诗经》“杨柳依依”的意境。古人折柳送别之俗，柳也用“杨柳”或“垂杨”代替。姚合《杨柳枝词五首》之五：“江亭杨柳折还垂，月照深黄几树丝。见说隋堤枯已尽，年年行客怪春迟。”刘禹锡有“长安陌上无穷树，惟有垂杨绾离别”诗句。南宋范成大《横塘》：“年年送客横塘路，细雨垂杨系画船。”二是隋朝二世而亡与“杨柳”的密切关系，使它成了唐诗为前朝悼亡的标志性意象。李商隐《隋宫》诗最有名，其中两句是：“于今腐草无萤火，终古垂杨有暮鸦。”

《水浒传》中有鲁智深倒拔垂杨柳精彩一节，“垂杨柳”即垂柳树。中学语文教材有茅盾《白杨礼赞》一文，指出杨树枝叶向上的特点，故古人称为“天杨”，今俗间仍称“钻天杨”。故凡用“垂”修饰字的“杨”“柳”，皆指“垂柳”而言。《老残游记》二回说济南市“家家泉水，户户垂杨”，仍是沿袭古语。初中语文有现代作家萧乾《枣核》说：“我留意到台阶的两株垂杨柳，草坪中央有个睡莲池。他感慨良深地对我说：‘栽垂柳的时候……’”仍以“垂杨柳”指“垂柳”，甚明。

清代的训诂学家对“杨”“柳”的古今演变有较详尽考证，但对古籍中有些单说的“杨”字是否就是“柳”还有不同看法，但毕竟只是个案。现代语义“杨”的独立是晚近之事，皆因“杨”字语言及文化内涵太深厚的缘故！

冠军的由来及其他

当今世界上体育竞赛多取前三名予以奖励，分别用金、银、铜三种金属牌以示区别；汉语中又依次称为冠军、亚军、季军，这几个名称也与汉语言文化相关，有其长久历史。

冠的本义是“弁冕之总名”，即古人所戴的帽子及其附件，读平声。引申为动词，则有戴帽子的意思，古时男人年二十行加冠礼，即著帽之礼；再引申则有“覆盖”“超群出众”及“居于首位”之义，读去声。《史记·萧相国世家》：“位冠群臣，吉施后世。”“冠群臣”与“冠军”结构同，同类短语还有“冠世”“冠代”“冠古”等。“冠军”一词本指能力或功劳居军队之首或超出全军的意思，故有“军”语素。《史记·黥布列传》：“项梁涉淮而西，击景驹、秦嘉等，布常冠军。”这里“冠军”是动宾短语。“冠军”短语凝固后，又作为一个专有名词用，《史记·项羽本纪》：“诸别将皆属宋义，号卿子冠军。”《史记集解》引文颖曰：“上将，故言冠军。”张晏曰：“若霍去病功冠三军，因封为冠军侯，至今为县名。”后来魏晋南北朝时期有“冠军将军”，唐代有“冠军大将军”，皆为一级武官。到近现代，体育竞赛传入中国，遂把竞赛第一名称“冠军”，成了名词。因这一词汇是由动宾短语演变而来，故“冠”字仍读去声。

第二名银牌称“亚军”，是仅次于冠军的意思。《尔雅·释言》：“亚，次也。”中国文化的鼻祖是孔子，称“至圣”“圣人”，孟子对儒学的贡献仅次于孔

亚圣孟子像

圣人，故称“亚圣”。上古中大夫又称“亚大夫”，是次于上大夫之义。范增被项羽称为“亚父”，是仅次于亲父的意思。古时次将、副将又称“亚将”。“亚”用作动词又有“次”“差一等”的意思，现代汉语有“亚于”“不亚于”短语结构，用此义。现代汉语又有“亚热带”“亚健康”“亚音速”等短语，有人认为“亚”字有成为词缀的趋向。

“季军”之称，来于古代的顺序词“孟、仲、季”。古时一年四季中的每季三个月，常分别冠以此三字来区分，如“孟春”“仲春”“季春”，其余三季用法同。因“季”在末尾，故常以“晚”“暮”等词替换，而使用略显少。三字常用于排行，如孔子字仲尼，“仲”是“老二”之义，其兄长叫“孟皮”，用“孟”表“老大”。汉高祖刘邦又叫“刘季”，因为他排行第三，中学语文教材有黄宗羲《原君》，其中有刘邦当天子后向他父亲的问话：“某业所就，孰与仲多？”意思是要和他二哥比较一下产业。用于排行的还有“伯、仲、叔、季”，“季”亦为第四的顺序，但鲁国的“三桓”为“孟、叔、季”，“季”仍在第三。现代“季军”之称，即来于表“第三”之“季”字。

“露水情”溯源

《咬文嚼字》1998年8期孙健先生《也谈“露水情”》一文，批评该刊1997年2期壮哉先生解“露水夫妻”为“野合”的观念，并对“野合”作出了他的解释，认为“露水”只有时间短的意思，没有空间义。壮哉先生居然接收了这一批评。

汉语词汇在漫长的历史中，词义的本来面目常被后世的词义遮盖住，但从构词语素或古文字中仍可窥见其本义。即如“露水夫妻”而言，就是睡在露天的临时夫妻，有一夜姘居、幽会情人的意思。“野合”也就是“露野交合”。成语“风餐露宿”的“露宿”，又称“野营”，民间又说成“睡露水地”。这种词语直接来于上古的风俗及法律。

《周礼·媒氏》：“中春之月，令会男女。于是时也，奔者不禁，若无故而不用令者，罚之。司男女之无夫家者而会之。”首两句郑玄注：“中春阴阳交以成昏，礼顺天时也。”有人据此认为这是讲“通令男女会合而举行婚礼”。（《十三经今注今译》，岳麓书社，1994年版）这是误解古籍。从末句可知“会”者为未订婚或非婚姻关系的男女，而奔者即所谓“私奔”，这是男女社交、恋爱及野合的盛大节日，它是原始母系社会风习的残留。这种风俗和法律规定的目的，是为了保证男女婚嫁、恋爱及时，追求阴阳和谐、天人和谐并给予青年人以极大的自由。《诗经》大量记载男女恋爱、幽会的“桑间濮上”之音，正是这种习俗的真实写照，虽被后世理学家视为“淫奔之诗”，但孔子整理时却保留了它们，并认为《诗经》作品都是主题纯正的——“思无邪”！后人所谓“野合”“露水夫妻”，皆由此种“会”而来。

古代“令会男女”的节日一直保留着，但主题渐渐转移并缩小，历史上的“春社”“秋社”、民间的“庙会”“傩戏”“元宵节”等，仍或多或少保存着“令会男女”的内容。民间庙会中有“拴娃”的说法，即久婚未孕的妇女向神仙求子，表面上是求“神”，但有时又要过夜，实为同非婚姻男子野合“借种”，武侠小说中有许多不法和尚借机淫辱妇女的描写，即与此有关。陈忠实《白鹿原》有此俗的详细描写：“每年六月三日到六日为棒槌神会日，会的时间不在白天而在夜晚，半夜时分达到盛期……婆婆给媳妇从头顶罩下一幅盖脸的纱布，俩人约好会面的地点，婆婆就匆匆走开了。这时候，藏在树干和石头背后的男人就把盖着脸的女人拉过去，引到一个僻静的旮旯里，谁也不许问谁一句话，就开始调逗交媾。”（人民文学出版社，2000 年版，第 610 页）“傩戏”中也有许多性教育的内容，也是古代风俗的文化残留。

学术界有一个颇有争议的问题，即美洲的印第安人是否为华裔？就目前讲，仍难有肯定或否定的结论。但从文化上看却极为相似，狂欢节上的疯狂、假面具的使用、化装舞会的奔放与大胆、夏令营或其他大型娱乐活动中的性自由等，酷似汉文化上“令会男女”的节庆活动。墨西哥有一个影片，记述一次大规模的地方性娱乐活动，倾城之人开车到野外过夜。夜晚是家庭、婚姻暂时解体而处于自由化、临时野合以寻欢作乐的时刻，多是白天男女传情，晚上自寻空间野合，有时会有碰到家人或熟人的尴尬，假面具的产生可能与此相关。但尴尬也是短暂的，因为大家都在“另寻新欢”且极度亢奋，正所谓半斤八两。正如《诗经·郑风·野有蔓草》所说：“野有蔓草，零露溥兮，有美一人，清扬婉兮。邂逅相遇，适我愿兮。”此诗末句是“与子偕臧（藏）”，即“野合”。“露水夫妻”之“露”，即源于“零露溥兮”的野外空间。

“行李”及“东家”的由来

这是两个现代汉语的常用词，但“李”及“东”的语素义颇难猜度，因为这两个词几经周折，与原义已相去甚远了。

《左传·僖公三十年》：“若舍郑以为东道主，行李之往来，共其乏困。”其中“东道主”最后派生出“东家”，而此处原指“使臣”的“行李”一词，演变为现在旅行人所带的“包裹行李”的意思。

古时外交官一般称“行人”，如《论语·宪问》“行人子羽修饰之”的

“行人”就是。故杜预注《左传》上文说：“行李，使人。”那为何用“李”字呢？清代郝懿行《证俗文》卷六说：“古者行人谓之‘行李’，本当作‘行理’，理，治也。作‘李’者，古字假借通用。”据此可知，“行李”本指“出行在外，去办事、理事之人”。此词《左传·昭公十三年》即写作“行理”，原文是：“行理之命，无月不至。”杜预注：“行理，使人，通聘问者。”后来“行人”一词多改用“使人”“使者”“使臣”等，“行李”一词遂不用，词义转移为专指出行之人所带的物品。唐代元稹《叙诗寄乐天书》：“有诗八百余首,色类相从,共成十体,凡二十卷,自笑冗杂,亦不复置之于行李。”《二刻拍案惊奇》卷二十三：“即令人替崔生搬将行李来，收拾门侧一个小书房，与他住下了。”

“东道主”，本是郑国使者对秦王所说的话，因当时秦晋两国攻打郑国，郑国使者向秦王阐明利害关系，指出秦国攻打郑国得不到任何好处，只能扩大晋国力量，反而有害。如果与郑友好，郑在秦东边，是秦人东去的必经之地，以后在秦国与东方诸国的交往中，郑国可在东方尽“地主之谊”，予以种种帮助和方便。因此，“东道”本义是“东边路上”的意思，有其历史及地理内涵。后来此词“东”字的方位词义弱化以至于消失，转移为指“主事人”“一地之主”“请客者”等。故《容斋随笔》卷七《北道主人》说：“秦、晋围郑，郑人谓秦盍舍郑以为东道主。盖郑在秦之东，故云。今世称主人为东道者，此也。”例如：元代高文秀《黑旋风》一折：“我再做个东道，请你那一班落保的都吃一个烂醉，何如？”《二刻拍案惊奇》卷二十二：“这样凑趣的东道主人，不可不厚报他的。”

后来词义重心又转移到“东”字上，“道”字也可省去。例如《儒林外史》十三回：“马二先生做东，大盘大碗请差人吃着，商议此事。”《醒世恒言》二十卷：“同寓举人候榜，拉去行院游串，作东戏耍。”《醒世恒言》三卷：“这一小锭，重有二两，相烦备个小东。”《二刻拍案惊奇》卷十七：“欲问夫人高门姓氏，与敝东何亲？”

所以，“东”字作为词素，就有“东人”“东家”“房东”“股东”等。自从改革开放，股份制出现之后，股东一词复活，但因“东”“董”音近，常出淆乱。“股东”应为入股者，“东”为“主人”之义；“股董”应为入股兼管事者，“董”有“主持”“管理”之义；但是二者又有相通之处，入股金额达到一定比例即可任董事，对公司事务有发言权、决策投票权等。这样看来，“股东”可视为上位词；“股董”可视为下位词，是“股东”中的一部分。

对鲁迅“孺子牛”诗句的拔高

鲁迅的“横眉冷对千夫指，俯首甘为孺子牛”两句诗历来被推崇，成了革命家的座右铭。毛泽东《在延安文艺座谈会上的讲话》说：“一切革命的文艺工作者，都应该学鲁迅的榜样，做无产阶级和人民大众的‘牛’，鞠躬尽瘁，死而后已。”（《毛泽东选集》第三卷，人民出版社 1967 年版，第 834 页）这样一来，“孺子”一词被理解成是“人民大众”，这不仅误解了鲁迅，简直有些亵渎了这位伟大的作家，因为“孺子”是指小儿或后生、晚辈，《说文》：“儿，孺子也。”称人民为“孺子”，有悖于伦理道德，也非鲁迅本意。

《增广昔时贤文》说：“儿孙自有儿孙福，莫给儿孙作马牛。”“孺子牛”一词的出典，正是讥讽溺爱子女这一人性弱点的。《左传·哀公六年》：“鲍子曰：‘女忘君之为孺子牛而折其齿乎，而背之也？’”杜预注：“孺子，荼也，景公尝衔绳为牛使荼牵之，荼顿地，故折其齿。”这是齐景公溺爱小儿荼的故事，“孺子牛”一词引申为甘愿为后辈人效力卖命，关键在“慈”伦理。

《清稗类钞·诙谐类·夫子自道》讲述了一个模仿齐景公而甘为孺子牛的故事：“‘酒酣或化庄生蝶，饭后甘为孺子牛’，某名士自撰之联，盖夫子自道也。某嗜饮，醉辄寝。起，则导其幼子嬉戏于庭，自为牛，而使幼子为牧童，曳之使行，蹒跚庭中，不稍拂其意。世之为儿孙作马牛者，固甚夥矣，然每不自承，若如某名士之能自道者，固绝无仅有也。”

鲁迅诗句应是直接源于这一掌故，仅将“饭后”改作“俯首”，使“甘

鲁迅像

为孺子牛”更加形象化了。鲁迅晚岁得子，十分珍爱，此情见于他的日记及作品的大量内容中，正因为如此，受到了当时不友好文人的讽刺与批评。但是鲁迅不改此情此性，屡次予以反击，曾写下了“无情未必真豪杰，怜子如何不丈夫”的诗句。其次，鲁迅选取受人讥讽且有贬义的“孺子牛”自名，表现了一种反潮流精神。因为，常人皆有溺爱幼子的人性弱点，但往往又嘴硬，即“每不自承”；鲁迅正是效法某一名士，作此“绝无仅有”之举。故他在《书信·致李秉中》说：“只得加倍服劳，为孺子牛耳，尚何言哉。”此处“孺子牛”就是直陈其爱子之情的，又可作为一个强有力的证据。

儒学讲仁爱，不同于墨家“无父无君”的泛爱，而是爱有等差，即“老吾老以及人之老，幼吾幼以及人之幼”。鲁迅敬母爱子的感情与行为有很深的儒学基因，他甘为孺子牛，正是勇敢地向世人标明他的行为准则，而与极“左”思潮反人道的所谓“工人没有祖国”、片面的“阶级亲”划清界限。所以，儒学以“孝悌”作为成就人格理想的起点，走“修齐治平”的循序渐进之路，而“易牙烹子享君”“吴起杀妻求将”都是为后人不齿的反人道行为。

由敬母爱子之情推而广之，鲁迅将“孝道”发展为对人民的热爱。他在《〈呐喊〉自序》中写“侍父”及“母泪”的人生经历，最后“沉入于国民中”，作品中饱含着对“国民”的复杂真情，由此形成他作品中“改造国民性”

的中心思想，以孔子“教之”思想承担大的社会责任，成就其“民族魂”的担当。鲁迅又将爱子的“仁慈”之心，发展为对青年晚辈的特殊爱心，他的《为了忘却的记念》《记念刘和珍君》等表达了这一层感情。在《为了忘却的记念》一文所附诗中，他为后辈一洒“慈母泪”，而“挈妇将雏鬓有丝”及“忍看朋辈成新鬼”正是甘为孺子牛的慈父母的真实写照。同时他将中国的未来和希望寄托在青年身上，又与孔子“后生可畏，焉知来者之不如今也”之认识相合。极“左”思潮将“孝”“慈”两情合而为一，加在“孺子牛”诗中，是任意拔高，强加于人，应予纠正！

何谓“天子气”

中学语文课文《鸿门宴》中有一段范增劝项羽进攻刘邦的话说：“吾令人望其气，皆为龙虎，成五采，此天子气也。急击勿失。”所谓“天子气”又称“王气”，是阴阳学家占候术用语，此气实为五彩云霞或日晕。

《吕氏春秋·应同》：“凡帝王之将兴也，天必先见祥乎下民。”《论衡·吉验》说：“凡人禀贵命于天，必有吉验见于地……验见非一，或以人物，或以祯祥，或以光气。”这种光气即范增所说的“天子气”，后人多写作“王气”，但“王”字古时在此词中读去声，是“暀”“旺”的通假字，今人读“王气”之“王”为平声，是受其基本义读音类化而习非成是的结果。《说文》：“暀，光美也。”但是此字只见于《尔雅》，而无其他经书用例，后改用“旺”字代替此字，朱骏声《说文通训定声》说“暀”字亦作“旺”。《玉篇》：“旺，日晕。”与《说文》暀字“光美”之义相承接。所以《广韵》：“旺，美光。”“旺”字下同一小韵内“暀”字，《广韵》释为“上同”。而《广韵》“旺”“暀”之下又有同音字“王”字，释为“霸王，又盛也”。所以郝懿行《尔雅义疏》认为“旺”“暀”“王”为三个同音同义词，均在去声“漾”韵。

王气一词，“王”字读去声，有大量的古代异文作佐证，除枯燥的文字训诂材料外，在元曲中此词两种形式并存。如《隔江斗智》二折：“汉家王

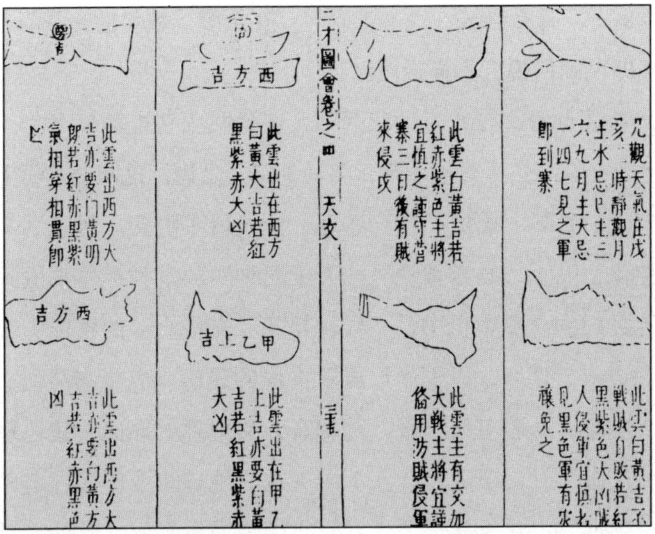

《三才图绘》中画的吉云和凶云

气已将终，鼎足三分各自雄。”《龙虎风云会》三折：“金陵府销王气，石头城践马蹄。”《千里独行》楔子：“有人来问宗和祖，四百年前王气家。”但以下作品用“旺气”而词义相同。如《陈抟高卧》一折：“江山埋旺气，草木助威灵。欲寻那四百年兴龙地，除是这八十里卧牛城。”《博望烧屯》一折：“有人来问宗和祖，四百年前旺气家。”其中“四百年前王（旺）气”，即秦末楚汉相争时被范增所指认的刘邦“天子气”。另外，唐宋诗词中有大量以“金陵怀古”为题的作品，所写“王气”为秦朝事。《酉阳杂俎·广知》：“（胡）综曰：‘昔秦皇以金陵有天子气，平诸山阜，处处辄埋宝物以当王气。’”此气后人附会在建都江左的三国时东吴及整个六朝的历史上。细绎古人“金陵王气”诗句，“王”字全应属诗律中仄声。王力先生《汉语诗律学》讲“王”字有平仄两读时，即举王安石“山水寂寥埋王气”一句为证。

明白“王气”即“旺气”之后，我们再说说它的形象。俗语说“二八月，看巧（彩）云”，范增所说“为龙虎，成五采”，正是日光作用下的“巧云”。因此，“王气”又有“云”之称：《晋书·天文志》承《史记·天官书》说：“瑞气，一曰庆云，若烟非烟，若云非云，郁郁纷纷，萧索轮囷，是谓庆云，一曰景云，此喜气也。”明代小说《型世言》十四回：“见西北异云起，众人道是景云……

(刘)伯温道：‘什么景云？这是王者气，在金陵。数年后，吾当辅之。’”可见，王气即民间所说五彩祥云而已！

以天文学观点看，二八月春秋两季，正是阴阳转换消长之际，天地之气贯通，故民间又有“二八月地如筛，勒马等路”之说。这两个月份天朗气清，日光灿烂宜人，日晕、彩虹、巧云迭现，让人目不暇接。封建皇帝利用这种天象自我神化，贴上“君权神授”“天子龙种”的宗教标签来愚弄社会，只不过像陈胜吴广的“狐鸣鱼书”一样，是其“先威众”的宣传手段而已。堪舆术利用它走入了误区，以至于形成了古代的迷信。但是，秦朝、六朝以及明代为什么屡言“金陵王气”呢？这却有天文地理的原因。从地理上看，由于“地不满东南”，使金陵及长江下游吴越之地成水乡泽国，地卑气湿，当代人谓之“湿地”；从天文气象学看，我国是季风气候，此处面对浩瀚的太平洋和春夏秋三季的潮湿东南风，因而有特殊的“梅雨”季节。所以，此地阴阳二气的交融极易形成巧云罢了，此即史书所说的“若烟非烟，若云非云，郁郁纷纷，萧索轮囷”的庆云、瑞气。

然而时至今日，由于全球气候变暖，长江中下游的湖泊数量、面积及整个湿地面积急剧缩小，历史上滞留于江左的“梅雨”已消失二十余年。因此，“金陵王气”已成了黯然收场的“历史记忆”，昔日的水乡泽国已成旱园，南船北马的交通区别也已模糊不清。

“胜日”怎讲

古代启蒙读物《千家诗》及初中语文阅读材料均收录宋代朱熹《春日》诗，可谓是妇孺尽知的佳作，但对此诗首句“胜日寻芳泗水滨”中的“胜日”一词，时人多有误解，以致以讹传讹，南辕北辙。

上海辞书出版社《宋诗鉴赏辞典》注“胜日”说：“原指节日或亲朋相聚之日，此指晴日。”其中，“此指”应是随文释义所得言语义，它纯属望文生义的想当然之词；“原指”应是此词的概念义，但却是承袭《辞源》而致误。《辞源》释此词为“节日或亲友相聚的日子”。并引《晋书·卫玠传》：“遇有胜日，亲友时请一言，无不咨嗟以为入微”为证。《辞源》在此犯了逻辑上倒果为因的错误，因为这段话前面还有这样几句话：“好言玄理，其后多病体羸，母恒禁其语。”可见，卫玠患病之后，其母对其谈玄嗜好进行了干涉和限制，只有遇到“胜日”才偶尔开禁，让他会友。因此，“胜日”在前为条件，“亲友相聚”在后为结果。事实上，卫玠英年早逝，仅享寿二十七年，当时就有“看杀卫玠”的说法，《世说新语·文学》有“玠体素羸，恒为母所禁”的记载。因此，《辞源》解此词是因果倒置，舍本逐末。

胜日，本是古代阴阳五行学说的术数用语，该学说含有朴素的唯物思想，认为自然界的五大元素“金、木、水、火、土”之间有相生相克的关系。五行相克是：金克木、木克土、土克水、水克火，火克金；五行相生是：金生水、水生木、木生火、火生土、土生金。这些是缘于五行属性的实践认识，有些是物理属性，如金属比木头硬度大、木头比土硬度大等；有些是物理化学变化，如“火克金”与“金生水”是金属在高温下由固态变为液态的物理变化；“水生木”及“木生火”则是生命规律、化学变化，前者是植物吸收水分的复杂过程，后者是简单的氧化反应。但是阴阳五行学说又将时间、空间、人事活动等纳入五行之中，形成一个复杂的网络和坐标，呈现出牵一发而动全身的“生克制化”关系，并以此预见人生命运及形形色色事务的吉凶祸福。“胜日”一词就是五行生克学说与时间相配合的概念，《史记》中此词两见，皆作“乃作画云气车，及各以胜日驾车辟恶鬼”。在《孝武本纪》篇中，裴骃《集解》引《汉书音义》说：“如火胜金，用丙与丁日，不用庚辛。”古人以干支计时，而干支皆有五行，看日期的五行又以天干为主。天干与五行的关系是：甲乙木、丙丁火、戊己土、庚辛金、壬癸水。所以，出行及做事需要“火胜金”的形势时，就要选用属火的“丙与丁日”，不能用与欲克胜的“金”相配的“庚辛”日子，那样会壮大对手而不利于己。“胜”即是“克”的意思，故“胜日”亦可作“克日”，“克”字又写作“尅”“剋”。《晋书·羊祜传》：“每与吴人交兵，剋日方战，不为掩袭之计。”传统神秘文化又有“取外应”的说法，因为“五行”学说是与万事万物相联系的开放体系，各种信息皆可纳入其视野。《史记·封禅书》讲“胜日”，《史记索隐》引乐产云：“谓画青车以甲乙，画赤车丙丁，画玄（黑）车壬癸，画白车庚辛，画黄车戊己。将有水事则乘黄车，故下云‘驾车辟恶鬼’是也。”这是结合五色的属性以求“胜”，因“青赤黄白黑”分属“木火土金水”五行。总之，“胜日”一词有克、胜之义，可说解为吉日良辰，它与人、事的复杂网络相关联，不能简单视为天气形势。

对古代诗文中“胜日”一词，当然不必抠得太死，但也不能离本义太远。即如朱熹诗句看，他是南宋人，未曾涉足北方，但他又是儒学大师，故其“胜日寻芳泗水滨”是虚拟之辞。泗水是孔子故里，当时正沦于异族之手，故张孝祥《六州歌头》词写道：“洙泗上，弦歌地，亦膻腥。”据此分析，朱诗“胜日”应有驱逐金人、克复北国之意，并寄寓了他朝圣的美好愿望。目前众多出版社皆注朱诗“胜日”为“晴日”，均脱离词的本义，而且没有概括性。《佩文韵府》此词下有唐代刘宪“胜日登临云叶起，芳风摇荡雪花飞”诗句，“胜日”不仅不是“晴日”，恰恰相反，是“云叶起”“雪花飞”的阴霾之日，又将作何解释呢？

阴阳与古今地名

阴阳一组词，是我国古老哲学的重要概念，它是先哲们探索宇宙起源及对天文现象分类的最基本词汇，故又有“一阴一阳之谓道”的哲学命题。地球在绕太阳运行的过程中，周而复始地形成昼夜、明暗的规律性变化，古人称为“阴阳交替”“阴阳消息”。具体说，日为阳，故又名“太阳”；月为阴，也有“太阴”别名。推而广之及其他，如：天为阳，地为阴；男为阳，女为阴；生为阳世，死在阴间；受光及明处为阳，背光及暗处为阴；皆与日月光照相关。

用在地理上，有山南为阳，山北为阴；水北岸为阳，南岸为阴的认识；这又与我国在北半球而太阳始终在南面有直接联系，如在南半球则会呈相反之势。由于阴阳有这一层地理含义，所以古代许多临近山水的地名常用阴阳二字。洪迈《容斋四笔》卷十六有《郡县用阴阳字》一篇，开头说：“山南为阳，水北为阳，《穀梁传》之语也，若山北水南则为阴，故郡县及地名多用之，今略叙于此。”

与山水称阳相关的地名居多，洪迈举例“百有五六十”，其中“山之南者”而使用至今的地名如嵩阳、衡阳、岳阳、咸阳、揭阳、弋阳……其中“咸阳”最为有名，《三秦记》解释其命名说：“地在九嵕之南，渭水之北，山水皆阳，故曰咸阳。”“咸”为副词“全”义。

居水北而以“阳”命名者最多，如沈阳、河阳、洛阳、辽阳、泗阳、沭阳、丹阳、寻阳、安阳、汉阳等古今沿用，其中“洛阳”为六大古都之一，其地势与咸阳类似，背山面水，其北负邙山，南归洛水，山水皆阳，故取水北之义名“洛阳”。在传统堪舆术中，背山面水被认为是风水绝佳处，称为“金星登殿”，描写山水的术语是：前有御池，后有高山。毛泽东韶山故居就是这种风水宝地，至今为人津津乐道。现武汉三镇的“汉阳”，依常理应在汉水北面，但今天在汉水南面，据学者考证那是汉水后来改道的结果。因此，地名还与河的历史相关联。杜甫《石壕吏》诗有“急应河阳役”诗句，“河阳”应在黄河之北。

以“阴”命名的甚少，洪迈认为“盖面势在背，自难立国邑耳”。但“山之北者”华阴、山阴最为有名，华阴在西岳华山之北，因西岳登山之路在北，故华阴得以立邑。山阴即浙江绍兴，因在会稽山之北而得名，是古越国都城。以“水南为阴”命名者，以江苏的江阴、淮阴最为有名，江阴是战略要地，清军南下曾在此遭到激烈抵抗，也是现代史上解放战争中渡江要塞，淮阴则是运河中段大型码头商埠、淮扬菜的基地和周恩来的故乡。

有时阴阳命名之外，还配以南、北，如江苏有淮阴，历史上还有淮阳；但现安徽省有淮南、淮北两大工业城市，皆以与淮河的地理位置关系而得名。从地理上看，以“阴”“南”命名者皆在“水之南”，以“阳”“北”命名者皆在“水之北”。与以山命名者“阳”与“南”同一位置、“阴”与“北”同一位置相反，这又与山水的凸凹形状相关。

月亮神话种种

《三字经》说："三光者，日月星。"在三光之中，星星因离地球太远而地球上的人对它不甚了了，产生的幻想及神话传说也较少。太阳与人类关系最为密切，但因它是个火球且不可逼视，围绕它形成的神话也不多。唯独月亮，因其温柔可亲的形象给人类带来了种种遐思冥想，形成了特殊的月神文化及众多语汇。

对日月运行的动力，汉人幻想其中有动物负之而行。太阳中有一大乌鸟，长沙马王堆汉墓出土帛画，有十日并出的画面，其中最大者中画有一只乌鸟，与后羿射日的神话相吻合。屈原《天问》有"羿焉弹日？乌焉解羽？"之问，意思是"后羿怎样射落太阳的？其中的乌鸟又到哪儿去了呢？"对月亮的动力，古人从月中阴影猜测其中有一玉兔，故《天问》又有"厥利维何？而顾菟（兔）在腹？"意思是询问："玉兔在月中得到了什么好处呢？而在月腹中张望人间？"因此，太阳又名"赤乌""金乌""阳乌"，"乌"为太阳提供动力；月亮又称"兔""玉兔""金兔""月兔"等，"兔"为月亮提供动力。所以，日月运行又称"乌飞兔走"。白居易《劝酒》诗："天地迢迢自长久，白兔

玉兔捣药

马王堆汉墓帛画中的乌鸟和蟾蜍

赤乌相趁走。”《警世通言》二十八卷：“不觉乌飞兔走，才过端午，又是六月初间。”

月兔的神话来自人间所见的月中阴影，还有“玉兔捣药”的更形象的幻想与神话。与嫦娥奔月的神话相联系，玉兔还是嫦娥带去月宫的宠物。另外，还有将月中阴影想象为蟾蜍的神话，《淮南子·精神训》：“日中有踆（蹲）乌，而月中有蟾蜍。”故月亮又有“蟾”“银蟾”“素蟾”“灵蟾”“蟾宫”“清蟾”“明蟾”等别名；圆月又称为“圆蟾”“蟾盘”“蟾轮”“蟾镜”，月光又称“蟾光”“蟾彩”“蟾辉”“蟾影”“蟾魄”等。《二刻拍案惊奇》卷五：“元宵三五，银蟾光满。”《红楼梦》一回：“蟾光如有意，先上玉人楼。”

月中阴影还被幻想为一株桂树，又有吴刚伐桂的神话传说。《酉阳杂俎·天咫》：“旧言月中有桂，有蟾蜍，故异书言，月桂高五百丈，下有一人常斫之，树创随合。人姓吴名刚，西河人，学仙有过，谪令伐树。”因此，月亮又有“桂月”“桂宫”“桂窟”“桂殿”“桂魄”“桂阙”“桂轮”“桂蟾”等别称；月中嫦娥又名“桂娥”，月影又称“桂影”。宋代蔡伸《十六字令》：“天！休使圆蟾照客眠。人何在？桂影自婵娟。”毛泽东词《蝶恋花·答李淑一》有“寂寞嫦娥舒广袖”及“吴刚捧出桂花酒”的句子，用嫦娥、吴刚神话典故。

《晋书·郤诜传》有“折桂”之典，郤诜回答晋武帝提问时说：我在举贤良对策中，为天下第一，就如桂林的一枝，昆山的一片玉。后人以“折桂”“攀桂”为科举登第、金榜题名的代称，温庭筠有“犹喜故人先折桂，自怜羁客尚飘蓬”的诗句。后人又将此典与吴刚伐桂神话相糅合，又有步蟾折桂之说。《书言故事·科第类》：“及第之荣，比步蟾宫。”《孽海花》五回：“举人是月宫里管的，只要吴刚老爹修桂树的玉斧砍下一枝半枝，肯赐给我们爷，我们爷就可以中举，名叫蟾宫折桂。”真是活灵活现，吴刚又成了主考官。元代关汉卿《陈母孝子》一折：“志气凌云彻碧霄，攀蟾折桂显英豪。”《萤窗异草·杨秋娥》：“适值秋闱，赖狐翁度以金针，遂攀月桂。”

古今人“尚左”“尚右”析

汉文化的伦理学强调长幼尊卑的秩序，因此方位名词“左”“右”，也同“上”“下”一样具有了特殊的文化涵义。中学语文课文《廉颇蔺相如列传》讲蔺相如在完璧归赵、渑池会不辱使命两次外事活动中立功后，“拜为上卿，位在廉颇之右”。“右”为上，即地位超过廉颇并引起了廉颇的不满，随后演绎出影响数千年的“将相和”戏剧冲突。“右为上”，是汉文化中的主导倾向，但也不是绝对的、一成不变的。

右为上，始于周朝，它是对商朝“左为上”的反动，即文化变革的细枝末节。商周两朝的文化差异是：前者以巫鬼宗教文化为主流，后者以礼乐教化为主流。《礼记·表记》说：“殷人尊神，率民以事神，先鬼而后礼。周人尊礼尚施，事鬼敬神而远之。”《墨子》尊天明鬼，是殷文化的孑遗，保留着殷人尚左的文化信息。如《明鬼下》：“有神入门而左。”《号令》篇：“男子行左，女子行右。”殷商灭亡后，其“尚左”文化仍在受中原文化影响较小的楚国长期保存着。《左传·桓公八年》有“楚人尚左”之说，到《汉书》中，仍称楚俗“信巫鬼，重淫祀”，故尚左在前。

周代的文化变革，从形式上看，就是改左为上为右为上；在内容上看，是禁绝巫鬼文化而推行礼乐教化，称殷文化为“左道”。《礼记·王制》说：

蔺相如像

西门豹治邺

“执左道以乱政，杀。”郑玄注：“左道若巫蛊与俗禁。”典型的事例是有名的“西门豹治邺”，禁“河伯娶妇”，至今仍是破除迷信的最好教材之一。然而，移风易俗又谈何容易？巫鬼文化在民间仍有深厚的底蕴，甚至波及政府官吏。即使周代文化中，左为上的遗存也屡见不鲜，《礼记·内则》：“凡男拜，尚左手。凡女拜，尚右手……子生，男子设弧于门左，女子设帨于门右。”这就是留传至今的男左女右之俗。《老子》三十一章：“君子居则贵左，用兵则贵右……吉事尚左，凶事尚右。偏将军居左，上将军居右。”总而言之，情况复杂，有时空交错的差异。

华夏的文明史，主要仰赖于周代之后的文物典籍得以传承，所以历史上“尚右”为主，故成语称地位或水平等最高者为“无出其右”。《史记·廉颇蔺相如列传》下《索隐》引董勋《答礼》说：“职高者名录在上，于人为右；职卑者名录在下，于人为左，是以谓下迁为左。”下迁即官吏贬谪，又称“左迁”“左降”“左贬”“左削”“左退”等。唐代韩愈有名诗《左迁至蓝关示侄孙湘》，这是因他谏阻“迎佛骨”而惹怒皇帝，遭贬谪。与此相联系，“左”字还有“卑”“下”之义，《论语》以“披发左衽”称异族。因“子不语怪力乱神”，故宗教巫术等神秘文化被视为“左道旁门”。中古又有称异族异国之语为“左言”的，刘禹锡《武陵书怀》：“邻里皆迁客，儿童习左言。”这两例皆有贬义。《史记·魏其武安侯列传》有“诸士在己之左”句，“左”即下，与“位在廉颇之右”的“右”字相反。

到五四之后，受资产阶级革命、马列革命思潮影响，左右的关系又颠倒了过来。《现代汉语词典》中，“左派”是倾向进步或革命的一派，“右派”反之，释为“在阶级、政党、集团内，政治上保守、反动的一派，也指属于这一派的人”。所以，“右派”并一度作为社会的一个阶层处于被无产阶级专政的“五类分子”之一。其次，将近一个世纪的阶级斗争宣传及解放后的政治运动，形成了全社会根深蒂固的“宁左勿右”式思维方式，以至于极“左”思潮不断升级，终于导致空前绝后的文化浩劫。“文革”浩劫结束后，左右的褒贬色彩又发生了戏剧性变化。由于极“左”思潮对社会及人们心灵造成了巨大的创伤，而历史上所谓“右派”反动派、“右倾”机会主义分子，却往往是被历史证明了的文化精英和敢于坚持真理、讲真话的忠义烈士，具有深厚的传统文化基因和成仁取义的悲剧色彩。八十年代初，“右派”文人公刘偕同雷抒雁、叶文福两位年轻诗人到北京大学作报告，开头即自报家门：“我是右派！摘帽右派。”结果却引起了台下雷鸣般的掌声，受到了莘莘学子的真情拥戴。相反，邓小平拨乱反正在思想文化战线上重点是反“左”，四人帮被称为极“左”分子。“左”派人士有“马列主义老太太”的贬义外号。所以，少有人自称“左派”，“左”具有隐现两层贬义。最为经典的是启功先生“瘫偏左，派曾右”的自撰《墓志铭》名句，既流露出对“左”的厌恶和鄙视，又透露出“虽九死其犹未悔”的坚执和“留取丹心照汗青”的自信。

“左”“右”两词的褒贬色彩，目前在中国处于不稳定状态，人们的使用也极为谨慎；在国际上使用也不统一，因此其演变前途难以捉摸，似乎处于中性状态。

青白眼的滋生词及误解

现代汉语中“白眼”一词常用，不难理解，它与古代汉语书面上常用的“青眼”是同一来源。《世说新语·简傲》“嵇康与吕安善”一节，刘孝标注引《晋百官名》曰：“嵇喜字公穆，历扬州刺史，康兄也。阮籍遭丧，往吊之。籍能为青白眼，见凡俗之士，以白眼对之。及喜往，籍不哭，见其白眼，喜不怿而退。”因此，“白眼”有轻视之义，青眼反之。《唐才子传·李山甫》说山甫“能为青白眼，生平憎俗子，尚豪侠”。至今，翻白眼几乎成了汉人的“国粹”，凡遇不顺心、不高兴、拒绝或不屑一顾的情境，凡俗之人常翻白眼以示意，成了国人尤其是女孩子常见的习惯性动作。当然，今天看来“白眼”动作并不文明，似应淘汰。《聊斋志异·鸦头》：“媪见床头金尽，旦夕加白眼。”

“青眼”一词古人常用，并由此滋生出一串变体词语。“青”与名词结合构成的有“青目”“青眸”“青眼客”等，例如王维《赠韦穆十八》诗：“与

阮籍像

君青眼客，共有白云心。”宋代黄裳《与南京留守》：“泽国旌麾十几秋，一封曾去辱青眸。”《隋唐演义》八十三回：“施青目学士识英雄，信赤心番人作蕃镇。”鲁迅《高老夫子》：“像础翁这样的学者，她一定大加青眼的。”因“目”“眸”皆眼字的同义近义词，这几个可视为直接滋生的词语。

青与动词又间接滋生出“青盼”“青昐”“青睐”“青顾”“垂青”“垂青顾”等。《醒世恒言》六卷：“颇蒙青昐扶持，一官幽蓟。”韩愈《崔十六少府……》诗：“音问难屡通，何由觌青盼。”宋代王明清《春娘传》：“守与司理有旧，司户又蒙青睐。”元代佚名《刘弘嫁婢》一折：“尊贤若肯垂青顾，便是书生得志秋。”《萤窗异草·宜织》：“数数目宝，意颇垂青。”还有“垂青目”这样的短语，《红楼梦》十五回：“却多蒙海上众名士凡至都者，未有不另垂青目。”目前，“青睐”一词常用。

“眼”与“青”字皆不用，由动词“垂”“顾”“盼”等又可滋生第三代同义词，如“垂盼”“垂顾”等。《萤窗异草·陆厨》：“翁倘垂盼，某愿执伐。”《青楼梦》二回：“今蒙郎君垂顾，妾欲以一樽为献。”

成语“另眼相看”“另眼相待”等，也是青白眼的滋生词，但另眼之“青”“白”，须随文考察。例如，《警世通言》二十二卷：“刘翁刘妪见他小心得用，另眼相待，好衣好食地管顾他。”《围城》六：“校长对你先生，当然是另眼相看了。像我们这种……”此处是“施青目”、看重。周恩来《团结广大人民群众一道前进》：“一听说是非党员非团员，马上就另眼相看。这样来划一个鸿沟是非常危险的。”此指“翻白眼”、看轻。

不了解“青眼”的词义，极可能出现理解及文字上的错误。明代小说《型世言》在大陆亡佚，前几年又从韩国发现并回归故里。但1993年作家出版社出版该书，有两处用“清目”，“清目”只有“明目”“悦目”之义，无“青目”的文化意蕴，但从文义看可能是“青目”之误。二十七回：“公祖明断，只小犬还求清目。”三十一回：“舍亲要求清目，特具一杯奉屈，这是芹敬。”显而易见，两处皆“青目”“垂顾”之义。因何致误，待进一步考查。

四 伦理、禁忌及其词汇现象

宗法制度与汉语亲属词

宗法制度源于奴隶社会世卿世禄的血统制，贵族、平民、奴隶等级森严，世代相承。这种制度与儒学的"孝悌"伦理相结合，既形成了汉文化上重视历史、尊祖敬族的优良传统；也形成了中国人沉重不堪的精神桎梏，摧残和泯灭了原始社会公天下时代的"民主"和"人权"价值观念。孔子从"有教无类"的私学起，就致力于打破这一制度。所以，陈胜、吴广在大泽乡揭竿而起时，就发出了"王侯将相，宁有种乎"的愤怒呐喊。《论语》有子以"孝悌"为人之本，是宗法制的起点，宗法制度在汉语词汇史上，形成了亲属词内外有别、长幼有序、嫡庶分明的特点。

汉语词汇有"亲""戚"之别，"亲"指族内，"戚"指族外，内外有别。《尔雅·释亲》分宗族、母党、妻党三类，并说："父之党为宗族，母与妻之党为兄弟。"父党为内，母与妻之党属外，郝懿行《义疏》引贾疏曰："兄弟之名，施于外亲为正。"在英语中，伯叔、舅父、姑父、姨夫一辈男性皆用"uncle"一词，俄语用"тятя"一词；伯母、婶母、姑母、姨母、舅母用"aunt"一词，俄语用"тётя"一词；由此可见，汉语亲属词要比欧美语言复杂得多。有时还直接用"外"字修饰以别于"内"，如"外公""外婆""外孙""外甥""外舅"（岳父）"外姑"（岳母）等。内外有别还造成妇女的地位低下，女孩生来即被视为"外姓人"，古时多数女性连名字都没有，也没有财产、文化、保密技能等继承权，俗语还有“嫁出的女儿泼出的水”这样轻贱的比喻。

汉语中“伯”“叔”异称，“伯母”与“婶母”异名，是亲属词的“长幼有序”特点。石安石先生《语义分析》介绍说：“英语二十三个亲属词的描写，只须用四个语义成分，基本上就够了。”四个成分均不含长幼语义。汉语亲属词有五十多个，许多称谓有“长幼”语义成分。《尔雅》：“男子先生为兄，后生为弟；男子谓女子先生为姊，后生为妹。”英语“兄”“弟”都用“brother”，俄语用“брат”一词，如区分长幼，则再加形容词“大”“小”限定。

“嫡庶之分”，牵涉古代社会长子的继承权问题，《尔雅》说：“子之妻为妇，长妇为嫡妇，众为庶妇。”王国维《殷周制度论》考证，殷商之前无嫡庶之制，殷商时代最高权力“以弟及为主而以子继辅之，无弟然后传子”。自周公开始，实行了“立子立嫡”之制，王国维说：“舍弟而传子者，所以息争也。”这种不论贤愚、只计长幼之法虽不完善，但却从法律上避免了宫廷之争，使权力交接相对平稳些。嫡庶制与古代一夫多妻的婚姻相结合，形成了皇室的后妃之别、民间的妻妾之分，妇女及其子女名称、名分不同及其在社会、家庭的地位也因之不同。就皇室言，只有皇后之长子才有继承权，以此类推；民间宗族亦以长子长孙为主干，其余为旁支。孔子之后人曾世袭“衍圣公”名号，但承继者始终只一人而已。杜牧《阿房宫赋》有“嫔妃媵嫱”诸词汇，是皇室婚姻罪恶及嫡庶制度的反映，情况更复杂。

等级制度派生的等级词汇

语言是没有阶级性的，但社会的阶级差异和等级制度会在词汇层面留下自己的痕迹。凡自称，上古天子称“余（予）一人”诸侯称“孤”“寡人”“不穀”等，皆是自谦之称。“穀”义为“善”，“不穀”即“不善”之义；《礼记·玉藻》：“凡自称，天子曰‘予一人’。”郑玄注：“称予一人，言我于天下之内但只是一人而已，自谦退，言与余人无异。若臣下称一人，则谓率土之内唯有此一人，尊之也。”“孤”与“余一人”义近，“寡”即“寡德之人”，意同“不穀”。初中语文课文《扁鹊见蔡桓公》的桓公即自称“寡人”。秦汉以后，皇帝称“孤”“寡人”，垄断“朕”字，诸侯王及郡县制各层官吏皆不用；“余一人”及“不穀”废弃消亡，反映了伴随着皇权专制而来的谦卑与骄贵两种个人心理的此消彼长。

除天子、诸侯之外的其他官吏皆可自称“臣”。《礼记·礼运》说：“仕于公曰臣，仕于家曰仆。”臣相对君而言，仆相对主而言，但仆又可称“家臣”。“臣”字本义也是奴仆，有时还增加修饰语表谦。《仪礼·士相见礼》：“凡自称于君，士大夫则曰下臣，宅者在邦，则曰市井之臣；在野，则曰草茅之臣；庶人，则曰刺草之臣，他国之人，则曰外臣。”百姓在官吏面前，又有“小人”“下人”“奴才”等饱含被奴役色彩的自称。

臣子称君，则有“君主”“圣上”“皇上”“陛下”“万岁”等称呼，平民对官吏则称“大人”“爷”“老爷”“大老爷”“太爷”等称呼。吕叔湘《中国文法要略》说：“中国旧社会的习惯，社会地位较低的对于社会地位较高的，如卑幼对尊长，仆人对主人，平民对官长，穷人对阔人，是不能用普通第一第二身指称词的，得用尊称和谦称。”

夫荣妻贵，妇女也随男人等级不同而异称。《礼记·曲礼下》说：“天子之妃曰后，诸侯曰夫人，大夫曰孺人，士曰妇人，庶人曰妻。公侯有夫人，有世妇，有妻有妾。夫人自称于天子，曰老妇，自称于诸侯，曰寡小君，自称于其君曰小童。自世妇以下，自称曰婢子。”进入现代社会，“夫人”“妻子”仍保留下来，前者仍有尊称的语义成分，使用不普遍。

人的等级不同，生死等情况也有不同等级的语汇。《礼记·曲礼下》：“天子死曰崩，诸侯曰薨，大夫曰卒，士曰不禄，庶人曰死。”孔颖达疏曰：“论死后称谓尊卑不同之事。”所以，《触龙说赵太后》有“山陵崩”代指“太后百年后”，太后自谦用“填沟壑”。

随着封建社会的结束，历史上的等级词汇大都寿终正寝了，但学习古代文献时仍可感受到它的昔日面目。

“父母官”的由来及扭曲

近十余年来，传媒中“父母官”的称呼屡见报端；与此同时，官场的腐败呈蔓延之势，这两者之间有什么关系呢？

“父母官”的称呼来源于传统文化的民本思想，本属文化精华。《礼记·大学》说：“《诗》云：‘乐只君子，民之父母。’民之所好好之，民之所恶恶之，此之谓民之父母。”《诗经》两句讲的是“资格认证”，只有那些为民谋幸福而自己从中实现自己人生价值的有德君子，才配称父母官。与此相关，则有“爱民如子”“视民如伤”等成语称颂那些“父母官”；这里强调的是父母对子女般的无私奉献、社会责任、不可推卸的牺牲精神与义务。而“民之所好好之，民之所恶恶之”还包含“孝顺”的一层意思，是孝、慈的中和。相反，暴君污吏是不能称为父母官的，他们另有绰号。《孟子·梁惠王上》说：“为民父母，行政，不免于率兽而食人，恶在其为民父母也？”孟子又称损害仁义的无德暴君为“残贼之人”，并“谓之一夫”。民间则呼贪官污吏为“狗官”。《清稗类钞·讥讽类·狗官不仅宋构贯》称百姓对贪官“有至其舆前而大声骂之者，曰：‘狗官去矣，狗官亦有今日乎？吾辈来送狗官矣。’”《大学》所讲的，是“父母官”的鉴别方法，只有与人民同好恶者，才称得上是父母官。这与《老子》所说的“圣人无常心，以百姓心为心”是一致的。孟子后来提出“全民公决”的设想，近代“民主”社会的精髓就在于此。用今天的通俗话说，就是“与人民保持一致”、与人民息息相关，人心所向是权力合法性的唯一标准。

目前官场上有人喜称“父母官”，传媒也以此相呼应，这本身就十分滑稽，有欺世盗名之嫌。因为古代被称为“父母官”的清官，皆是百姓的口碑、公共舆论的赐予，鲜有自封者。古时贪官污吏也有邀名求誉者，但往往自取其辱。《清稗类钞·讥讽类·民之父母》：“某令以贪虐著，为民所切齿者久矣。某年，将解职，要邑绅赠匾，绅不得已，以‘民之父母’四字贻之。有滑稽者题一联于其旁曰：‘蠹国殃民，别人说此之谓；横征暴敛，自我看乌在其。’”这是一幅藏尾式对联，将《大学》与《孟子》论述父母官的内容隐去，予以无情嘲讽。此例说明，古时所谓“父母官”，需社会舆论认可。其实，真正的父母官恰恰不要这称呼，他们多以人民子女自居，视仕途为替国民尽忠孝义务。焦裕禄救灾时自称是灾民的儿子，邓小平也深情地说：“我是中国人民的儿子。”古代两袖清风的官吏皆是此种心态，反称人民为自己“衣食父母”，毕恭毕敬地侍奉百姓。山西的吕日周绝不会自称父母官，但离任时与百姓难舍难分，令人动容。

自称父母官者还有一种错误心态，他们不是与人民同好恶而服务于民，相反，他们要求人民“孝敬”他、听他的话。范丰《人之将“判”》说：“江西省万载县株潭镇原党委书记晏志平……剖析自己的犯罪原因时说：‘我是株潭的父母官，我为人民做了一点事，为企业做了一点工作，人民、企业像儿女孝敬父母一样对待我也是应该的，我是可以不推辞的。’”（《新民晚报》，2002 年 10 月 27 日 15 版）这种心态与舆论蔑视“民主”，片面强调“与领导、上级保持一致”相关，以至于社会上“上分国财，下刮民膏”（引社会学家孙立平先生话），买官卖官，贿赂公行。“有些地方，一个厂长为了当官，能把工厂卖光送完，升了局长或县官后，管十几个厂子，能在更大范围里贪、送。当他做了更大的官，这十几个厂子也就奄奄一息了。这是一条多么可怕的路。”（沙林《殊死较量》，《中国青年报》，2000 年 8 月 23 日）

马克思在《法兰西内战》一书中早已提出“公仆”的概念，并极力提倡选举、淘汰的公务员制度。然而斯大林主义盛行后，社会主义国家的主仆关系一直颠倒，积重难返，亟须拨乱反正。只有把权力关进笼子，真正让人民选举各级领导人，才能实现马克思所说的主仆关系。

“尔汝”之称与贵人贱己谦敬词

成语有“亲密无间”一词，除指推心置腹的坦诚、同甘共苦的侠义之外，也包括相处之间言语无猜、摒弃繁文缛节的世俗礼仪及常人间的客套寒暄。“尔汝”之称就是亲密无间在言语方面的表现，韩愈《听颖师弹琴》诗：“昵昵儿女语，恩怨相尔汝。”黄宗羲《柳敬亭传》：“其市井小人昔与敬亭尔汝者，从道旁私语……”“尔汝者”是个代词活用为动词的短语，即以“尔”“汝”相称者，指昔日亲昵无间之人。魏晋时期还有带亲狎情感的“尔汝歌”，《世说新语·排调》有记载。清代钱谦益《历朝应制诗序》：“余老为农夫，水南舍北，晨夕与村童牧竖唱尔汝之歌，和欸乃之曲。”

华夏是礼仪之邦，礼的核心理念是“贵人而贱己”。《礼记·曲礼下》说：“夫礼者，自卑而尊人，虽负贩者必有尊也，而况富贵乎？”这样就形成了古籍中大量的谦敬词汇，谦是“贱己”，敬为“尊人”。谦敬之礼兴于周朝，洪迈《容斋随笔·呼君为尔汝》考证，周人“尔汝”之称仍很普遍，“虽君臣父子之间，出口而言，不复顾忌，观《诗》《书》所载可知矣”。自秦汉两朝君主专制的权威等级确定之后，这种情况才开始转变。《史记》有陈胜故人在陈胜称王之后找他，因言语随便，泄露陈胜早年情形而被杀的记载；《史记·叔孙通列传》讲汉高祖约法三章取天下后，君臣之间没有规矩，“群臣饮酒争功，醉或妄呼，拔剑击柱，高帝患之”。“妄呼”就是言语随便，“相尔汝”之类。接下来就由叔孙通“征鲁儒生三十余人”制礼作乐，教习群臣，结果出现“竟朝置酒，无敢欢哗失礼者”的成效。汉高祖刘邦沾沾自喜，得意地说：“吾乃今日知为皇帝之贵也。”

因此，尔汝之称演变为大量敬称。《酉阳杂俎·礼异》：“秦汉以来，于天子言陛下，于皇太子言殿下，将言麾下，使节言节下、毂下，二千石长史言阁下，父母言膝下，通类相言称足下。”除此之外，还有以下称呼：君、执事、叟、夫子、先生、子、吾子、大夫、公、卿、官等，其中“先生”一词为当今男人敬称。

表敬副词常用的：敬、幸、谨、惠、辱、请，至今常见于书面语，口语中只用“请”字。

表敬的形容词有：尊、贵、贤、令、华、玉、高、大、美等，其中“玉”亦可视为名词。这些词仍活跃在人际交往之中，如贵姓、大名、令尊（专指父）、华诞、贤妻、贵干、高寿……“玉”“令”用法古汉语中常见，现代少用。

贱己的名词有：寡人、不穀、孤（用于君主）、臣、下臣、弟子、下妾、小人、仆、民、下官、奴、在下、小可、不才、不佞、晚生、弟、后生、小的等，产生时代不一，使用场合也不同。

贱己的副词有：敢、请、聊、窃、忝、猥等，这里“请”字是请求别人允许自己做某事，与尊人“请”字请求别人做某事不同。此类词今多淘汰。

贱己的形容词如：愚、贱、鄙、卑、敝、老、拙、贫等。此类词亦多不用。

随着社会开放和竞争时代到来，贱己之俗已不合潮流，其词语使用日渐萎缩。但尊人之俗风头正健，且有扩大之势，这一美德应发扬光大。反封建思想家鲁迅先生，给母亲的信开头是“母亲大人膝下敬禀者”，完全承袭传统。

生老病死的替换语言库

佛教有“人生八苦”之说，其中四苦即生、老、病、死。以“生”为苦与佛教“涅槃寂静”的三法印教义相关，与中国传统文化不合，故俗间有“好死不如赖活着”的流行看法。对“老”“病”“死”之苦，全人类看法趋于一致，《礼记·礼运》就说：“死亡贫苦，人之大恶存焉。”

儒学伦理有“敬老”的传统，强调“长幼有序”，《中庸》：“燕毛（宴耄），所以序齿也。”疏曰：“以毛发之色别长幼，为坐次也。”所以，“老”不是大众禁忌语，有时还可作谦敬词用。“老夫”“老汉”“老朽”是男人自称，苏轼《江城子·密州出猎》首句“老夫聊发少年狂”自称“老夫”；“老身”“老妇”“老妪”是女人自称，《战国策·触龙说赵太后》太后自称“老妇”，杜甫《石壕吏》有“老妪力虽衰”诗句，女主人自称“老妪”，“文革”中江青常自称“老娘”。同时，儒家又强调人际交往之间的文明礼貌，陌生人相见，常询问“贵庚”“高寿”，以便称兄道弟。西方文化忌“老”，以“年龄”为隐私，忌讳询问。

对疾病，有“采薪之忧”“不豫”等委婉词。《孟子·公孙丑下》：“昔者有王命，有采薪之忧，不能造朝。”朱熹注：“采薪之忧，言病不能采薪，谦辞也。”当代语言学家李荣先生《考本字甘苦》说：“年来受侵竖，屡有采薪之忧，执笔维艰。”其中，“竖”是源于《左传》的疾病代名词。“不豫”既可用于帝、后，亦可用于平民，又称“违豫”。“豫”是快乐之意，“不豫”“违豫”即是因病而不快。“豫”字属文言词，当今人多说成“不舒服”，口语也说成“不舒坦”。有时还用形容词减轻疾病的心理压力，称“微恙”“微疾”“贱恙”“小患”等，称人甚至用“贵恙”“龙体欠安”表敬或调侃逗乐。

死亡的替代语最多，又可分为几个层面：有伦理学的委婉语，如崩、薨、陨、落、坠、凋、谢等，可视为修辞学的比喻格，前几个常用于帝王将相。《触龙说赵太后》：“一旦山陵崩。”高诱注：“山陵，喻尊高也；崩，死也。”凋、谢，本指草木花叶败落，常作平民死亡婉辞，故百姓又自己贱称为“草木之人”。又用一般动词作婉词，如亡、丧、徂、逝、去、背、没、仆、毙、灭、越、走等。《说文》：“亡，逃也。”本义为逃匿，作替代语后渐成“死”的同义词，故复音词有“死亡”。俗语又说成“不在”“回去”“撒手”“伸腿”“翘辫子”等。如《儒林外史》十二回：“进门听得一片哭声，知是已不在了。”还有“捐馆”“晏驾”“填壑”“不祥”“不讳”“不禄”等书面语。

还有一些文化词汇，如“山颓”“梁坏”“大行”（用于帝王）“失怙”“失恃”“呜呼哀哉”“百年后”“千古”“山高水低”“三长两短”“成仁取义”“肝脑涂地”“马革裹尸”“香消玉殒”“玉山倾倒”等。《史记·孔子世家》：“孔子因叹，歌曰：‘太山坏乎！梁柱摧乎！哲人萎乎！’”《醒世恒言》三卷：“倘然山高水低，悔之无及。”

还有大量的宗教词语，道教的如亡化、归真、物化、化升、归山、归天、归西、归道山、仙逝、仙游、升遐、升仙、驾鹤西游、升天、上仙、宾天等。佛教的如灭、灭度、圆寂、坐化、归寂、迁化、顺世、灭身、寂灭、涅槃、逝世、离世、违逝、谢世、下世、即世等。还有俗间的“见阎王”“会无常”“见上帝”（西方宗教）等。

总之，此类词语数以百千计，不胜枚举！

生殖崇拜与性器官替换语

人类文明的早期，都有一个生殖崇拜的阶段，反映了人类对自身繁衍壮大的渴求。到父系社会后，实行了外婚制，渐渐出现“性”的羞恶之心，生殖崇拜变得隐蔽起来。反映在语言上，就是男女性器官的词汇书面语中罕用，这种情况在礼仪之邦中国尤甚，以至于英国学者约翰·韦布《论中华帝国之语言可能即为原始语言之历史论文》认为汉人“没有表示 privy parts（即阴部）的字，在他们所有的书里也找不到这样的字眼”。（史景迁《文化类同与文化利用》，北京大学出版社，第 162 页）

明代梅膺祚《字汇》收男女性器官“屌”“屄”二词，但古代文言文中罕有用例，只出现在元曲及明清白话小说中。古文言中，此二词皆常用“阴”字替代，在此有“隐私”之意，或区别为男阴、女阴。

男性“屌”字的替换语较多，有文化词“阳”字组成的，也有比喻语、代词、调侃语等。其中大多数含有生殖崇拜的色彩，如“阳道”“人道”“玉笋”“玉茎”“玉杵”“二哥”“老二”“男根”“小头”“子孙桩”等。康保成《二郎神信仰及其周边考察》说：“二郎金盔、三尖两刃枪和弹弓均是男根的象征……二郎神即是男根、男根崇拜、生殖崇拜。‘老二’和‘小弟弟’均被用来喻指男根……弗洛伊德说：‘史德喀尔认为“小弟弟”是阴茎的意思。’”（《文艺研究》，1999 年 1 期）《型世言》五回：“一个笑孜孜，猛然独进，恰似玉笋穿泥。”《品花宝鉴》四十回：“用了上好的至宝丹敷了，才把那个子孙桩留了一寸有余。”1994 年 2 月 17 日《新民晚报》短文《洗澡》：“伙计们在里面打胰子、洗头、吐痰、擤鼻涕、搓弄‘二哥’，荤笑话不断。”《丰乳肥臀》一书用“小头”表示，北方称男人性功能减退或丧失为“抬不起头”。《白鹿原》还有“朘（zuī）子”“牛牛”等称呼，第九章：“李叔李叔，黑娃的牛牛挺得像根竹笋。”

中性词汇有“阳物”“阳具”“内具”“阳货”“势”等，常用于书面语。

口语多用比喻语、代词，如虫蚁、鸡巴、小鸡、鸡子、老雀、玩艺、物件、柄儿、下截、那话、家火、东西、物事、物等。元代杨景贤《西游记》五本十九出：“火眼金睛，鍮石屁眼，摆锡鸡巴。”《金瓶梅》二十四回：“贼短命，你是城楼上雀儿——好耐惊耐怕的虫蚁儿。”《品花宝鉴》五十一回：“缝穷婆一眼望去，其物甚伟。”刘庆邦《家道》：“他们照相时把白胖小子脱得光光的，露出肚子下面的小鸡鸡。小鸡鸡是岳父家能够继续延续下去的根芽。”（《新华文摘》，1994 年 10 期）

女阴的替代语较少，除用“阴”及以阴为词素的阴户、阴门等之外，尚有穴、羞处、隐处、下身、下体、底茬等书面语，口语中还有比喻调侃的蛤蟆、蚌、饺子等。《西游记》七十二回：“中间一段情，露出风流穴……那怪慌了手脚……随手侮着羞处，跳出水来。”林语堂《萨天师语录·上海之歌》：“你有卖身体下部的妓女与卖身体上部的文人。”

动物生殖器也不直说，雌性的有“水门”“产门”等词，雄性的常用“鞭”字。鲁迅《准风月谈·中国的奇想》：“一个男人有许多女人，一味纵欲，后来是不但天天喝三鞭酒也无效。”三鞭指牛、犬、鹿三牲的阳具。梁实秋《雅舍小品·偏方》：“喜食牛鞭，生鲜的牛鞭，当中剖开切成寸许断片，细火高汤清炖。”

“情欲”及性行为的委婉语

在汉语中，“情欲”及性行为更不能直说，后者形成了更大的语词库。

男女情欲常用“欲”“人欲”“春”“情”“男女”“人道”“欲火”等代替。《礼记·礼运》：“饮食男女，人之大欲存焉。”《儒林外史》三十回：“朋友之情，更胜于男女。”《红楼梦》六十五回：“那贾琏吃了几杯，春心发作，便命收了酒果，掩门宽衣。”宽衣即脱衣，也成了男女性行为的替代语，目前讽刺腐败的口头禅，有“男要送礼，女要脱衣”流传民间。还有“欲念”“色情”“春心”等，青春期性意识称“情窦”“人事”。《醒世恒言》八卷：“看这姑娘年纪已在当时，情窦料也开了。”元代杨文奎《儿女团圆》二折：“如今长成十三岁，也晓的人事。”性寂寞，男称“旷”，女称“怨”，女怨又有“春怨”“闺怨”“春愁”等词。《拍案惊奇》卷二十九：“却教跨凤别吹箫，忍使顿成怨旷。”性亢奋称“干柴烈火”“雨魄云魂”“云情雨意”；性功能又称“本能”“本事”。性感及激情洋溢又称“风流”“风骚”“浪”“多情”“妖冶”等。动物发情也有专用词汇，如“猫叫春”“狗走草”“羊跑羔”等。前两年江西宜春打出一句雷人的城市宣传语：一座叫春的城市。受到社会舆论的一致批评，就是因为与“叫春”的此意暗合。

性行为的替换语，单音节的有媾、交、合、欢、室、私、房、人、接、男等，并可由此构成一批双音词，如“房室”“交接”“交通”等，白话小说中还有“上阵”“干事”“办事”“行房”“行事”等更隐晦的词语。专带贬义的有奸、占、淫、通、染、私等，还有钻穴逾墙、窃玉偷香、偷鸡摸狗、鼠窃狗偷等成语。男子同性恋称“男风”“分桃断袖”（文化词），女子养情人称“偷人”“养汉”“偷情”。张贤亮《青春期》说：“在劳改队一般用最粗俗的两个词，一个是粗俗的动词加一个粗俗的名词，老百姓通常叫‘睡觉’，正式用语叫‘性交’，《阿Q正传》中叫‘困觉’，古典文学中叫‘云雨’，稍稍直露叫‘行房’或是‘交媾’，而我看过的多数小说中只有‘事毕’，原来‘事毕’还可叫做‘夫妻生活’！”（《收获》，1999年6期）总之，林林总总，不胜枚举。

汉语又称裸体交媾的绘画为“春画”“春宫图”，最有名的据说是《三十六春宫图》。性药叫“春药”，西方近年传入的叫“伟哥”。渔色为“采花”“喝花酒”“寻花问柳”，邓丽君有一首歌名《路边的野花不要采》。妓女称“烟花”“风尘”“风月”，妓院又称“勾栏”“平康”“春院”“青楼”“行院”“风月场”“花门柳户”“楚馆秦楼”。当代人称“红灯区”的场所，常见以保健、按摩、美容、洗头、足疗、洗澡等名称鱼目混珠或遮羞。

“性器官”及性行为的语音文字替代法

除了使用大量的替换词汇之外，口语中有时将男女性器官及性行为的词稍微改变声调或声母，既可在语流中意会其义，又不直接说出难听的词。《左传·襄公二十七年》：“床笫之言不逾阈，况在野乎？非使人之所得闻也。”床笫之言即男女情话，那是难以向外人道的。

男子性器官名本读上声，常改读为去声避亵。成语有“屌儿郎当”，本指男子性器官悬在下体无拘无束的状态，引申指玩世不恭、自由散漫，可读作“吊儿郎当”。鲁迅《且介亭杂文末编·曹靖华译〈苏联作家七人集〉序》：“这固然也因为一时自称‘革命作家’的过于吊儿郎当，终使坚实者成为硕果。”无独有偶，近年的网络词“屌丝”，多写作“吊丝”。首先要探究何谓“屌丝”？它本身是北方粗俗语“屌毛”的婉称，“屌毛”是男人的阴毛，男人口语中指称轻贱、不值一提的人或事物。徐州方言中有一个歇后语是：屌毛上的虮——根上的。此语用于调侃和蔑视有背景、根子粗的人或事。由于近年社会两极分化严重，下层百姓用“屌丝”自轻自贱，自我调侃。但由于出现频率太高，人们不得不使用，故以“吊”字替代。

古时书面语中常用叠韵词“鸟”代换，元代杨景贤《西游记》五本十九出：“我怕甚钢刀剐下我鸟来。”《水浒传》十二回：“武松道：‘休得胡鸟说。’”“胡鸟说”即山东口语粗话“胡屌说”。李逵的粗话常用此字。又可假借“膫”字，《说文》：“膫，牛肠脂也。”元代马致远《岳阳楼》一折：“灌得肚儿胀，溺得膫儿疼。”女子生殖器替换语用谐音法，如陈国凯《一方水土》：“人家发了大财成了巨富，我们却像傻B。眼睁睁地看着人家发财。”（《当代》，1995年5期）字母B即是音近表示法。其文字也有用 × 代替的，如徐承伦《走狗三爷》：“妨男人的 × 是好操的？！”（《十月》，2000年2期）

男人性行为的专用词书面语有两个，一为“入”“日”构成的形声字“㞗”，如《醒世姻缘传》九十六回：“一定有大鸡巴㞗得你自在。”古代书面语常用音近词替换，如《水浒》三回：“鲁达骂道：‘直娘贼，还敢应口！’”用叠韵词“直”字。《二刻拍案惊奇》卷三：“医生入娘贼出去了，等了多时……”鲁迅《风波》：“七斤直跳起来……也喝道：‘入娘的！’一巴掌打倒了六斤。”用原词声符“入”字。王蒙《狂欢的季节》用同音字“日”字：“那个舒服超过了娶媳妇超过了日娘儿们哟！”反而由雅返俗。另一个词是“肏”字，《红楼梦》十二回："瑞大叔要肏我呢！"书面语常用"操"字代替，如叶紫《夜哨线》二："我操他八百代祖宗，硬将老子们坐禁闭。""操祖宗""操娘"也是汉人的"国骂"。再如《红楼梦》二十四回："臊你娘的！瞎了眼睛，碰起我来了。"又用"臊"字，是"害臊"的"臊"字，与"肏"字叠韵。口语中，许多有语义联系的普通动词都可用作替换语。北方方言常用"抠"字，与"媾"音近义通，最近十几年年轻人中常用"靠"替代，常说"我靠"口头禅。最近西南某地用"我靠重庆"做宣传语，受到社会的谴责和质疑，原因在此。其他，例如《醒世姻缘传》七十回："这狗攮的好可恶！这不是欺我么！"用"攮"字，"狗攮的"是北方人最常用的骂人粗话"狗日的"替换用词。

武侠小说中称流氓犯罪为"采花"，如《七侠五义》中的"花冲"即是采花淫贼，受到通缉。最近，有"性事"词典出版，涉及方方面面。这方面要注意两种不良倾向：一是防止语言粗俗下流，注意语言环境，养成青少年的文明用词习惯；其次是进行青少年早期的性教育，懂得性别差异及相关的文明，从小培养尊重异性、增强自我保护意识，这是身心健康的重要组成部分。

"吹牛皮"及口语亵词调侃

与避亵的语言文明相反，在社会生活的底层，还有故意利用猥亵词调侃弄趣的生活习惯。尤其是在男人世界里，常以此作为宣泄紧张性心理的手段，那些滥用亵词的民间故事称"骚呱儿"，今人称为"黄段子"。所以，有时口语中会将与亵词音近的词猥亵化。

"吹牛皮"是现代汉语的常用词汇，又简称为吹牛，它是有生活基础的。在黄河上游一带，当地百姓渡黄河，就是钻进一个完整的牛皮腹中，吹足气扎住口后丢进河中，让水流送过对岸去。"吹牛皮"实有其事，至今仍有乘牛皮筏渡黄河者。此词进入普通话后，有夸口、说大话的意思，由于"皮"与表女阴的词叠韵音近，又普遍地在口语中说成毫无生活根据的"吹牛屄"，成语“牛皮哄哄”中“皮”字同样被亵词代替。五四时代，北大名教授辜鸿铭即有一篇文章叫《不吹牛屄》，文中说：“今日欲救中国之亡，必从督抚不吹牛屄作起。”（《辜鸿铭文集》上册，海南出版社，1996年版，第438页）口语中单说“牛皮”一词，可以是贬义，是虚假、欺骗的意思；有时为褒义，有了不起、伟大之义。“牛皮”猥亵化之后，也成了“牛屄”，当代作家王朔《我看鲁迅》：“我们院一爱看书的孩子跟我们一帮人吹：有一鲁迅，太牛逼了。”（《当代》，2000年2期）用女阴的同音字“逼”字，有力证明了此词在口语中的音读实际。

在苏北徐州市铜山县柳新乡，有一村“毕”姓人为主，名“毕大庄”，但口语中外村人几乎全都将“毕”字读作不同声调的女阴词音，弄得本村人十分尴尬，常简称为“大庄”以避亵词联想。不仅如此，甚至影响到该村居民的日常生活。笔者曾去过此村，发现建筑物反常，全不正对南方，而是稍偏东南方15～20度左右。我非常纳闷，经向长者了解，是为了避免更为猥亵的“晒bī”这样的联想。因此，这一条成了该村的特殊语言文化现象，发人深思。布龙菲尔德《语言论》说：“差不多每一个村落都有它自己的方言土语特征。”（商务印书馆，1980年版，第425页）

亵词调侃是文明礼貌用语的反动，但它有时是一种特殊的修辞手段，可以缩短人与人之间的距离，表达一种不讲客套、亲密无间的感情，与代词“尔汝”相称类似。俗语说“打是疼，骂是爱”也是这个道理。在中古之前，龟是古代的四灵之一，是汉人的吉祥物，尤其他的长寿为人所羡慕，有“龟龄鹤寿”的成语，常用于祝寿。初中语文课本有杜甫名诗《江南逢李龟年》，“龟”字用于人名，取长寿祝福义，李龟年是唐玄宗的宫廷乐官。元明以后，龟字成了骂人的话，北方民间有“龟孙”一词，骂小孩为“龟孙羔子”；男人性器官前端现学名“龟头”，“缩头乌龟”是南方人骂胆小者的话。总之，“龟”有猥亵色彩。但也常用于调侃语，例如，莫怀戚《透支时代》：“‘请贵公司另外派人与敝公司洽谈，就不劳吴助理亲临现场了。’她凶狠地掐了我一下。‘龟公司！鳖公司！不是乌龟，就是王八！你是个啥东西哟！’”（《当代》，1999年5期）这里公关小姐将“贵”“敝”二字说成猥亵的“龟”“鳖”，并以“乌龟”“王八”进一步坐实，是一种亲近和调情的表示，再配以“掐”的动作暗示，会让人想入非非，魂不守舍。

“花落水流红”与性教育

宋明理学强调妇女守节，形成了明清两朝残酷迫害妇女的禁欲主义思潮，大量的性替代语就是那时产生的。与此相一致，历史上没有青春期教育的内容，造成了性禁锢和神秘主义，不利于青少年的身心健康。五四新文化运动之后，情况发生根本转变，但“文革”中又出现了倒退。“革命”激情取代了正常的人类生活，“男大当婚，女大当嫁”的自然规律受到了计划生育“晚婚”“晚育”教育的冲击，出现不正常的“大龄青年”现象，电影《被爱情遗忘的角落》记录了这段历史。直到近十几年来，中学才堂而皇之地进行青春期生理卫生教育而走向现代文明。

男女性成熟的标志是男子有遗精现象、女子有月经，但传统汉语中“月经”一词有许多委婉替代语，中医称“经血”，书面语中又有“月信”“信水”“月例”“例假”“流红”等说法。《清稗类钞·诙谐类·寄语刘郎莫问津》有一高雅故事，说的是有个刘恕皆，其妻工诗词，二人“颇得倡随之乐”。但是刘恕皆常宿于外室，与妻子“夫妻生活”不多，久而久之，其妻也有了逆反心理。有一天刘入内室，其妻即写绝句一首示意，“有‘小溪新涨桃花水，寄语刘郎莫问津’之句，盖实托故却之也”。这里“桃花水”寓意“流红”，即是月经的委婉替代语。

张贤亮的小说《青春期》，讲述了作者从青少年时代即受迫害，加上当时“禁欲”的社会、教育背景，根本不懂女人月经之事，后来他到农场劳改时打扫厕所，发现女厕所中常有血污，怀疑有人受到了伤害。最后把这种疑问讲给同室的男劳改犯们听，结果招致了哄堂大笑，一时成了笑柄。作者发表感慨和评论道：“原来，旧小说中常有的‘身子不方便’‘身子来了’或‘流红’等等，就是指这件事。‘流红’虽然与月经很接近，但谁能将‘花落水流红’

这样艳丽的词语与污秽的粪便联想在一起？旧小说那样隐晦，真是害人匪浅！我们现代的小说写得如此直露，倒是文学的一大进步。”

妇女怀孕也不直说，常说成“有喜”“有了”等。如老舍《骆驼祥子》虎妞与祥子的对话：“‘祥子！’她往近凑了凑：‘我有啦！’‘有了什么？’他一时蒙了。‘这个’她指了指肚子。”

历史上，女子的性教育有时由母女口耳相传，如缺乏这一环节，常给妇女婚姻带来常识性的悲剧。男子性教育根本没有，往往全凭本能及体悟，也靠民间文艺节目的间接教育或世俗男人间的“骚呱儿”“荤段子”启蒙，也常出现各种生理障碍、心理疾病。《白鹿原》第九章：“晚上，三个长工都睡在马号里的大炕上，一溜进被窝就开始说女人……李相就对笑得失了声的王相说：‘黑娃是个瓜蛋儿，咱们得给他启蒙。黑娃哎，你将来娶下媳妇了，你就尝出味儿来了……’长工头李相装了一肚子有关男盗女娼的酸溜溜故事，有的隐秘含蓄，有的赤裸裸毫无遮掩。黑娃有的听不明白，有的就听得浑身潮热。”与此相关，男女身心的性疾病也很多，往往缺乏起码的生理卫生常识，或者“性心理”阴暗恐怖。随着社会文明的进程，近几年加强了青春期教育，并伴有婚前性检查及婚姻教育等，这都是走向文明的标志。

人体垃圾的相关婉辞

人的生命是物质运动和精神活动相结合的复杂过程，生命的基础在于人体连续不断地进行吐故纳新的代谢运动。人体代谢的排解过程及垃圾因其污秽不堪也成了亵词。人体排泄的垃圾主要是大小便，本词是“屎”“尿”二字。《庄子》有“道在屎尿”的名言，认为“屎尿”反映了自然规律、生命运动的规律。所以，现代医学靠化验大小便了解人的生命信息。但因易于产生不洁的心理联想，故常用委婉辞代替。二者共用的替代语有“溲”“遗”“恭”“便”“解”等。

《说文》：“溲，汏也。”汏音 tà 去声，本义是淘米。《玉篇》：“汏，洗也。”苏州人称洗澡为“汏浴”。“溲”字引申，有“遗弃物”之义，借指人体排泄物。《吴越春秋·勾践入臣外传》：“适遇吴王之便，太宰嚭奉溲恶以出。”元代徐天祐注：“溲，即便也。恶，大溲也。大小溲亦曰前后溲，见《史记·仓公传》。”

“遗”本是动词，大小便失禁叫“遗尿”“遗屎”，也可单说，替代大小便。《萤窗异草·于成璧》：“时值夏耘之时，阡陌无隙地，乃就其陇而遗焉。”其中，“遗”字为解大便之义。《清稗类钞·讥讽类》有《小遗泰山峰侧》说：“忽欲小遗，甚急，下山且四十里，不可忍，乃潜匿而溺于峰之侧。”此指小便，用“小遗”。“恭”本指貌恭，因大小便时，人很恭顺老实，俗间说：出去老实一会。可能由此引申有“出恭”一词，代指大小便之事。雷克昌《说说不雅之吟》说：“旧时成都大神庙公厕曾悬一联云：任他盖世英雄，入此门还得低声下气；凭你齐天大圣，闯本所只宜屈膝躬腰。”（《光明日报》，2013年7月25日12版）元代起，考场中士人如厕须先领“出恭”牌。《西游记》二十五回：“你先睡，等我出个恭来。”

“解”是释放之意，与“遗”字义近，故有“解溲”短语，与“遗矢”结构相同。而现代汉语常用的“解手”，应是“解溲”的语音讹转。“解溲”简作“解”，指大小便。元代佚名《盆儿鬼》三折：“俺要起来小解了。”《萤窗异草·于成璧》：“因内急，独出大解。”

古时贵族解手，有换衣服及洗手的习惯，故又有“更衣”“净手”等短语代替大小便使用。《警世通言》二十八卷：“酒至半酣，却起身脱衣净手。”古时厕所多在东边，如厕又叫“登东”。同上《警世通言》二十八卷：“若是白娘子登东，他要进去，你可另引他到后面……”当代人常用“洗手”之外，还有新名目，如“打电话”之类，简直就是说谎。正如布龙菲尔德《语言论》所说：“用来替换的词语到了一定时期，同所指的意义联系得太紧密了，结果也轮番遭到禁忌。”

“便”本为形容词，因人体排泄急于水火，故又称为“水火之事”。有排便感，则做事不便，故又转指排泄体内垃圾之事为大小便，古称“便利”。《汉书·韦玄成传》：“即阳为病狂，卧便利。”颜师古注：“便利，大小便。”

当代人又婉称为“方便”，造成此词的“不方便”笑话。鲁国尧先生提供《“方便”晕倒老外》语料说：“一群人和一老外吃饭。席间一人说出去方便一下，老外大惑不解，旁人告诉他方便就是上厕所，老外点头，明白！敬酒时，另一人对老外说，希望下一次出国时，能请提供些方便，老外纳闷不敢问。稍后，一电视台美女主持人提出，在她方便的时候会安排老外做专访。老外愕然：怎么能在方便的时候？美女主持人接着说，那在你方便时，我请你吃饭！老外晕倒。”

大小便的排泄物书面语中，有时直接用音同音近词“矢”“溺”代替本字，如《史记·廉颇蔺相如列传》中的“三遗矢”。“溺”字使用更早，《庄子·知北游》有“道在屎溺”。现代汉语中，又常以“粪”字代指人畜大便物，人屎又称“大粪”，其他六畜分别称“牛羊粪”等。“粪”字本义为垃圾，《说文》粪：“弃除也。”“尿”字是动词兼名词，但口语中，名词常用改读法，读 suí音以避亵。歇后语“猫咬尿胞——瞎欢喜”，“尿”即读作 suí，走江湖的人有两句口头禅是：“走过南，闯过北，黄河两岸溺过尿。”“尿”读 suí与“北”字押韵。王蒙《踌躇的季节》：“说是当共产党又老是怕死，那还能不当叛徒？说是越㞞越吃亏，越冷越撒尿（读虽）。”（《当代》1997 年 2 期）

汉语的厕所也有轮番遭到禁忌的情况。“厕”本是偏僻之处的意思，又说“厕屋”。农村简陋的用茅草围拢而成，故又称“茅房”“茅厕”。古时书面语中用“东”“东司”“东净”“火巷”等替换。当代人在公共场所常用“卫生间”“盥洗室”“洗手间”代替；进一步的简化和含蓄做法，是画一个男人和穿裙子女人的图案，还有用英文男人女人的头一个字母代替：M、W，用以区别男女盥洗室。

在语音篇讲到古人梦屎秽而发财的情节，这与中国传统农业社会将“屎尿”及生活垃圾“废物利用”的优良传统相关，农谚说：“庄稼一枝花，全靠肥当家。”主要指粪肥，又称“有机肥”。古时还有“厕神”，刘勤《中国厕神神格演变发微》认为：“中国以农为本，民以食为天，他们深知粪肥与丰收、富贵之间的关系。因此与粪肥相关的厕神自然成为人们崇拜的对象……早有学者指出：‘西方农民很少用粪便作肥料，人们任凭粪便在便池中日积月累……相形之下，东方的农民则将城镇各处收集来的粪便视为一种重要物品。’”（《学术界》，2013年7期，第195页）目前，粪肥利用的优良传统正渐渐被抛弃，这是文明的失落和社会的不幸。面对当今全国“垃圾围城”的困境、化肥对生态环境和农作物品质的双重破坏，国人要深入反思，应该当机立断地恢复传统农业的优良传统，将人体垃圾变废为宝，实现“美丽、安全、文明、健康”的中国梦。

总之，汉语中的词汇趣话是丰富多彩的，能让人目不暇接，感受到它的无穷魅力！

汉字趣话

一　神奇的汉字与六书

汉字的特点与性质

一般说来，人类的文字都是由原始的象形图画发展演变而来的，但是大部分西方的文字过渡到了拼音文字阶段，完成了“象形——表意——拼音”的三级跳跃。这种三段论确实反映了西方文字的演变轨迹。然而，汉字从早期的图画文字经过甲骨文、金文、大篆、小篆到楷书的长期演变，始终与象形图画字保持着天然的联系，而与拼音文字判若水火。西方学者在颇感意外之余，有人用三段论将汉字框定在“表意”阶段，遂有“汉字落后论”流行。

汉字落后论对汉字带来了两方面的影响：一是从早期西方传教士开始，以注音为起点，试图将汉字改制成类似西文的拼音文字，最终以完成汉语拼音方案结束，而汉语拼音化的努力，恰如“春梦随云散，飞花逐水流”，已经偃旗息鼓了。二是中国的语文工作者不接受“汉字落后论”并力图摆脱汉字“表意”字的语境，故有汉字性质的探索和对汉字规律更深入的研究。裘锡圭先生的《文字学概要》有“汉字的性质”专章，赞同语言学前辈赵元任先生的“语素音节文字”、周有光先生的“意音文字”的说法，不取“表意”说。

学者们摒弃汉字“表意”说有两条主要理由：第一，按照现代语言学奠基人索绪尔的说法，语言是“音义结合体”，而文字是语言的符号，它的“唯一的存在理由在于表现前者（语言）”。语言的词是有音有义的，文字的字形也就表现了它的二元要素，否则就成了只可意会而不能诵读的图画或死文

信而步海疑而即沈
天主已降生託人形以行教于世先
誨十二聖徒其元徒名曰伯多落伯
多落一日在船恍惚見天主立海

明代意大利传教士利玛窦用罗马文为汉字注音而写成的传教宣传资料

字（如甲骨文中有些字）。古代的学者对汉字早已有“形音义”一体的表述，段玉裁《广雅疏证序》说：“小学有形、有音、有义，三者互相求，举一可得其二……圣人之制字，有义而后有音，有音而后有形；学者之考字，因形以得其音，因音以得其义。”因此，“表意说”不能正确揭示文字与语言的关系，也不符合汉字实际。第二，索绪尔称汉字是表意体系的例子，他的定义是：“一个词只用一个符号表示，而这个符号却与词赖以构成的声音无关。”（《普通语言学教程》，商务印书馆，1980年版，第50页）但是，汉字的绝大多数是形声字，而声符正是反映汉字读音的。汉字的形声字不仅准确地显示了造字之初的读音线索，可作为古音研究的依据，而且大多数至今仍有表音功能，汉语中的许多新语汇仍用形声法造字，如化学元素、科技新产品等。当然，形声字中也有很多声符部分或全部丧失了表音功能，那是由于汉字历史太久形成的语、文相脱离的现象，“读半边”声符常闹笑话。即使有这种情况，形声字的声符也不是可有可无的，因为它已成了一种文字记号。况且汉语方言复杂，此地区表音不确或者误导，不等于其他地区也如此。例如《水浒》之“浒”，北方有笑话嘲读白字者读如“许”，但江南苏州郊区有“浒墅关”，浒仍读如“许”。由于语音类化的规律及语言的社会性，一些不表音的声符或非声符可能重新表音，如“荨麻疹”的“荨”字，本读 qián，类化而读 xún，《现代汉语词典》已接受后者，反以前者为“旧读”。古代大量破读音的消亡及专有名词破读音在当代被类化，也是同一性质。英语是典型的拼音文字，但由于历史悠久，字母的表音功能也部分丧失了，每个英语单词皆加音标，说明已不能直接用字母拼读，那为什么不重新改换字母呢？因为它要保持文字的连续性。这也是语、文相脱节的表现。

当然，尽管我们摒弃“表意”说，但汉字与拼音文字毕竟是两种不同类型的文字。汉字的声符本身不是表音字母，它本身仍是由象形、会意、指事等意符字构成的。其标音功能是间接的而非直观的，要靠口耳相传及识字记音。“识字”之难，也是客观事实。在深入比较认识的基础上，我们才能将汉字的奥秘揭示出来。

一音多词与汉字拼音化的荒诞

汉语语音上“一音多词（语素）”的特点及语法上无形态变化的特点，注定了它与拼音文字的绝缘。明末西方传教士金尼阁《西儒耳目资》指出“中华之字，同音极多”，若用西之切法，“岂不乱哉”。（何九盈《汉字文化学》）此种看法很有见地，并使有清一代中西学人望而却步，不敢再有汉字拼音化的奢望。然而五四前后，在“全盘西化”思潮影响下，“废除汉字”的反科学极“左”口号再起；新中国成立后的五十年代，汉字拼音化曾一度上升为政府行为，反对“文改”者还受到批判。当时有的学者还针对汉语同音词问题，提出“分化”等处理方案，但最终仍以失败告终。因反对汉字改革而受到批判的文字学家唐兰先生说：这些问题讨论来讨论去，最终还是问题，而汉字本身却从来没有这类问题。

事实正是如此，汉字是以自己的字形区别同音词的。将众多同音词写成同一个语音符号，只能添乱，难以行使文字职能。以赵元任先生所编的《施氏食狮史》为例：“石室诗士施氏，嗜狮，誓食十狮。氏时时适市视狮，十时，适十狮适市……”（见《语言问题》，商务印书馆）这是汉语的双声绕口令，口语中极易含混而张冠李戴，但写成汉字则一目了然。如用拼音则是 shi 音配上不同的声调符号：shí shì shī shì shī shì，shì shī，shì shí shí shī。shì shí shí shì shì shì shī，shí shí，shì shí shī shì shì……请问，这样的文字如何能表达汉语的内容？这当然是极端的例子，但它深刻地揭示了汉字适合汉语的优越性，而拼音文字设想属荒诞不经的空谈。因此，汉字拼音化不是简单的感情问题，而是能否实施的“科学”问题。

除了能不能实施的问题之外，还有一个是非得失的问题。拼音文字中，以俄语的语、文相脱离现象最少，除了少量字母不发音之外，基本上可以“因形以得其音”。但像英语，已经是语、文严重相脱离的典型，但它并没有为迁就语音而不断地修“正”文字符号，其目的是维护文字的连续性及权威地位。当然，任何文字都有随语言变化而新陈代谢的问题，但是其周期一定相当长，而且更换的数量始终只是一小部分。又因为语音的演变是不停止的，如果朝音夕改，字变随之，那就会让使用者无所措手足而丧失交际功能。这个特点在汉字身上表现得尤为突出，它有超时空的特点和优点。汉语语音已经完成了上古、中古到近现代汉语的三大演进阶段，但词语的文字符号除词语更改者外，大多一仍旧贯，不烦改易。而且，汉语方言分歧严重，南腔北调从未统一，但写成书面语，各地之人“因形以得其音”可能不同，然而“因音而得义”却可相同。因此，在古今南北人阅读过程中，语音只是一个中介和敲门砖。这样看来，汉字不仅出色地行使了汉语符号的超级功能，而且对汉文化的延续及汉民族的统一，功莫大焉！瑞典汉学家高本汉深谙中西语言和文化，他认为中国人如若放弃汉字，也就等于抛弃了自己的历史和文化。他说：“中国人要采用字母的文字，就不得不废弃了中国四千年的文学，又因此而废弃了中国全部文化的骨干……”（《汉字文化学》）因此，汉字拼音化又是得不偿失之举。

近年来，又有中西学者在深入进行语言文字对比的基础上，极力赞扬汉语的精练及汉字的艺术性，甚至认为汉语汉字将有主宰世界的前途。然而，目前全球第一语言仍为英语，汉语汉字必须借助于汉文化在全球的传播，才能逐渐有资格与英语和西方文化分庭抗礼。为此，一方面要加强汉字的理论研究，另一方面要普及汉字知识，展示汉字的趣味性、文化性。最近央视组织的“汉字书写”比赛，正是积极的措施之一。

象形字的优点及其蜕化

研究汉字的构造，传统的“六书”说，仍是权威的理论。所谓“六书”的“书”，是动词“书写”之义。六书，即汉字的六种构成方法，又称“字式”。六书首列“象形”，它应是直接来于图画文字的最古老造字法。象形字经过甲金文到篆文，其摹写事物的形体线条仍依稀可辨，视觉冲击力是显而易见的，如“日”“月”“山”“水”“木”“人”“手”“口”“刀”“牛”等笔画较少的字，到“马”“鹿”“虎”“鼎”“鬲”等笔画较多的字，有看图识字的指示功能。但是到了隶书楷书之后，渐趋抽象，象形指示功用蜕化而记号性质增强，即使是直接模画事物而来的文字，也必须经过解释或还原成古文字样，才能给人深刻印象。乍看楷书，有一定的辨识难度。

汉字的隶楷阶段，是摆脱图画文字的质变。但象形字仍有揭示词本义的特殊优点，除具体的物名词如“屮”“虫”“鱼”“鸟”等之外，还有一些象形字是突出或描摹了事物的局部特点，对它们的认识往往也像全体摹画的文字一样，理解起来没有歧义。例如“儿子”一词，繁体字“儿”作“兒”，篆文，更像小孩大脑袋及头囟未合拢的形象；“子”在古文字中上面作圆形，一横弯曲，像小孩大脑袋及两手伸张之形。数词“万”字，繁体作“萬”，本为“蝎子”之形，金文中已有，有它会意的“蠆”（虿）字，《说文》解释为“毒虫也”。再比如“臣”字，古文中常指奴隶，如“臣妾”“臣仆”等复合词可见其义。考其古文字，则是像一竖目之形、，以此类人的典型形象标示这类人群。《说文》说“牵也，象屈服之形”，揭示了它的本义。现代学者又进一步指出，此字本指战俘，因奴隶社会又常用战俘做奴隶，故

又有“奴仆”之意。但为什么画一竖目之形呢？郭沫若先生认为俘虏俯首低眉，故目竖；于省吾先生甚至认为古代有竖目人种族，“臣”字是取义于用竖目人做俘虏的。甲骨文中又有“臣”的竖目中点一黑点的，有人推测可能是指奴隶社会将奴隶眼睛弄瞎的酷刑，亦有道理。如战国荆轲刺秦王失败后，其友高渐离欲继承友人遗志，故意弄瞎眼睛，以击筑乐师的身份接触秦王，寻机会刺杀秦王。有了对“臣”的正确释义，一批从“臣”表义的字也就能寻找出其语义线索：一是奴隶，如“宦”字，历史上的宦官也是生理自残的皇帝奴仆；再如“贤”（賢）字，本无“贝”字符，“臣”为战俘，“又”为手，像以手抓战俘的有力形象，故“贤”有“劳苦”“能干”之义。另一层意思是向下看，如“監”（监），象人侧目下视，以水自照之形；“臨”（临）也有下视之义，如成语“如临深渊”“临深履薄”“临渊羡鱼”等。

象形字释义中，也有少数学者们有不同看法，如“王”字，从甲骨文字形看，多数认为象大斧之形，但商承祚《说文中之古文考》认为“王乃旺之本字”，本是地中烧火的旺盛形象，“火盛曰王，德盛亦曰王”。商先生的看法较有说服力。当然，《老子》“域中有四大”的“王亦大”的“王”字，也可能同时有两个来源。象形字中有歧义的毕竟是少数。

象形中有一类又被细分为“象事”字，因其描摹的不是具体物象，而是一些动态。“保”字本义是大人抱持小儿（子），“呆”为“子”的古字形的遗留与变体，也可视为会意字。再如“战斗”的“斗”字，简化字借升斗之“斗”，其繁体本字作“鬥”，古文字中像两只手持械相向之形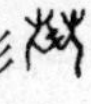，其义也一目了然。再如“舞”字，是象人舞蹈之形，甲骨文中有形，像人持羽、旄类而舞的动作。古时原始巫鬼文化发达，舞是人的基本技能和生活内容之一，常用于祭祀、祈祷、娱乐活动。现中国少数民族善舞，保留了古俗。而以羽为装饰，又含有古代的美学信息及生态特点、文化内涵等内容。

汉字的还原与本义的再认识

清代乾嘉学派的“小学”成就，雄踞世界语言学的巅峰，文字、音韵、训诂都各臻其妙，《说文》四大家、古音学、高邮王氏训诂学三足鼎立。但到清末及民国，音韵、训诂裹足不前或后劲不足，唯独文字学异军突起，别开生面。因为当时金石学日趋成熟，甲骨文的破解又将汉字的历史上溯近千年之久。正如陈寅恪先生所说：“一时代之学术，必有其新材料与新问题，取用此新材料以研究问题，则谓此时代学术之新潮流。治学之士，得预于此潮流者，谓之‘预流’。其未得预者，谓之未入流。”（《金明馆丛稿二编》）

甲骨文的释读对古文字学带来多方面的影响，尤其是与《说文》的比较研究，影响巨大。至少可表现在三个方面：首先，证明《说文》对汉字形体的结构分析、本义的说解绝大多数是正确的，强化了它在文字学上的权威地位。其次，纠正了《说文》的局部错误和偏差。第三，深化、丰富了《说文》由字形解本义的信息。我们仅从后两方面举例说明。

古汉语中使用频率最高的动词是“为”（爲）字，但《说文》却据篆文曲解为“母猴”的象形字，则属名词。但甲骨文、金文均是“从爪役象”的会意字，正是为动词造的字。罗振玉说：“从爪，从象，绝不见母猴之状，卜辞作手牵象形……意古者役象以助劳，其事或尚在服牛乘马以前。”古今常用的否定副词“不”，《说文》：“鸟飞上翔不下来也。从一，一犹天也，象形。”对鸟形的说解牵强。王国维分析甲骨文说：“不者，柎也。”本义为“花萼”。古时也有类似训诂，《通志·六书略一》：“不，音趺，象华萼蒂之形。”《诗经·小雅·常棣》：“常棣之华，鄂不韡韡。”郑玄笺：“不，当作拊，拊，鄂足也。”（《汉语大字典》）甲骨文重新确认了“不”的本义。再如文言虚词“也”字，《说文》释为“女阴”的象形字，容庚先生据金文说：“也，与它为一字。”也、它都是蛇的初文，象蛇形。

辅翼《说文》深化汉字本义认识的更多，如“易”字也是古今常用词，

《说文》有二义：（1）名词“蜥易，象形”，（2）“日月为易，象阴阳也”。象形的名词义牵强附会，不可信；第二义接近本义，但字形说解含糊。高鸿缙据甲金文说：“象乍阴乍晴之意……用易如翳……唯易原意为乍阴乍晴，故引申为变易、交易等意。”再如“年”字，《说文》：“穀熟也。从禾，千声。”本义说解正确，现北京天坛的最高建筑名“祈年殿”，祈年即“祈求丰收”之意。但“千声”不对，甲骨文象人负禾形，是会丰收之意的会意字，民间谓之五谷丰登。古今汉语中即、既也是常用词，《说文》：“即，即食也。”本义说解正确，但解字为形声有误。林义光《文源》据甲文说：“即，就也……象人就食之形。”如果说“即”为现在进行时，“既”则表过去时，《说文》：“既，小食也。”词义说解不确，解字为形声亦误。李孝定《甲骨文字集释》说：“契文象人食已，顾左右而将去之也。”

如此者甚多，像唐兰先生对“春”字古今演变的分析，裘锡圭先生《文字学概要》对隶变对汉字形体变化的归纳，甲金文作用巨大。

由“天元”说指事字

六书中的指事字，是指在象形字基础上，用添加指示符号的方法表意的文字，许慎称此类字“视而可识，察而见义”，也就是说，看到后思考一下即可理解词义。王筠《说文释例》认为：“是象人意中之形，非象人目中之形也。”也有人将“指事”改作“指示”。

“天元”一词，在古代汉语中有“至高无上”之义。在古代祭祀的“天地君亲师”顺序中，“天”最高。《史记·历书》说：“推本天元，顺承厥意。”司马贞《索隐》说：“必当推本天之元气行运所在，以定正朔，以承天意，故云承顺厥意。”在日本围棋界，称最高级别的围棋手为天元，后来中国也有此称呼。近十几年，中、日、韩三国常有天元级棋手之战。从汉字考察，“天”“元”二字皆为指事字，《说文》：“天，颠也。至高无上，从一大。”王国维认为，“天”字本为人颠顶，故象人形而突出其头部。因此“天”即

刑天

人头上部，故头盖骨又称“天灵盖”；亦可指人头，《山海经》有“刑天”一族。郭璞注曰：“是为无首之民。”“刑天”实为动宾短语，即砍掉脑袋的意思。陶渊明读到此处，写出“刑天舞干戚，猛志固常在”诗句。所以，古代相书中称人的前额为“天庭”，天庭饱满者为佳；前额中央又称为“天门”，气功师还认为人的“天门”中隐藏着一个“天目”（人的第三只眼，已蜕化），气功可以开发出来。从字形上看，“大”是人的象形字，象大人之形，“一”实际是指事符号，表示此词是人的颠顶部位。“元”字，《说文》释为“始”，已经是引申义了。根据甲骨文看，也是画的人脑袋，作，这是以象形的“人”添加符号的指事字。“元”作“人首”讲，可使古籍中此字之义一目了然。如《左传·襄公九年》：“元，体之长也。”《左传·僖公三十三年》：“狄人归其元。”因此，现代汉语的“首脑”“元首”是同义词。“元”作语素，义同“首”。古代科举考试头名称“状元”，乡试、会试、殿试三次第一，称“连中三元”。首恶则又称“元凶”。所以，双音词“天元”，表示至高无上，是由这二字“人首”之义合成其义的。

古人有所谓“六合”的空间认识，六合即天、地及四方。古人以自身的空间存在感知六合，头部之上为“天”，脚下所踏为“地”；与人身平衡的有前、后、左、右四方。因此，“天”由“颠顶”之义联想到“头上”的空间，故能引申为自然界的“天”的概念，并成了此字的基本义。这样，汉语中的“天”“地”常与头足、上下、俯仰诸词配合使用，如：仰观、上识天文，俯察、下识地理；头顶青天，脚踏实地。“元”字由“首”义引申为“始”，而成了时间概念，指初始、开头。每年的第一天，现代汉语称“元旦”，义为“第一日”，古人称“元日”，中学语文课本有王安石的名诗《元日》。每年的第一月则称“元月”，即“首月”之义。现代汉语成语“原原本本”，原写作“元元本本”，两个叠音成分，各以第一个活用为动词。成语词义是：探求初始、追溯根本；故又有详详细细、弄清来龙去脉的意思。

汉字中指事字不多。朱骏声《说文通训定声》总结为34个。许慎讲“六书”，指事以“本”“末”二字为例。本指树根、根部，末指树梢、树冠，在象形字“木”字上、下添加指示符号。在“木”字添加类似指示符号的还有“未”“朱”，“未”与“末”的差别在上面一横的长短，高鸿缙《中国字例》认为“未”为“茂之初文，字倚木画其枝叶滋茂之形……故托以寄滋茂之意”。但先秦典籍中已无本义用法，古今的常见义项皆假借。“朱”篆文是在“木”中间加短横指事，《说文》释为“赤心木”，故“朱”的基本义是“朱红”色，杜诗“朱门酒肉臭，路有冻死骨”的“朱”，即此意。其他公认的指事字，还有刃、亦、叉、寸、旦、甘、之、立等。旦象“日”跃出地平线的状态，《说文》：“明也，从日见一上。”“甘”字，《说文》：“美也，从口含一；一，道也。”以“道”说指事符号之意已显抽象，从生理学角度说，应是人或动物的唾液分泌，由外部刺激形成的生理反应。《西厢记》张生初见莺莺而“惊艳”，结果“饿眼望将穿，馋口涎空嚥”。

“美好”本义及会意字

会意字，是由两个或两个以上独体字合成其义的字，段玉裁说：“凡会意，合二字以成语。”又可分同体会意、异体会意两大类。同体会意的，如二人为“从”，两立为“并”（竝）；三十为“世”（卋），三人为“众”，三车为“轰”（轟），三鱼为“鲜”（鱻），三羊为“膻”（羴）。中（艸初文）、口各以二、三、四个符号构成三个同体会意字。古代“五行”字金、木、水、火、土类，大都有从两个到四个形体合成的字，如由“木”而会意有林、森，其他如淼、焱、燚、鑫、垚……

异体会意，许慎举“武”“信”二字，《左传》有“止戈为武”的句子，是用地面脚印“止”与武器“戈”会合成意的。“信”由“人”“言”二字组成，本义为诚信，反映了古代人言而有信、不欺诈的古老民风。故子曰：“人而无信，不知其可也。”两个字符构成的再如：十口为“古”，反映了文字产生前“结绳而治”的传说史阶段，十口相传则“古”。其他如：手在木上为“采”，以手执耳为“取”，火上烤肉为“炙”，以鞭驱牛为“牧”，日月为“明”，日出树梢为“杲”，日隐树后为“杳”。两个以上的异体会意，是会意字的主体，如左右手持玉为“弄”，左右手捧册为“典”，只手持肉置坛上为“祭”。现代仍用的“盥”字，由“水”“臼”（掬初文）“皿”三字组成，而“臼”又是由两个侧面的象形字“爪”字左右相对组成的同体会意字，“皿”是容器，合起来，就是在容器的水中洗手之意。更复杂的如“爨”字，《孟子》文中用此字，《说文》：“齐谓炊爨。”字上部分象两手持甑，冖为灶口；下部分，“大”为双手“廾”，持燃料“林”点火。北京郊区今有一村名仍用此字，当地人说解成“興（兴）字头，林字腰，大字下面把火烧”。遗落了“冖”（mi去声）字符。

双音词“美好”是现代汉语常用词，但这两个字本义是什么人们还有不同看法和说解。《说文》对这两个会意字本义的分析，大体是对的。但今人根据古文字及古文化知识，也有许多补充与纠正意见。《说文》：“美，甘也。从羊从大，羊在六畜，主给膳也。”给膳是供食的意思，依此解，则“美”本义指味觉，是“甘美”之义。但是为什么从“大”表意呢？难道只有大羊才味道甘美么？如果单从味觉讲，古人却偏爱小者，如乳猪，古称豚。《世说新语·汰侈》记王武子以人乳饲豚，“烝豚肥美，异于常味”。皇帝也认为汰侈。羊之小者为“羔羊”，或曰“羊羔”。《诗经·七月》有“献羔祭韭”“曰杀羔羊”的诗句。成语则“羊羔美酒”并称，专指美食美味。烹食幼畜当然是有些残忍。春秋齐桓公时，易牙甚至将自己的儿子蒸了给齐桓公尝鲜，以满足桓公尝婴儿做的蒸肉的野蛮欲望。总之，食幼小生物是古人追求味觉甘美的常见方法，《说文》“羊大为美”之说值得商榷。向乃旦先生《中国古代文化知识》认为：“‘美’字起源于原始人对山羊的驯养，故‘美’字‘从羊从大’，‘大’象人形。‘美’字是羊和人的结合体，象征一个人的头上戴着羊头或羊角……这是对驯羊舞的摹写。”（知识出版社，1983 年版，第 212 页）这种解释才准确揭示了“美”的真正内涵，它首先是视觉美，甘美之义只是其组成内涵——羊崇拜的一个因素而已。

《说文》：“好，美也，从女子。”段玉裁注：“好本谓女子，引申为凡美之称。”因此，人们多把“好”释为“美色”，古人也常把“子女玉帛”视为个人财产与地位的象征。但是，女色之美应是较晚的意思。人类的早期审美是与人类自身的生息繁衍密切相关的，故曾经有过生殖崇拜的漫长时期。汉字“好”从“女子”，正反映了这一文化信息。“女子”应是主谓短语“女人生子”之义。与此相关，古人好女子的标准是健硕。《诗经》有“硕人”篇，称许“硕人其颀”的健美。相反，战国时楚灵王建细腰宫，欣赏士及宫女的纤腰，并形成了历史上首次“减肥”运动。楚王之举及孱弱纤细，古时是被作为病态审美而受到批判的。古代的雕塑作品，如唐宋彩塑、佛寺的观音造型，仍以“硕”“颀”为审美标准。中学语文课文《孔雀东南飞》长诗中，漂亮贤德而多才的刘兰芝，因婚后不育而成了弃妇，不得“好”评。宋代大诗人陆游与其表妹唐婉的爱情悲剧，可能也与此相关。至今民间仍以健硕的女子为美，认为其生育能力强、子女也会健康，从今天遗传学的观点看，是很有道理的。《说文》有“妇人妊娠”之义的“嫋”（chǔ）字，《广雅·释诂》嫋字即以“好”训释，正符合称女人生子为“好”之义。《说文》又有“媄”（měi）字，释为“色好也”，是专门称赞女色的词。在古今汉语中，“美（包括媄）”的反义词是“丑”或“恶”，词义偏重于外在形象的审视；“好”的反义词是“坏”或“孬”，词义偏重于指事物的价值或质量。这也可从侧面帮助我们理解“好”字的本义。

楷书中汉字部首的简化与归并，也影响对会意字本义的理解。月部字，一是月亮之，一是肉部之，篆书尚能区分，隶变后趋同。月部字多与时间相关，字数仅十个左右；其余皆肉部字。例如“有”字，古文字是从“又”（右手）持“肉”会意的，作隶变后作“有”。再如“羞”字，甲骨、金文、篆文可明显看出是“从又，持羊”的会意字，本义“进献也”。《说文》说解为“从羊从丑”的会意兼形声字，但篆文仍可见“又”之手形，楷书中则全同“丑”字。

说“塘”字论形声字意符

汉字的主体是形声字。形声字的意符是表示文字的意义类属的，水、土、草、木，号称是《说文》的四大部首。声符表示该字读音，又叫音符。有一个“清和桥”的故事，说童生、秀才、和尚同游“清和桥”，遂以桥名各取一字作诗。童生曰：“有水也为 qīng（清），无水也为 qīng（青）。去了清边水，添心变为情。”秀才曰：“有口也为 hé（和），无口也为 hé（禾）。去了和边口，添火变为秋。”和尚曰：“有木也为 qiáo（桥），无木也为 qiáo（乔）。去了桥边木，添女变为娇。”此例简明地说明形声字“半义”“半音”的造字方式，也可略窥一些变化。“清和桥”三字与其声符至今同音，但“情”“娇”则语音有变，“秋”则为“省声”的字，音隐在不见处。“和”字指和谐，本作“龢”，以乐器“龠”表意，指音乐和谐；引申指社会和谐，出现异体字“和”，口为义符，强调舆论和谐，故子曰：“天下有道，则庶人不议。”

中学语文课本有宋代朱熹的古诗《观书有感》，首句是“半亩方塘一鉴开”，其中“塘”字与现代文学家朱自清《荷塘月色》的“塘”字同义，均是指池塘、水面。但是它又为什么不用“水”（氵）表意而用“土”呢？其实“塘”字首先是由“土”表意造字的，本指堤岸。《说文新附》：“塘，堤也。”古时筑石垒土遏水之堤称塘，至今东南沿海一带建造的挡海潮的堤坝仍叫“海塘”或“防海塘”。苏州有古镇“横塘”，宋代范成大有诗句曰：“年年送客横塘路，细雨垂杨系画船。”考“塘”字，也是堤坝之意，该镇东侧是京杭大运河，倚堤建镇，镇西有孤山与大运河平行，则名“横山”。

“塘”由堤岸义转移指水面，属于古今词义的演变。中古《广雅·释地》

即有“塘，池也”的训释。读古籍时要留心辨析，以防止误解。例如《庄子·达生》“被发行歌而游于塘下”句，唐代成玄英解释说：“塘，岸也。既安于水，故散发而行歌，自得逍遥，遨游岸下。”塘即堤岸，塘下指水岸交界处。六朝大诗人谢灵运有“池塘生春草，园柳变鸣禽”名句脍炙人口。这是一联对仗句，“池塘”对“园柳”，皆为偏正短语。池塘生春草，是“池岸”或“池畔”生春草之义；其后王安石“春风又绿江南岸”有相似的意境，形容春早。谢诗句中“池塘”不能理解为现代汉语“池面”“池水”。六大古都之一的杭州在钱塘江畔，“钱塘”二字的“塘”字也是指江堤之义。据《钱塘志》记载：“曹华信立防海塘，募致土石一斛与钱一千，来者如云。乃曰：‘不复需土。’皆弃而去。塘成，因名钱塘。”这是“钱塘”得名之一说，不论真假，皆可说明塘字的词本义。

形声字的意符，使汉字的语义系统井然有序。《说文》的540部首都是据意符而定的，后来简并为214部，为明清两朝字书的标准。现代新编字典又据楷书简化部首，遂使汉字的语义类别也有一定淆乱，除上文所说月部与肉部归并之例外，阜部与邑部的归并也牵涉一大批汉字。阜部与邑部，楷书中皆作“阝”旁。但是阜部的阝在字左，邑部的阝在字右，不相混淆。“阜”字，《说文》解为“大陆”。据古文象形文字看，应是指地面上的山陵、高原。段玉裁注引《国语》注说：“阜，厚也；皆由土山高厚演之。”汉字从“阜”之字有两组意义：一组是指高峻的地貌（名词）及其特性（形容词），如：阿、陵、陆、隄（堤）、防、阬（坑）、阶、除、陛、阴、阳等，皆与地形高下相关；而险、阻、陷、隔、阽则指由此带来的相关性质；另一组是与此地貌相关的动词，如队、陟、降、陨、陪等。“邑”字本指人所聚居之处，故古时“都”“邑”连用。“邑”部字又可分为两组相关语义字：一是与居住地空间大小远近相关的词，如都、邦、郡、邻、郊、鄙、邸、邨（村）、郭等；一组是用于都邑、邦国的名称，如邮、邙、郑、邶、鄢、郢、邹、邗、邳、邯郸……因此，了解汉字的意义类别是系统认识汉字的重要手段。

借“阿房宫”说声符音变

形声字的声符是表明文字读音的，在造字之初，声符与形声字的读音肯定是相同或相近的，否则就名实不符了。形声字声符的存在，一方面说明汉语自古就有“一音多词”的特点，而语、文之间的互动又使汉语这一特点不断发展，形成了汉语语音逐步趋于简化的规律。其次，声符的性质又给语文工作者考释古音提供了依据，段玉裁有著名的“凡同声必同部”的观点，古音研究据此有了文字的有力佐证。因此，形声字在汉语历史比较领域的价值是毋庸置疑的。

但是，就像现代英语单词大都需要加注音标一样，汉字形声字中的声符也有一大部分不能准确标示汉字的读音了，甚至有声、韵、调三个音素全部改变的。从时间上看，它与古今语的发展演变相关，从空间上看，又与汉语方言相关。翻开《新华字典》我们可以看到，以“方”为声符的字，音相同的一组：方、坊、芳、枋、邡；音相近的：防、坊、妨、肪、房、鲂；仿、彷、访、纺、昉、舫；放。以上是“四声别义”，现代汉语声母为 f。一组音声母为 p，音同的：雱、滂、膀；相近的：彷、旁、膀、磅、螃、嗙、榜。两组字声母不同。这就是古代声母分化的结果，形声字也随之一分为二，但是在中古以前，这两组字声母是一样的，中学生熟悉的《阿房宫赋》“房”字读成“旁”字就是保留了古音。清代学者钱大昕著名的《古无轻唇音》文章说：“古读房如旁。《广韵》：‘阿房：宫名，步光切。’《释名》：‘房：旁也，在堂两旁也。’《史记·六国年表》：‘（秦始皇）二十八年，为阿房宫。’‘二世元年，就阿房宫。’宋本皆作旁，旁、房古通用。”这段话利用了古代“房”的读音、反切注音、词义关系、用字异文共四方面材料证明古代“房”字声母同“旁”。同样道理，从“番”表音的有读 f 声母的，如番、蕃、幡、翻、璠、燔、蹯，也有读 p 声母的，如番、潘、磻、蟠。由于地名、古族名等常留古音，所以广东“番禺”的“番”仍读 pān，古“吐蕃”族“蕃”字仍读 bō。同理，同声符的字在古今演变中韵母、声调也可能分化、合并等。

汉字的简化也对声符表音的功能和系统性有所破坏，已受到语文学界的批评，而国家批准推行的简化字，也偶有此弊端。例如“專”简化为“专”，将本来是“从寸叀声”的形声字，变成了一个记号字。“叀”字属古汉语也少见的词汇，这样简化也许有道理；但是以“专”为声符的，也应以类相从保持统一吧，如传、转、砖……诸字是一致的。但从专声的“團”字却写作了“团”。再如从“卢”声的字，卢、垆、泸、胪、颅……声符作“卢”，而同声符的芦、庐、炉、驴四字声符却简作“户”。“户”字已不能表音而成蛇足，而且因此而与“滬”“護”二字的简化字“沪”“护”成了同类，而后者却是新声符。真有些驴唇不对马嘴了。俗间的不规范简化字还受方言影响，更应坚持禁绝。如苏州人“设摊”作“设汰”、“横塘”作“黄塘”，皆方音作祟，应予制止。

形声字的世代繁衍

在汉字发展史上，形声字的比例与日俱增，反映了文字力求有表音符号的规律。在早期，有些用象形、指事、会意等方法构成的字在使用中演变成了形声字。例如“围”字，《说文》作“囗”，义为“回也，象回匝之形”。段玉裁注说：“围行而囗废也。”汉字中以囗作义符的字，都是以“囗”字表意的，如国、园、固、囚、回、困等。“闢”字，古文中原是从门从廾的会意字，取以手推门之意，作，小篆的“闢”变成了形声字。形声字增多的根本原因，在于它是一种能产的造字方法，它有世代繁衍的特点。

意符的表意功用可以不断传递，如《说文》：“力：筋也，象人筋之形。”实际上是一个象形字，象人用力时人体暴露部位青筋鼓胀、历历可见的样子；古文字中有的象农具耒耜之形，说明耕田需要用力量。《楚辞·卜居》有“力耕”短语。以“力”作意符，取其佐助之义，则有加、助、劦诸字，此为第一代意符字。其中劦音 li 去声，《说文》释为“同力也，从三力”，同体会意。以“劦”

字作意符，又派生出協、勰诸字。其中，“協”又写作“叶”，简化作“协”；“勰”字是“同思之和也，从劦思。”我国历史上有文学理论家刘勰，又有农学家贾思勰，这一批字可视为“力”这个意符的第二代。同理，“加”字派生出“贺”“架”；“助”字派生出“耡”字，此三字是第二代字，意符兼用作声符。凡同体会意字都是意符的重叠使用，如古文字中口、吅、品等。

声符的世代繁衍更为普遍。例如现代汉语常用的刃、各、寺三字可派生出形声字忍、洛、時（时），此三个形声字作声符又派生出下一代认（認）、落、莳（蒔）。曹先擢先生讲古代汉语，举以“父”作声符的字为例，分析其世代繁衍有更复杂的家族谱系：第一代的为斧、釜、甫，其中“甫”字是会意兼形声字，《说文》：“甫，男子之美称也。从用父（段注：可为人父也），父亦声。”以“甫”作声符，有脯、補（补）、尃（“布”字古体字）等。以尃字作声符，派生出傅、缚、溥、博等。“溥”字现代汉语不用，古代常用，如“溥天之下”。以“溥”作声符，又有薄、簿等。以“薄”作声符，还繁衍出“礴”等字。这是声符世代传递的典型，“甫”如看作第一代，“礴”字则为第五代了。

形声字增多的另一重要原因，是新生词汇多用形声法造字。最典型的是科技新语，如化学元素命名时，金属类以“金”作意符加表音声符，如铝、锌、镍、铀、钴；气体类则以“气”作意符加表音字，如氯、氟、氩、氖、氦……

形声字三题

一般说来，形声字是半音、半义的结构，但有时二者的比例并不匀称，需仔细辨析。汉字“彳”部多与行走相关，如往、復、徐、征、後，但“徒”字楷书中也在“彳”部，也与行走相关。但是《说文》中不在“彳”部，而是“从辵，土声”，释义“步行也”。邵瑛《群经正字》说：“今以彡为偏旁彳，以止合土为走，作徒。”所以极易将它视为会意字。再如“旗”字，现代词典在“方”部，但《说文》在yan部，“其”声。同类字很多，如旌、旄、族、旒、旆、旎、旋等，都与旗幡及其佩饰曲折飘扬的语义相关。其他，“勝”从力，朕声；“颖”从禾，顷声（同类的颕、熲同）；“寶”（宝）从宀、玉、贝，缶声；“雖”（虽）从虫，唯声；“齑”从韭，齐声。了解这些有利于理解词的音义及系统性。

理解形声字还需要了解省形、省声的规律，即形声字的义符或声符的不完整性。省形的如：星，从晶省，生声；屦，从履省娄声；弑，从殺省，式声；耇，从老省，句声（同类的考、孝、耋、耆、寿同）；归（歸），从止，从婦省，dui 声。会意字也有省形的情况，如：军，从包省，从车；乔（喬），从夭，从高省。省声专指形声字声符的省俭，其例更多，如：汉繁体“漢”，从水，难（難）省声；觉，从见，学省声；炭，从火，岸省声；纣，从糸，肘省声；徽，从糸，微省声；宕，从宀砀省声；澄异体字“瀓”，从水，徵省声；炊，从火，吹省声；融，从鬲，蟲省声。也有双省的，如量字，从重省，从曏省声；会意兼形声的字，相兼的字符可实现双省，如“季”，从子，（从）稚省，稚亦声，“稚”声兼义而双省；“銮”字，“从金，鸾省”，段注曰：“此举会意包形声。”“鸾”声兼义而双省，《说文》述其表意说“铃象鸾鸟之声”。

从汉文字史可知，隶变是汉字形体变化最大的一次，裘锡圭先生《文字学概要》总结了五种情况，其中“偏旁变形”与“偏旁混同”都可能造成形声字音义符号的模糊或改变。欲知其详，读者可阅读该书。我们此处要“接着讲”，上世纪 50 年代的简化字对形声字音义符号的功能继续破坏。改变形旁的如：执、孙二字，前者繁体作“執”，是个会意兼形声的字，“幸”为音义双符号，简化后双失，而新义符“手”与后义符重复累赘；孙字繁体“孫”本“从子从系”会意，《说文》曰“系，续也”，简化后“系”的字符义丧失。丧失音符的如：赵（趙）、时（時）、爷（爺）、顾（顧）、养（養）、导（導）、鸡（鷄）。音义全失的如：庄（莊）、头（頭）、发（發）、总（總）、凤（鳳）。音义全变的如：惊（驚）、护（護）。

改换音符的如：认（認）、拥（擁）、袄（襖）、灯（燈）、补（補）、块（塊）、衬（襯）、阶（階）、拟（擬）、远（遠）、毡（氈）、证（證）、钻（鑽）、战（戰）、识（識）、运（運）、忆（憶）、种（種）、沪（滬）等。

“之”与六书假借

“之”字是古代汉语中“天字第一号”的文言虚词，使用频率最高。作为虚词的“之”，从文字与语言的关系看，属于六书之一的“假借”；为了与通假字相区别，古人又称之为“造字假借”。虚词“之”兼代词、连词、助词、语气词多种词性，难以用象形、会意、指事、形声等方法为它造字，不得已而借用实词字形来表示，遂形成“之”字一形而兼虚实多类的情况。“之”字本义，应是动词“往”的意思。古文字中像地面上有一个足印，可看作指事字，形如。中学语文课文《陈涉起义》中“辍耕之垄上”的“之”字，就是用动词本义，是“走到（垄上）”的意思。但同一篇文章中，“之”字的虚词用法更多，如：“怅恨久之”的“之”是语气词，无义；“燕雀安知鸿鹄之志哉”的“之”是助词，可译为“的”；“二世杀之”“楚人怜之”两句中的“之”为代词，分别代指扶苏、项燕。

文言虚词的很多词汇是用类似的假借造字来表示的。如“则”字，造字之初是动词。《说文》“则，等画物也”，是公平分配的意思。古文从刀从鼎，郭沫若解释为“宰”的本字；也有人据《左传》“铸刑鼎”理解为铸刑法于鼎的意思。其实《说文》所说应为本始为义，反映了原始社会公平分配的生活，字义关键在“等画”。直接引申为名词“原则”“规范”，如“以身作则”；再引申为动词“效法”，如“则天”。古汉语中动词“则”已不用，直接引申为“法则”的名词义常见，但是它的副词、连词、语气词等虚词用法属假借字。

除了像“之”“则”这类本字与假借共字、虚实和平共处的情形外，假借字还有其他情形。

一些词语所借用的字，其本义早已死亡或罕见使用，久而久之，假借字俨然以主人自居，有如“受禅而王”。例如形容词“旧”“难”二字，繁体写作“舊”“難”，皆从“隹”（短尾禽，象形字）表意。舊、難皆古时鸟名，但由于物种灭绝及文字变迁，二鸟久已不闻何物，故后来专用为形容词了。《说文》:“舊，鴟舊，舊留也……或从鸟休声。”段玉裁注:“按今字为新旧字。”《说文》:“難，鸟也。”段玉裁注:“今为难易字而本义隐矣。”文言虚词焉、而、苟也是如此。“焉”字，《说文》说:“焉鸟，黄色。出于江淮。”段玉裁注说:“今未审何鸟也，自借为词助而本义废矣。”“而”字本指“颊毛”，象形字，《周礼》还有用例，但后世罕用，“假借为语词”。《说文》:“苟，艸也。”段注说:“孔注《论语》云:‘苟，诚也。’郑注《燕礼》云:‘苟，且也，假也。’皆假借也。”

如果本字和假借字都是常用词，为了行使文字的别义功能，往往要再造新字使二者分化，以各就各位。又可分两种情况：一是为假借字造新字，使之与本字分离。如“辟”字本义为“法”的会意字，古文字中左边“尸”为犯人跪地之形，右边“辛”为背负的刑具，“口”则有“数罪”之意。但上古汉语中“躲辟”“开辟”“辟喻”等词义皆假借它的字形；中古时另有“避”“僻”“譬”等形声字分别使它们各自独立，“辟”字仍作“法”本义及引申义的用字。再如“采”字，本是从爪在木上的会意字动词，但上古假借作“五彩”的“彩”字，如《庄子·胠箧》:“灭文章，散五采。”后才造加意符“彡”的形声字“彩”字独立出来。故段注《说文》说:“五采作彩，非古也。”

另一种情况是为本字另造新字，裘锡圭先生称为“本字后造”。例如古汉语中的疑问人称代词“孰”，在《说文》中释为“食饪也”，本指食品生熟之“熟”，但由于“孰”与“谁”双声而被借用，中古时以“孰”加“火”字作“熟”表本字，“孰”字专用为疑问代词，成鸠占鹊巢的局面。再如“莫”字，本是日落草莽之中的会意字，义为“日且暝也”，但由于假借作无定代词，中古后又造“暮”字表本义，形成二日落草的意符重复现象。这种情形较多，如“益”与“溢”、“韦”与“违”、“然”与“燃”等，皆与假借相关。这类假借还形成词用字的“古今字”现象，如对词义是“五彩”之“彩”言，“采”为古字，“彩”为今字；对“生熟”之“熟”言，“孰”为古字，“熟”为今字。但对表“法”义的“辟”字及其引申义，作否定性无定代词用的“莫”字，它们古今始终用一个字形，没有古今字问题。动词“采”后又分化出“採”表具体义，“采”表抽象。

古今字由“左”“右”说开去

古今字是汉字的历时现象，除了上文所谈到的与六书“假借”相关的情形外，还与词义的引申以及汉字自我调整等情况相关。古今字的概念一定要结合具体的某一个词来认定，对相同的一个词，“古今人用字不同谓之古今字”（段玉裁语）。由于今字产生有早晚，故“古今无定时”而“随时异用者谓之古今字”。

《容斋三笔·六经用字》说：“《六经》之道同归，旨意未尝不一，而用字则有不同者。如佑、祐、右三字一也，而在《书》为佑，在《易》为祐，在《诗》为右。”洪迈的疑惑就是古今字问题。右、佑、祐三字应是保佑、佐助的动词义，要说清这一问题，须从“左”“右”二字的古今用字变化说起。在《说文》及更古老文字中，象左右手之形，词义也是“左手”“右手”的名词意思。这两个词引申有指示方位的方位名词义，再引申有帮助、辅佐的动词义。《说文》中“左”“右”二字本是为动词义造的会意字，《说文》：“左，手相助也。从𠂇从工。”《说文》：“右，手口相助也。从又从口。”但是为两只手而造的象形字，古籍中少见使用，尤其是一横一撇的“𠂇”字基本没见使用，朱骏声《说文通训定声》说：“经传皆以左为之。”“又”字假借为副词后，亦不用于名词，朱骏声又说：“凡又手字，经传皆以右为之。”

这类文字，清代文字训诂学家称之为文字的“初文”。由于初文不见用，所以在先秦经典中名词与动词两类词都用“左”“右”二字表示，如：《诗经·王风·君子阳阳》：“左执簧，右招我由房。”毛传说：“左手持笙，右手招我。”《左传·成公二年》：“左并辔，右援枹而鼓。”类同。再如《诗经·大雅·大明》：“保右命尔。”毛传又注：“右，助。”这是动词义，即洪迈所说的“在《诗》为右”的用例。由于“左”“右”两字兼有名词和动词两类词性，易于混淆，影响文字明确表义，后人又造“佐”“佑（祐）”两个动词，以分化引申而后起的动词义；对于动词义来讲，“左”“右”为其古字，“佐”“佑（祐）”

为其今字。《说文》未收“佐”“佑”两字，但收了“祐”字，释义为“助也”，与“右”为同一词。在先秦经典中，“佐”“佑（祐）”已见使用，即洪迈所说“在《书》为佑，在《易》为祐”。对这种用字现象，怎样解释呢？一种可能是，后起的分化字“佐”“佑（祐）”当时已经产生并局部流行，与“左”“右”同时作动词使用。故有同一动词义，用右、佑，左、佐的情况。《说文》只收词本义，认为“左”“右”二字可以兼之，故暂不收录。这类初起而尚未稳定的文字，又被文字学家称为“后起俗字”。中古时《广雅》：“佐，助也。”《玉篇》：“佑，助也。”还有一种可能是经书在历史流传过程中，后人用俗字窜改了经书，这也是古籍中常见的现象。

但是，动词“右”字，为何又造了“佑”“祐”两个今字呢？从所用意符可以看出，“佑”与“佐”义近，都指广义的“助”。而“祐”字从“示”表义，与古代宗教文化相关，专指鬼神保佑。故《广韵》“佑”字解释为：“佐也，助也。”而“祐”字释为“神助”。由于“佑”字可兼有“祐”字之义，故历史上“祐”字并不常用。

“左”“右”原来词义由今字“佐”“佑（祐）”替代之后，自身基本义成为了方位名词，初文的左手、右手之义则消亡。

因词义引申而为引申义造今字，“境”“婚”等字可视为典型。汉字“竟”字本指“乐曲尽”，故从“音”会意，段玉裁说：“引申为凡事之所止，土地之所止皆曰竟。”先秦经典中边疆、地界之义的字作“竟”。《左传》有“亡不越竟”，《诗经》毛传有“疆，竟也”之训诂。后又造“境”字专表边境之义，《说文新附》：“境，疆也。从土，竟声。经典通用竟。”《说文》：“昏，日冥也。”本为时间词，从日民声。由于古人结婚多在傍晚（现江南保留此俗），引申指婚姻、婚嫁，郑玄曰：“士娶妻之礼，以昏为期，因而名焉。”后又造“婚”字将其分化出来，《说文》：“婚，妇家也。”再如“景”本指“日光”，引申为“影”，贾谊《过秦论》“赢粮而景从”的“景”为影的古字，“景”与“影”在阴影义上为古今字。

与因假借而形成两类古今字的情况类似，因词义引申而造的今字，也有用于表本义的。例如《说文》：“州，水中可居者曰州。”段玉裁注说：“州本州渚字，引申之乃为九州，俗乃别制洲字。”因此，后起字“洲”用于表示本义，而以本字专表引申义“州县”。再以“县”字为例，《说文》释为“倒首也”，篆文作，像一个倒挂的人头，本义即动词“悬挂”之“悬”。《释名》说：“县，县也，县系于郡也。”此处是声训，以动词“悬挂”解释名词州县义，因源于悬挂之义，故可视为词义引申。这种语义联系，与古时杀犯人后将人头悬挂在州郡政府以示众相关，后引申而与“州郡”成了同义词。后又造加心旁的“悬”字专表本义，而用“县”字专表引申义“郡县”。同理，“要”本指人腰部，引申有重要之义，后又加意符“肉”旁作“腰”表本义，“要”成了“重要”“要求”等引申义的专用字。

从“逶迤”谈联绵词用字

毛泽东《七律·长征》诗有“五岭逶迤腾细浪，乌蒙磅礴走泥丸”两句，其中“逶迤”“磅礴”两词是汉语中的联绵词。联绵词又叫“联绵字”，是两个或两个以上音节连缀成义而不能分割的词。汉语和印欧语的最重要差别是汉语单音节成词或语素，而复音节成词恰是西方语言的特点，所以黄侃先生《文字声韵训诂笔记》断言：“其间有二音者，必本于胡语，如珊瑚之类是也。”人们都知道，张骞通西域之后，有大量胡语译音词进入汉语；东汉后梵语随佛教带来的译音词也影响汉语。译音词也可视为联绵词。但是，在先秦经书尤其是《诗经》中，已大量使用联绵词，主要是双音节的拟声词、状态词等，也可能是受当时周边民族语言影响而长成的汉语早期“土产”。

联绵词是连缀成义的，每个汉字仅仅起到标音的音符作用而无须文字表意，所以，只要是音同或音近的字都可换用，形成了联绵词用字不统一的现象。洪迈《容斋三笔·碌碌七字》说：“今人用碌碌字，本出《老子》云：‘不欲碌碌如玉，落落如石。’孙愐《唐韵》引此句及王弼别本以为碌碌，然又为録録、娽娽、鹿鹿、陆陆、禄禄凡七字。”洪迈还为每一例举出了书证。他在《容斋五笔·委蛇字之变》详述了“逶迤”一词的十二个不同写法，分别是：委蛇、逶夷、委佗、逶迱、倭迟、威夷、委移、逶移、逶蛇、蝼蛇、威迟。因“委蛇”较早，故以为其余皆此词变体。《诗经·羔羊》：“退食自公，委蛇委蛇。”毛传说：“行可从迹也。”郑玄笺说：“委曲自得之貌。”在《长征》诗中，“逶迤”形容山势曲折连绵不绝的样子，与古代词义一脉相承。《现代汉语词典》收“逶迤”，并解释说“也作委蛇”，是兼顾了此词的不同书写形式。

由于联绵字的汉字仅起表音作用，故特别忌讳“望文生义”。原中学语文课本有清代作品《冯婉贞》，是记载京郊百姓抗击外国侵略者的名篇，有“日暮，所击杀者无虑百余人”句。其中，“无虑”就是联绵词。有人望文生义地释为“没有考虑”或“不计”，皆大错。此词是估计、大概一类的意思。王念孙说：“凡书传中言无虑者，自唐初人已不晓其义，望文生训，率多穿凿。”他引用了大量用例，指出此词又写作勿虑、摹略、莫络、孟浪等，皆“大略”之义。他最后又总结说：“大氐双声叠韵之字，其义即存乎声，求诸其声则得，求诸其文则惑矣。”（见王引之《经义述闻》卷三十一，江苏古籍出版社，1985年）再如“狐疑”“犹豫”诸词，古今人有将“狐”“犹”解释为动物的，如解“狐疑”为“狐性多疑”等。王念孙对此都有批评与辨析，指出“犹豫”又作犹与、夷犹、容与、狐疑、蹢躅等；段玉裁还指出有“冘豫”这一写法，“皆迟疑之貌”。

联绵词个别的可能受汉语单音词特点及语言变迁的影响而蜕变，如源于《庄子》的成语“望洋兴叹”中的“望洋”本是联绵词，又写作“盳洋”“望羊”，本为仰视貌；但宋元后“洋”有“海洋”义，如“郑和下西洋”之洋，于是常人有误解“望洋”为动宾短语的，现代汉语且形成仿词格式，作“望×兴叹”。这是联绵词与汉语单音词之间的相互影响，与英语译音词汉字滤净现象异曲同工，如“迷你”“引得”“幽默”的词义，可用汉字单音节词义构成的短语来理解一样。

异体字的成因及规范

现代学校教材及出版物，一般都用规范的简体汉字排印。但进入高中阶段后，学生都要适当读一些古籍。而古籍中除繁体字外，异体字也是读者一个阅读障碍。因此，人们要掌握关于异体字的知识，学会区别与分析常见的异体字。

少量的异体字，是造字之初用不同方法造了两个或多个字，结果都流行了，形成长期并用的局面。如“泪”从目、水会意，而“淚”则是从水、戾声的形声字。“岩”“岳”为会意字，“巖”“嶽”是形声字。“村”与“邨”则声符、义符皆异。

形声字的异体字较多，一类是选用语义相关的不同义符造了不同的文字。如：煖与暖、堤与隄、阬与坑、枪与鎗、铺与舖、舘与馆、徧与遍、跡与迹、阶（階）与堦、炮与砲、溪与谿、雕与鵰、瓶与缾、愧与媿、裙与帬……有些字至今仍并用。有些是因声符不同而形成的，如：线与綫、吃与喫、笋与筍、妒与妬、烟与煙、瓮与甕、遁与遯、栖与棲、裤与绔袴、娘与孃……其中，现代汉语以“裤”作正字，但成语“纨绔子弟”，人们仍习惯写作“绔”或“袴”，《现代汉语词典》收“纨袴（绔）”词条而不作“纨裤”，沿袭古人写法。今苏州“吴

李世民像

中第一名胜”虎丘山上有“真孃墓”，用“娘”的异体“孃”字。

有些是字符的位置或兼其他因素改变而形成的。如棋与棊、够与夠、峯与峰、群与羣、概与槩、鹅与鵞、鄰与隣、胁与脋、惭与慙等。浙江绍兴古城有兰亭名胜，有书圣王羲之所书“鵞池”碑，“鹅”作上下结构异体字。

文字在使用中的细微讹变也可能形成异体字。鲁迅小说《孔乙己》中孔乙己所说的“回”字的四种写法就是。其他如臥与卧、丟与丢、汙与污、閒与间、句与勾皆是。《说文》：“閒，隙也，从門从月。”徐锴说，门当夜闭，闭而见月，是为閒隙。但今讹作从日的“间”字。现代汉语常用词“语句”“章句”之“句”，原是“勾”字的本字。《说文》：“句，曲也。”段玉裁注说：“凡地名有句字者皆谓山川纡曲，如句容、句章、句余、高句骊皆是也。凡章句之句，亦取稽留可钩乙之意，古音总如钩，后人句曲音钩，章句音屦，又改句曲字为勾。此浅俗分别，不可与道古也。”这是笔画讹变的典型例子。但历史名人“句践”，吴国别称“句吴”及地名，仍循古写作“句”字。如苏州干将路新建牌坊有“句吴神冶”四字，当代人或不解古体字，曾有人以为错字。

汉字的类化，也会产生异体字，如洪迈《容斋随笔》所批评的“决、冲、况、盜并从水，作冫者讹……至於果、芻、韭之加草，岡加山……如是者皆非也”。

古代帝王的避讳制度也是异体字形成的一个因素。钱大昕《十驾斋养新录·石经避讳改字》指出，唐刻石经避李世民的名讳，《诗经》中“洩洩其羽”“桑者洩洩”“无然洩洩”“是绁袢也”等，避“世”声符，以音近的“曳”代之；“甿，刺时也，甿之蚩蚩”等避“民”义符，以“田”代之。形成了“泄”与“洩”、“绁”与“絏”、“甿”与“氓”三组异体字。宋代王楙《野客丛书·字文增减》说：“汉人‘洛’字书‘雒’，盖汉火行，忌水，故去‘水’而用‘隹’。”洛、雒为异体字。这是专制制度对汉字的消极影响，应批判。

《说文》保留的少量古文字，是更古老的异体字，保存了古汉字的多重信息，在一些名胜古迹常可见到。如滁州醉翁亭碑刻有数字一二三的古文异体“弌弍弎”；无锡太湖名胜鼋头渚有“秋叶涧”刻石，其中“秋”字写作“穐”，是从秋龜（龟）声的形声字，《说文》保留此古字说：“籀文不省。”

二　汉字与历史文化

州、災诸字与远古的洪水记忆

在西方《圣经》中，有“水灭世界”的历史记载及“诺亚方舟”的传奇故事；而在古老的东方神州大地，则有“大禹治水”的远古神话式史实。这东西方不约而同的人类童年记忆，既是历史学、文学家们津津乐道的话题，也是地质学、地球物理学、天文气象学等科学门类探索的内容。在地球变暖、臭氧层破坏、南北极冰川融化的恐怖灾变面前，今天的地球人不断发出惊呼：远古时期水灭世界的灾变是否会再次光临地球村呢？让我们借助古老汉字的洪水记忆，还原当时的恐怖场景，唤醒国人的环保理念、灾难记忆、忧患意识吧！

《尚书·尧典》说：“汤汤洪水方割，荡荡怀山襄陵，浩浩滔天。”连用三个迭音联绵词描写洪水之广大无边，“怀山襄陵”是包裹山陵之意；范仲淹《岳阳楼记》所用“浩浩汤汤”一词即来于此处。在这种灾变面前，先民们的生存空间被大大挤压而缩小，只能攀爬上尚且露出水面的洲渚上生存。汉字“州”字反映了这一严峻的生存挑战，甲金文中，“州”字象水中洲渚之形，是后代“洲”字的初文。《说文》：“州，水中可居曰州，周绕其旁，从重川；昔尧遭洪水，民居水中高土，或曰九州。《诗》曰：‘在河之州。’”因此，古代最早政区的“九州”概念，本指被洪水分割的若干较大岛屿。《说文》还保留古文作州字的形象，段玉裁注：“此象前后左右皆水。”

鲧死羽山

与《圣经》所记载的西方人乘诺亚方舟避难的方式不同，炎黄子孙采取了迎战治水的积极生存方式，故有鲧、禹父子两代人献身于治水的悲壮历史，其中鲧付出了生命的代价，被杀于羽山。鲧是史诗般的悲剧人物，正像西方神话中敢窃天火来人间的普罗米修斯一样，鲧窃上帝之“息壤”以止洪水，但由于不了解神州大地西高东低的地理走向，故而出现洪水与息壤即围堤共生的险象，而且由于生产力低下，围堵的能力终败于“大河向东流”的西高东低自然走势。鲧的悲剧产生在神州治水必须经过的实践和试验阶段。在此失败记录的基础上，才有其子大禹改堵塞为疏浚的战略转移，成就了禹“凿龙门，疏九河”“决汝汉，排淮泗”，导流东入海的丰功伟绩，拯救了炎黄子孙。现代汉字“灾”字，《说文》作“𡿧”，是鲧治水失败的沉痛记忆。此字《说文》曰：“害也。从一雍（壅）川，《春秋》传曰：川雍为泽凶。”“一”是指事符号，象川上截流的堤坝。“从一壅川”，正是鲧治水方法的写照。其结果川壅为泽，为灾更凶。汉字用这个字表灾害之意，反映了鲧治水反遭大灾的可怕史实。段注说：“害者，伤也。𡿧害字本如此作……以一塞川，是为害川，故从一雍川。”典籍中曾把“鲧”列为四凶之一，从失败的教训看，有一定道理，但其失败为其子“禹”成功之母，亦可视为圣人。

禹平水土之后，华夏民族灾难的空间意识逐渐缩小，《说文》有“烖”字及异体“灾”、籀文是災、古文𤆎。商承祚《福考》说：“甲骨文从水、从戈、从火。以其义言之，水灾曰巛，兵灾曰𢦏，火灾曰𤆎。”分别是水灾（从一雍川之字）、兵灾（哉字去“口”）、火灾（从火才声）。一般说来，兵灾、火灾都是局部或暂时的灾难，水灾才是大面积的。火灾也可能造成大面积灾难，如雷击的天火等，因此繁体字多用川、火会意的“災”，民间则有“水火无情”的教诲。籀文“从一雍川”之災字（巛）从汉字中的退隐，反映了远古洪水滔天的场景及鲧治水的灾难记忆逐渐磨损以至于淡漠而远去。

“无恙无他”与太古洪荒

与远古洪水相关的，是人类生存环境的险恶恐怖。《孟子·滕文公上》叙述洪水带来的相关生态状况说：“草木畅茂，禽兽繁殖，五谷不登，禽兽逼人。兽蹄鸟迹之道，交于中国。”正像现在遇到洪水时动物蛇蝎等也要爬到房顶、树梢或高处与人争夺求生空间的场景一样，只是古时物种繁盛、人口较少，情形更为恐怖而险象环生而已。此情此景，在汉字中打上了深刻的烙印。如《说文》：“它，虫也。从虫而长，象冤曲垂尾形。上古草居，患它，故相问‘无它乎’……蛇，它或从虫。”“它”是现代常用汉字“蛇”的古字，因“它”借为代词，又加意符而成“蛇”字。从古文字看，“它”是蛇的象形字；而“虫”字本义也是蛇，读“hui”，为虺的初文。《说文》：“虫，一名蝮。”是专为毒蛇“蝮”造的象形字，并解释说：“博三寸，首大如擘指，象其卧形。”突出其三角大脑袋的可怕形象。“它”“虫”二字，完整保留了历史上毒蛇威胁先人生存的时代信息。所以，汉语中常以“蛇蝎”比喻恶人及歹毒心理行为。另外，《说文》从“虫”的动物名称很多，现代大多数已灭绝。但从这些文字化石，仍可窥见当时蛇类爬行动物“交于中国”的情形。蛇喜温湿气候及水草山林的自然环境，今仍称福建省为“闽”，此从门从虫的会意字，正说明福建古今是多蛇之区。《说文》：“闽，东南越，蛇种，从虫门声。”门字同时也是意符，突出当地多蛇甚而登门入室的特点。

古人相见，又常以“别来无恙”相问。《说文》释“恙”为“忧也”。段玉裁认为“无恙”是“无它”的演变，义同。《玉篇》释“恙”为食人心的一种动物，《史记·刺客列传》司马贞《索隐》引《易传》说：“上古之时，草居露宿。恙，啮虫也，善食人心，俗悉患之，故相劳云‘无恙’。”“劳”字，即今“慰问”之义。宋代王楙《野客丛书·无恙无他（他为它的变体）》引黄鲁直诗“岁晚喜无他”证《说文》后，又说：“《风俗通》曰：‘恙，毒虫也，喜伤人。古人草居露宿，故相问必曰无恙。’此意与‘无他’同。东方朔《神异经》谓北方大荒中，有兽食人，咋人则病，名曰獇。尝近村落，入人室，皆患之，黄帝杀之，由是得无忧病，谓之无恙。《神异经》谓毒兽，与前说不同。”不论“恙”是毒蛇或是野兽，它、虫、恙诸字及古人“无恙无蛇”之问候语，反映了人类早期或洪水期“禽兽逼人”的自然生态环境。

进入工业社会之后，人与自然界物种的关系出现了新的危机，即今日世界人口爆炸伴随的物种灭绝，破坏了原来的生物链。人类已经意识到这种新的挑战，保护自然环境及物种的多样性成了迫不及待的时代课题。所以，联合国有濒危动植物的分类和具体的保护措施，提出人类与自然界物种共处的新思维。打开《诗经》《说文》等古籍，可知大量的古生物已不复存在，让人伤感。除竭力保护现有物种之外，生物学家还有利用古生物遗体、化石复活古生物的想法。从汉籍经典中可知，中国文化的主流儒家有强烈的环保意识，哲学上讲“中庸”，认为“过犹不及”；个人、社会、自然三者关系讲“和谐”，提出“万物并育而不相害，道并行而不相悖”的跨时空理念，这应成为当代人传承的牢固观念。

从葬、墓、坟诸字考丧葬文化

秦汉之后，帝王皆耗费巨额财富造墓堆坟，以求不朽，最为典型的是秦始皇的骊山坟。此风滥觞于春秋战国之交，至秦王朝中央集权的专制制度成

汉高祖刘邦和吕后合葬之长陵

熟后炽盛。但是夏商周三代君王及再向前的五帝三皇，皆无确切可考的坟墓。这反映了从远古到上古漫长时期，华夏先人们的丧葬方式和文化观念经历了不同的阶段。

人类的祖先是从山林草泽中跋涉出来的，到原始氏族社会的渔猎时代，仍然是穴居野处，依岩薮水泽而居。北京周口店的山顶洞人遗迹展现了人类早期的生活场景。当时的活人对死人的处置不会比动物复杂多少。《说文》："葬，藏也，从死在茻中。一其中所以荐之。《易》曰：古之葬者，厚衣之以薪。"其中，茻即草莽的"莽"字初文。所引《易经》的内容，应是最古老的丧葬法，即委之草莽沟壑之中，或以树枝柴草掩盖一下而已。《孟子·滕文公上》说："盖上世尝有不葬其亲者，其亲死，则举而委之于壑。"古人常以"填沟壑"作死亡的委婉语，其实是最早的葬死方式。《说文》以"藏"释葬，已经进化到第二步：掩或埋。"一其中所以荐之"一句，"荐"是草席一类包裹物，是将死者置于席上或包在席中，再置于沟壑草莽中，以柴草或土石相掩。《孟子·滕文公上》接着分析说：死者亲属不忍看见先辈尸首被狐狸蝇蚋食嘬，故增添了掩藏、掩埋的工序。最后说："孝子仁人之掩其亲，亦必有道矣。"《礼记·檀弓》也说："葬也者，藏也；藏也者，欲人之弗得见也。"

由掩到埋，应该还有相当长的过程。《周易·系辞上》说："葬之中野，不封不树。"这种情况是掩，"不封不树"是不埋土不作标记的意思。大概到奴隶社会时期才有"埋葬"习俗，因而有汉字"墓"字。在《说文》中，"坟"

与“墓”，是“丘”的近义词。战国之前，是“墓而不坟”的。王念孙《广雅疏证》说：“盖自秦以前，皆谓葬而无坟者为墓，汉则坟墓通称。”“坟”字在先秦是堤防之义，如《诗经·汝坟》中，坟是汝水大堤。《礼记·檀弓上》又有“古也墓而不坟……古不修墓”的内容。郑玄注说：“古谓殷时也，土之高者曰坟。”不埋土、不修治，反映了当时墓冢在丧葬文化中不重要甚至可以遗忘。传说孔子葬母时找不到父亲的墓地，后跪在街上求人指点，才安葬了其母并堆坟。《礼记·檀弓上》说：“今丘也，东西南北之人也，不可弗识也，于是封之，崇四尺。”所以有人认为，堆土为坟之俗大概在春秋后期孔子前后形成。在现代汉语构词上，坟、墓仍有差别，清明上坟、添坟多指有坟堆者，扫墓则不一定有坟堆。

周礼及儒学讲孝道，其中包括对死者的“慎终追远”，此本无可厚非。但是“过犹不及”，宋国司马桓魋生前自为石椁，三年而弗成，受到了孔子的严厉批判，并有“死欲速朽”之叹！封建皇帝大兴土木就包括造墓，那是建造在人民白骨堆上的耻辱柱。厚葬之风，至今在民间尚有遗存。这是一种腐朽的陋习。随着科学的普及、人类精神的升华，坟墓文化应该萎缩以至结束，同时应选择和发展更高尚文明而有利环保的丧葬文化！回归自然，返祖到尸骨“掩埋”的早期方式，值得提倡。目前已有树葬、水葬等形式流行，然而却是火葬之后的举措，除节约土地外，并不环保。火葬首先造成能源损耗和空气污染，而古代“不封不树”的土葬更胜一筹，入土为安，回归自然。旧时水葬及藏族“天葬”也有同样优点，让蝼蚁、鱼鳖、飞禽处理人类后事，造福并回馈自然界，使物质不灭，让灵魂不死。

“家”的本义及婚姻制度演进

家庭是社会的细胞，它是以婚姻为纽带而构成的，直至今日，婚龄青年未结婚仍说成“未成家”。中国传统文化最重婚姻，认为是“人伦之始”，故称“婚姻大事”，又说“男大当婚，女大当嫁”。现一般学者据“家”的字符“宀”和“豕”解释为有房子和财产，“豕”是猪，作为财富的象征。但是，这种解释未涉及婚姻关系，好像仍不圆满。何九盈先生《汉字文化学》根据《说文》对“家”的解释，指出此词反映了原始母系社会一妻多夫的早期婚姻状态，并演绎了人类婚姻的三个阶段，是很有说服力的。

《说文》：“家，居也，从宀豭省声。”本是会意兼形声字，而“豭”是公猪的意思。在甲骨文中，家字符的“豕”就有突出牡器的公猪象形字。就猪的生产和交配情况看，母猪发情期需要公猪同它交配或共同生活，一旦交配完成后又需分开饲养。母猪生产繁衍的方式与母系社会的人类繁衍状况类似，“家”字正是借此表意的。《左传·桓公十八年》说：“女有家，男有室。”原始社会母系家庭以女子为中心，与之婚配结合的异姓男子是不固定的，对女子来说，有异姓男人到来即可成为一个“家”；而对男子来说，则居无定所，恰如客旅，只要求有个归宿即可，故其与异姓结合是不确定的，称“室”。而且在古汉语中，“室”或“房室”又可作为“性交”的委婉替代语，因此“男有室”即男子有异性伴侣可投宿之处。所以原始社会是“只知其母，不知其父”的家庭状态。现中国境内西南永宁纳西族仍实行这种母系制的“走访婚”，婚龄男子在母系亲族内没有专门住处，而以夜访女子家庭为婚姻和居住的地点。如果男子没有夜访对象即无“室”可居，只能住草棚或与年迈的舅舅们住在上室。（参见《汉字文化学》）因此，纳西族的“走婚”制是母系社会婚姻状态的活化石，与汉字“家”所反映的婚姻文化信息可以互相印证。另外，古代经书中还有称非婚的男性情人为“娄猪”“艾豭”的用例；而汉族早期姓氏多以“女”旁表意，如：姚、姒、姬、嬴、姜、妫等，又从侧面提供了母系氏族社会婚姻制度证据。

在以女子为家而男子走婚的原始婚姻到父系婚姻家庭之间，还有一个“嫁男”的婚姻方式作为过渡的时期。郭沫若主编《中国史稿》引用《尔雅·释亲》“男子谓姊妹之子为出，女子谓昆弟之子为侄”这条信息分析说：“姊妹之子必离己族出嫁到对方氏族中去结婚，故曰出……因兄弟出嫁到对方氏族，与对方氏族女子所生之子由于‘结婚组’的规定，一定要嫁到己族中来，故曰侄。侄是至的意思。”（同上）这是两个氏族之间世代通婚而嫁男的情况。上古

“舅”“姑”两词既有现代汉语的舅姑之义，又可指代“公婆”及“岳父母”，就是这样形成的。如果舅、姑家族没有适龄的婚配对象，那被视为双方家族的不幸。《国语·鲁语下》说：“商闻之曰：‘古之嫁者，不及舅、姑，谓之不幸。’夫妇，学于舅姑者也。”《红楼梦》中宝玉与钗黛的婚恋即属此类，由于此类婚配在今天的遗传学看来是不科学的，古时亦曾被禁，故在中国历史上此俗也日益萎缩，形成了“舅”“姑”两词词义缩小的情形。

实行嫁女制后，才真正形成了以男子为中心的家庭，进入了阶级社会。人类婚姻制度的演变是文明进程的标志之一。

陶、冶与古代物质文明

华夏民族早期物质文明的进程，从原始氏族社会以渔猎为主的生产方式为起点，发展到以陶器为标志的早期农业文明，再跃进到以冶金为标志的青铜时代、铁器时代，经过了三次大飞跃。“陶”“冶”二字，充分蕴含了华夏文明的光辉历程并可将人们引进远古的社会生活场景中去。

英语中 China 一词既指中国，又指瓷器。元代前后中国的美妙瓷器成了欧洲宫廷及贵族们的奢侈品，倾倒了西方人。而瓷器就是由远古陶艺发展而来的极品。《说文》：“匋，瓦器也……古者昆吾作匋。”昆吾是什么时候的人呢？《吕氏春秋·君守》有“昆吾作陶”句，“陶”为“匋”的后起字；高诱注：“昆吾……为夏伯，制作陶冶，埏埴为器。”昆吾应为夏朝时人，夏朝是远古三代之初期，正是华夏有文字记载历史的起点。在《说文》瓦部、缶部字中保留着大量陶器名称，可见它在古人生活中的地位。“瓦”字本义是“土器已烧之总名”，该部的“甑”“甗”“瓯”“瓮”“瓿”等字古书中常见。现代汉语中仍有“瓮”“瓯”等陶器制品用字，成语“高屋建瓴”仍保存着“瓴”字。缶部字中，除“缸”字仍为现代陶器名外，有“瓶”的异体字“缾”；现代汉语常用字“缺”，本义指“器破也”，所以从缶表义。中国考古发掘的古代文化遗址，陶器及其碎片成了最重要的文物，在距今约六千年的仰韶

新石器时代的陶器

文化遗址，发掘出可见谷壳压痕的土器，河姆渡遗址还出土盛有米饭的陶甑。到距今约四千年左右的夏代，已是陶器成熟并渐次进入青铜时代“冶”的阶段，至秦王造兵马俑，陶艺已有两三千年历史。高诱注“昆吾制作陶冶”，接下来说“埏埴为器”，应是专指制陶，“埏埴”是加工黏土作器的意思。“冶”是冶炼金属，应稍晚才产生。

《说文》：“冶，销也。”段玉裁注：“销者，铄金也。”因此，销、铄是同义词，冶与炼是同义词，《说文》：“炼，铄冶金也。”（冶或作冶）四词都与熔化金属有关。在古汉语中，“金”字不是现代汉语“黄金”之义，而是所有金属的总称。《说文》说：“五色金也。”中国的冶炼技术以青铜时代最为著名，现存的商彝周鼎向世人讲述着昔日的辉煌，让海外宾客咋舌；西安临潼博物馆的秦始皇时代铜车马，其工艺之精湛，令今天的能工巧匠自叹弗如。在《春秋》三传、《战国策》等作品中，国与国之间或人与人之间常有“赐金”的习俗，动辄“百”“千”，主要指铜或铁，可见它们在当时的流通及使用价值、财产功能。

在原始部落遗址博物馆中，人们可以看到初期的陶器制品及其碎片；而在中国历史博物馆等大型博物馆，则可系统参观到由陶器到瓷器的整个演进过程，体味五千年文明史。博物馆的青铜器主要是从商周到秦汉时期的文物，从铜器名称的演变中，可体味时代的变迁。如古代青铜酒器有角、觚、觯、觥，皆从“角”表义而形状亦相关，说明其早期是兽角制成；青铜酒器还有罍、罇，青铜食器有鬲、甗，又从“瓦”或“缶”表义，说明铜器产生之前是陶器产品；食器中的簠、簋从“竹”表义，则说明其最早为竹器；还有大量从“皿”表义的，则各种原料的可能都有；而直接从“金”表义的，则多半是青铜时代的产物了。

古代“布衣”用何原料

诸葛亮《出师表》中有“臣本布衣，躬耕南阳，苟全性命于乱世”的自我介绍，人们都知道，这里“布衣”一词，代指下层老百姓。

进入农业社会后，人类的穿着由树皮兽革渐渐变为以农产品的布帛为主。初中语文课本有唐代大诗人孟浩然的《过故人庄》，其中“开轩面场圃，把酒话桑麻”一联脍炙人口，首句“场圃”是打场、种菜之事，是解决吃食；“桑麻”是养蚕缫丝、种麻织布，解决的是穿衣问题。我们数千年的农业文明又被称为自给自足的自然经济，正是这种农民衣食自理的生产、生活方式。《说文》：“布，枲（xī）织也。”“枲，麻也。”因此，古时的布以麻为主要原料；如果上溯到两周还有葛布，是一种野生植物，《诗经》有《葛覃》篇，讲这种植物经过加工后可以织成粗葛布“绤（xì）”和细葛布“絺（chī）”。现代人常用的棉布，是元代时黄道婆从东南亚引进中国的。因此，在此之前古书中所说的“布”，主要指麻布葛布。这是“布”这个词古今演变中的原料变化。《广韵》有“棉”字，本指一种树，又叫“木棉”，也可产棉织布，不是今日之“棉花”。元代成廷珪《夜泊青浦村》：“荠菜登盘甘似蜜，芦花纫被暖如棉。”诗中之“棉”，应为今日之“棉花”。

“布”字在《说文》巾部，凡此部字所表示的织物多由古代的麻布、葛布制成。蚕丝织成的古称“帛”，与“布”字相对而互相区别。《说文》有糸（mì）部、丝部，大都表示帛制品，故对“糸”字的解释是“细丝也”。

古人纺线图

作为织物的原料，用麻的称“缕”，用丝的称“绵”或“絮”，故常“麻缕丝絮”并称。由于原料不同，布帛相比较，前者相对粗、硬、重，后者则细、软、轻；前者结实耐用但保暖避暑功能较差，也谈不上视觉审美，后者易损不耐用但保暖避暑性能好，又轻柔飘动给人以美感愉悦。对普通百姓而言，布衣最为实用而消费得起，帛制品则成了奢侈品，一般只有老年人才能享用。《孟子·尽心上》说：“五亩之宅，树墙下以桑，匹妇蚕之，则老者足以衣帛矣……五十非帛不暖，七十非肉不饱。不暖不饱，谓之冻馁。”即使是布制品，老百姓也多选较粗糙的“褐”。《孟子·滕文公上》有“许子衣褐”以表明艰苦朴素。新疆沙墓中出土的营盘美男曾轰动天下，该男子即“衣褐”，褐的麻缕相当粗壮，类似今天制作麻袋所用的原料，麻缕历历可辨。与下层百姓衣褐、着布衣的情况相对照，丝帛多为贵族阶级的专用品。古时“锦衣玉食”“纨绔子弟”等词汇是富贵的代称。《论语·阳货》孔子以“食夫稻，衣夫锦，于女安乎”来批评其弟子宰我，“衣锦”有佚乐奢侈的含义。《诗经·七月》有“我朱孔阳，为公子裳”的诗句，意思是最好的织物要献给贵族公子哥儿们享用。唐诗中更有“遍身罗绮者，不是养蚕人”的不平之辞。

所以《盐铁论·散不足》说："古者庶人耋老而后衣丝，其余则麻枲而已，故命曰布衣……夫罗纨文绣者，人君后妃之服也；茧紬缣练者，婚姻之嘉饰也。"

布衣又常与"蔬食"连用喻穷困，《大戴礼记·曾子制言》以"布衣不完，蔬食不饱，蓬户穴牖，日孜孜上仁"赞扬孔门寒儒。

盟、誓之别与古人信誉

信是儒家的伦理范畴之一。《论语·学而》孔子有"人而无信，不知其可也"的教诲，意思是说"人如果没有信誉，不知道怎么能行"，也就是无法做人的意思。《论语·颜渊》又有"自古皆有死，民无信不立"的说法，强调统治者从政要讲信誉，意思是说统治者即使自己承担责任和祸难，也不能失信于民，这是立国之本。古代用"信誓旦旦"这个成语来描摹信守承诺的样子，又用"口血未干""食言"来指斥言而无信及反悔。民间口语又用"吐口唾沫砸个坑"来表示说话算数，而以"说话像放屁"来痛骂不讲信誉的欺诈行为。总之，"信"字是维护人际关系、社会和谐和稳定、公共道德和国际和平的重要基石，绝不可掉以轻心！

盟、誓是古人表达信誉的两种形式。其中大事称"盟"，且有复杂的仪式；小事称"誓"，主要是用言语表达。《说文》："盟，国有疑则盟。"古时主要用于诸侯国之间。"有疑"，段玉裁释为"不协也"，意思是有矛盾冲突，以盟约的方式求得妥协或统一。此字从"明""皿"表义，"皿"同时又是声符。"明"，照也，从日月会意。因此"盟"有对天发誓、日月共鉴之义。"皿"是盛酒及牲血用的，参加盟誓的人要喝血酒，或以牲血抹嘴以表示同心守盟约。"口血未干"与此相关，是形容结盟不久，常指言而无信、短期内背信弃义。所以，《说文》接着解释说"北面诏天之司慎司命"，这是对天神发誓，"司慎司命"代指天神；而"杀牲歃血，朱盘玉敦，以立牛耳"，是以器皿取割牛耳血而用。结盟除发誓之外，还要签署盟书而成书面文件。为表示诚信，

小旋风柴进

颍考叔

盟书结尾都有“赌咒”的内容，即无信誉而违盟，将受到天地人神的严厉惩罚。如《左传·襄公十一年》记郑国与诸侯的盟约结尾说：“或间（犯）兹命，司慎司盟，名山名川，群神群祀，先王先公，七姓十二国之祖，明神殛（诛）之，俾失其民，队（坠）命亡氏，踣（倾覆）其国家。”显而易见，背盟将有国破身亡的灾难性后果。它与殷商时代的巫鬼宗教文化有渊源关系，对人的言行有一种宗教约束力。它用最恐怖的语言时时敲击着会盟者的灵魂，提醒人们守信用。盟约也可用于国家、集团与家族或个人之间，《水浒传》中的小旋风柴进即享有治外法权，因为他们家族对赵宋王朝有特殊贡献，宋王朝与其祖先有盟约，即“铁券丹书”，故可以有恃无恐、避免牢狱之灾。《左传》称这种情况是“勋在王室，藏于盟府”。盟演变到现代社会，宗教色彩渐渐消失而突出其法律、道德价值，如公约、条约、合同、法律文书等，均有法律作用，违约则可追究法律责任。由于这些特点，古今人签盟约皆慎之又慎，往往字斟句酌。

“誓”，《说文》释“约束也”。段注：“凡自表不食言之辞皆曰誓。”多是即兴随意之辞，可信程度较差。古人慑于鬼神及宗教审判的心理压力，亦伴以“赌咒”，又说成“赌咒发誓”，发誓后大多能遵守。春秋初郑庄公激于其母助其弟叛乱的义愤，有“不及黄泉，无相见也”的誓言，不久又有些后悔而产生愧疚不安情绪，后来大臣颍考叔想了一个变通的办法，在地下挖个隧洞让其母子相见，算是誓言兑现，解决了郑庄公的誓言困惑和母子矛盾。发誓也可对不同的自然物或人群、个人。《孔雀东南飞》有“誓天不相负”的诗句，“誓天”是对天发誓。古籍又有“誓水”“誓众”“誓心”“誓师”“誓河”等短语，“誓”后宾语皆指发誓的对象即监督者。现代仍有“誓师”一词，指对众发誓、表决心，军队出征前常有“誓师大会”。誓言的遵守与否，全靠相关者的道德人格作保证，没有法律效用；违背誓言者只受道德法庭的舆论谴责，不能追究其刑事责任。

纵观人类历史，毁盟撕约、出尔反尔是常见的丑恶现象，秦始皇远交近攻的外交、汉刘邦的“明修栈道，暗度陈仓”、上世纪希特勒与斯大林的苏德条约，均借盟、誓欺骗对手以得逞。小者如江湖骗子的狗皮膏药、当今横行的商业欺诈、防不胜防的虚假广告，全是谎言。因此，盟、誓又有两面性的特点，从政府承诺到人际关系都需“听其言而观其行”，不能简单地“听其言而信其行”。

由“悳”看古人之“德”

道德、德行之义的“德”字，在《说文》中本义为“升”，清代《说文》四大家之一的桂馥《说文解字义证》说：“古升、登、陟、得、德五字义皆同。”由于“德”字本义古代已不用，故假借作道德之“德”，取代了此义本字“悳”。《广韵·德韵》：“德，德行。悳，古文。”《汉书》喜用古字，《贾谊传》有“悳至渥也”用例，颜师古注：“悳，古德字。”

通过“悳”字及其词义，我们可以窥视到古人最原始、最基本的道德判断和价值取向。《说文》：“悳，外得于人，内得于己也。从直从心。”段玉裁注：“内得于己，谓身心所自得也；外得于人，谓惠泽使人得之也。”

屈原

这与现代人常说的这几句话相吻合："判断一个人的价值，不在于看他向世界索取了什么，而是要看他对世界贡献了什么。"有德之君子是在匡世济民、拯急扶危、无私奉献的言行中体现自己的价值并获得最大的心理安慰的。没有前者，也就没有后者。当然，君子的"得于己"，是"古之学者为己"的成就己德，不能用世俗狭隘的物质观来分析。它可以是老、庄及隐士的守雌葆真，偏于"内"；也可是宗教徒"舍身饲虎"的宗教献身精神，也可以是"杀身成仁，舍生取义"的烈士慷慨就义。谭嗣同"我自横刀向天笑，去留肝胆两昆仑"的诗句，及临终前"死得其所，快哉快哉"的遗言，就体现了这种"得于己"同时"外得于人"的价值观。孟子对传统文化的人生价值观，阐述得最为详尽感人，提出"君子有三乐"的著名论断。除天伦之乐外，第二乐为"仰不愧于天，俯不怍于人"的人生无悔认识。只有爱国恤民、竭智尽忠、助人为乐的有德君子才能做到这一点。第三乐是"得天下英才而教育之"的从教就业观。众所周知，教育是燃烧自己、照亮别人的"红烛"事业，"惠泽使人得之"。只有德才兼备者才能为人师表，并甘心从事此项清贫辛苦的职业。

"悳"是从直从心的会意兼形声字，德的一个重要外在标志是"直"。此"直"不是广义的直来直去，因为恶人、小人的罪恶勾当也可以直截了当、一目了然。有德之直从"心"，是"得于心"、惬于意的正直，是当仁不让、见义勇为、为民请命、舍身求法的直德。故《论语·泰伯》子曰:“勇而无礼则乱,直而无礼则绞。”所以,德之直是社会文明的正能量。段玉裁注引《尚书》说:“洪范三德,一曰正直。”孔安国注说:“能正人之曲直。”这种直德,在中华民族魂的符号和典型代表屈原身上,体现得最为彻底。《史记》称他“正道直行,竭忠尽智以事其君”。正直首先要求头脑清醒,敢于坚持真理,并能洞烛幽微。所以“直”字本是由“十目乚”三个字符构成的会意字,“乚”为“隐”的初文,像旮旯隐秘之处;“十目”则突出眼明,《大学》曾子曰:“十目所视,十手所指,其严乎!”故孔子论事君之道为“有犯无隐”。《荀子·修身》说:“是谓是,非谓非,曰直。”屈原劝楚王杀张仪、谏阻怀王入秦,就体现了这种超前的清醒和直谏之德。其次,要坚守并准备为正直付出代价。《论语·卫灵公》载孔子称赞史鱼说:“直哉史鱼!邦有道如矢,邦无道如矢。”这就是成语“其直如矢”的出处。屈原《离骚》以“鲧婞直以亡身”为榜样,决心“伏清白以死直”。王逸注《离骚序》说:“直若砥矢,言若丹青,进不隐其谋,退不顾其命,此诚绝世之行,俊彦之英也。”宋代的包青天,被誉为“千年遗直”。

对当代人来说,正直之德尤其重要。因“文革”浩劫,使“假大空”盛极一时,讲真话难且有灾难,故社会的良心——巴金老人“文革”后通过《随想录》大声呐喊:“讲真话!”由于“文革”未能彻底清算及整个极“左”时期的漫长贻害,可笑又可悲的是,直至今日,讲真话还要“提倡”,说明讲假话已成习惯,积重难返。就连文化长老季羡林先生,生前也心有余悸,告诉前总理温家宝自己的讲话原则:真话不全讲,假话全不讲!后一句让人钦敬,前一句说明目前的政治生活、文化生态仍处于病态或“亚健康”状态。

“汗青”何以称“史册”

凡中学生都熟知文天祥《过零丁洋》诗中“人生自古谁无死,留取丹心照汗青”的名句,其中“汗青”一词代指史册。这从何说起呢?

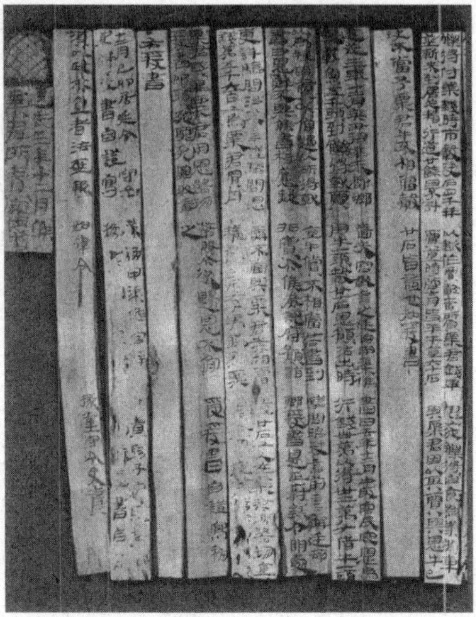
汉代木牍

在造纸术发明之前，古人著述皆刻写在简牍或书写在绢帛上。简是竹简，牍是木牍，因原料不同而异名。简牍在用竹木加工成条状平面物之后，需经烘烤去水分，方可用于书写。汉代刘向《别录》说：“杀青者，以火炙简令汗，取其青易书，复不蠹，谓之杀青，亦谓汗简。”“杀”有除水之义，现厨师做菜常把鲜菜在沸水中烫一下以定形定色，民间称“杀水气”。“汗简”或“汗青”是名词“汗”使动用法，即“使简（青）出汗”的意思。这种经过干燥处理过的成品，才能用于书写以便保存，成为真正的简牍。简牍加工完成之后，还要串装成册。“册”字的本义，就是编结好的简牍。《说文》：“册，符命也，诸侯进受于王也。像其札一长一短，中有二编之形。”符命是诸侯受封的文件档案，即书面材料，故为册。册中间横线是串简牍的皮条。唐代僧人成玄英《庄子序》说：“古者剎青为简，以韦编之。”韦即皮条，传说孔子晚年喜欢读《易经》，有“韦编三绝”之说，即编简的皮条由于摩擦而断绝了三次。后以此语作为成语来形容人读书勤奋。因造纸术之前的史书是用简牍韦编成册的，又先经过杀青、汗青工序，故又以“汗青”代指史册。与此相关，古代的书籍与纸制品书不同，它有体积大、重量大而内容少的特点。古称饱学之士为“学富五车”，如庄子朋友惠施即有此美誉。这是指简牍书册而言的。今人如能学富五车，简直是异想天开了。“汗青”本是一个动宾短语，用以代指史册，则成了一个有特殊文化内涵的名词了。古时“汗青”与“杀青”还代指作品完成或最后校定，仍是动词用法。如朱熹《答严时亨书》：“当时若得时亨诸友在近相助，当亦汗青有期也。”此指著作完成。梁启超《新中国未来记·绪言》：“既念欲俟全书卒业，始公诸世，恐更阅数年，杀青无日。”此指完成并校刻付印、出版发行。《现代汉语词典》收“杀青”一词，当代人多用来指著作完成。

由于文化专制、兵火灾难、自然损耗等原因，古代的简牍书籍大都湮没无闻了。现偶尔可在博物馆见到的断简残编，多是后来的出土文物，改革开放后，大量先秦简牍重见天日，遂能用“二重证据法”考订古史、补古文字之缺漏，并已形成新学科——简帛学。从中我们可依稀聆听到华夏文明跳动的脉搏。

鹿的审美和民俗价值

鹿是原始渔猎时代的主要狩猎动物。柳宗元《封建论》用“草木榛榛，鹿豕狉狉”来形容野蛮时代鹿的活跃。至今在北方寒冷地区，除了可用鹿拉雪橇从事运输外，鹿的驯养仍源源不断地向人类提供巨额的财富。

鹿的审美价值体现在汉字美丽之“丽”字上，它的繁体从鹿表意作“麗”。《说文》：“麗，旅行也。鹿之性见食急则必旅行，从鹿丽声。《礼》‘麗皮纳聘’，盖鹿皮也。”“旅”在这里是“众”的意思，《尔雅·释诂》有“旅，从也”之训，亦是“众”义，兵书上有“旅进旅退”，指军队协调动作、纪律严整、进退一致。《说文》对“麗”从鹿的解释又与《诗经·鹿鸣》的“鹿呼同类”性格相一致。《说文》又收其古文作，与简化字“丽”字相近，象两头鹿的正面头像。商承祚《说文中之古文考》说：“鹿好并行，故并驾谓之丽，配偶谓之丽，昏（婚）礼用以为聘也。”李孝定《甲骨文字集释》也认为古文“丽”字“本义训两训耦”。由于鹿温驯近人，具互相友爱、

鹿（剪纸）

和平的性格，故两鹿并行的图景有一种妙不可言的田园诗情画意，给人以无穷遐思和审美愉悦。王逸注《楚辞》说："丽，美好也。"《广雅·释诂》："丽，好也。"后"丽"字专用于美好，双音词作"美丽"；并行、丽偶之义，又造后起字"俪"代替。

"丽"字带来了汉文化美学中的对称美和求偶心理。"喜事成双"的愉悦，"双喜临门"的兴高采烈，"四美具，二难并"的嘉会，都有深厚的审美内涵。对称求双的美学观念直接形成了汉语修辞学中的"对仗"手法、建筑园艺中的对称布局及楹联艺术。汉文学中的极品是骈四俪六的骈体文，其艺术匠心和形式美学达到了登峰造极的地步。而韵文中的律诗是骈文之后的又一大文学奇葩，律诗八句中的中间两联对仗句是骈文的余波和进一步升华。当人们咀嚼古今的"文苑英华"之时，不能不为古今人的美学匠心所陶醉。刘勰《文心雕龙·丽辞》说："造化赋形，支体必双；神理为用，事不孤立。夫心生文辞，运裁百虑，高下相须，自然成对。""丽辞"即"偶辞"之义。

鹿的民俗学价值还可从"庆"字进一步探讨。此字繁体从鹿表意作"慶"，《说文》说："行贺人也，从心从夊，吉礼以鹿皮为挚，故从鹿省。"其中意符夊读 suī，《说文》释为"行迟曳夊夊。"段玉裁解释说："行迟者，如有所拕曳然，故象之。""拕"字是"拖"异体字。从构形看，"慶"字象心中高兴而持鹿皮奔走行贺之意。段玉裁说："谓心所喜而行也。"因受求偶、成双的审美求吉心理影响，"吉礼以鹿皮为挚"要求成双，段注引《士冠礼》《聘礼》"俪皮"，郑玄注："两鹿皮也。"由于"庆"是行贺人持礼奔走之意，所以"庆"与"贺"是同义词。《广雅·释言》："庆，贺也。"现代汉语有双音动词"庆贺"。又由于专用于吉礼，故又与吉、祥、福同义，成语有"吉庆有余"。《易·坤卦》："积善之家，必有余庆；积不善之家，必有余殃。"此庆为"福"义。占候术所称说的"祥云瑞气"又叫"庆云"，古城徐州故黄河上有"庆云桥"。

中国西南大都市重庆，其命名也应是吉庆之意，《汉语大词典》"重庆"一词二义，其一指父母、祖父母具在，与孟子所说的人生三乐之首"父母具在，兄弟无故"相关。"父母具在"古称"具庆"，祖父母也具在则称"重庆"，杨万里《题曾景山通判寿衍堂》有诗句："人家具庆已燕喜，人家重庆更奇伟。"其二是"再度庆祝"的意思，皆吉祥义。2007年6月18日《光明日报》蓝锡麟《重庆赋》，开头曰："千里为重，广大育庆，天生都会，地博嘉名。"对"重庆"二字的说解皆为戏说，不足为训。《说文》重："厚也，从ting（字像'壬'而下从土，非从士。朱骏声曰：'从人立土上，会意。挺立也，与立同谊，望、廷皆从此为义。'）东声。"拆"重"为"千里"，源于汉末咒董卓的谣谶："千

加官进禄（民间年画）

福禄寿

里草，何青青，十日上，不得生。”“庆”之简体来源于草书，按简化字说解，原文化信息全部丧失。

古人为什么喜种枣树

鲁迅在散文《秋夜》中说：“在我的后园，可以看见墙外有两株树，一株是枣树，还有一株也是枣树。”讲修辞的人常把它作为一种修辞手法的例证，认为它传达了作者的一种特殊情绪。我们感兴趣的是为什么古人喜欢在宅院内外种植枣树，而且这种习惯仍在广大北方农村保存着。唐代诗圣杜甫有一首《又呈吴郎》的著名律诗，开头两句是：“堂前扑枣任西邻，无食无儿一妇人。”叙述他任凭一位穷邻居到自家门前打枣的感人经历，这说明一千年前的杜甫草堂前也是种的枣树，诗人当时漂泊在四川。

枣字繁体是从“朿”的同体会意字，作“棗”。“朿”即“刺”的本字。《说文》释“朿”为“木芒也”。徐锴说：“从木形，左右象刺生之形也。”

甲骨文刺的形象更为明显。“朿”上下重合为“枣”，《说文》：“羊枣也。”段玉裁说：“枣树随地有之，尽人所识，赤心而外朿（刺）。”“朿”左右组合成“棘”字。《说文》：“棘，小枣丛生者，从并朿（刺）。”所以，王筠《说文句读》说：“枣高，故重之；棘卑且丛生，故并之。”棘是枣的祖先，它有耐干旱贫瘠且可通过根系繁育等特点，随遇而安，丛生于山林泽畔。枣是从棘中人工拣选培育出来的水果，因是耐旱植物，故水分较少，营养及药用价值甚高；又因浑身长刺，有自我保护的功能且自身生命力极强，故为中国人广泛种植。除其实用功能外，枣树还有多层文化功能，在“谐音趣话”部分我们曾分析了“枣栗”的联想所派生的风俗，开始是“枣”与“早”的谐音，取早起勤奋孝敬之义，“栗”取谨慎之义。到近代汉语中“枣子”“栗子”又取祈求新婚夫妇早育子女的联想等。除此之外，枣“赤心而外刺”的特点又有特殊的政治文化含义。

《周礼·秋官》：“朝士掌建邦外朝之法。左九棘，孤、卿、大夫位焉，群士在后。右九棘，公、侯、伯、子、男位焉，群吏在其后。面三槐，三公位焉。”为什么在中央行政机构的所在种植枣树和槐树呢？郑玄注说：“树棘以为立者，

枣树

取其赤心而外刺，像以赤心三刺也。槐之言怀也，怀来人于此，欲与之谋。”“槐”取其谐音，有礼贤下士、聚天下贤良方正的联想。“棘”则取其外在特性的联想，枣木木心是红色的，象征三公九卿皆有如此赤心，以尽职尽责尽忠。“三刺”是周代审理重案的民主程序，要求反复征求群臣、群吏、百姓三方面的看法尤其是反对意见。“刺”字从棘枣带刺刺人的性格而来，有鼓励异议及保护持不同政见者的意思。《周礼·秋官·司刺》：“司刺掌三刺、三宥、三赦之法，以赞司寇听狱讼。壹刺曰讯群臣，再刺曰讯群吏，三刺曰讯万民。”孙诒让《正义》说：“三刺者，问众以当杀与否，是刑与宥不可豫定。”总之，这是求司法公正以顺民意。为了强调司法公正，《礼记·王制》还有“大司寇听之棘木之下”的讲究和规矩。宋代“称大理为棘寺，卿为棘卿，丞为棘丞”（见洪迈《容斋五笔·棘寺棘卿》），皆取棘带刺的精神。

又因“三槐九棘”可代指三公九卿，民间喜种枣树还应有希望家庭兴旺、出人才之意，与东晋谢安“芝兰玉树，欲使其生于庭阶耳”寓意相合（参见《晋书·谢安传》）。

析“让”字看东方礼仪文明

我国素有“文明礼仪之邦”之称。在和平年代，社会充满着温、良、恭、俭、让的礼貌气氛，“让”是儒学伦理的重要范畴。

“让”字本义是“相责让”（批评），假借作“揖攘”之礼的“攘”字，但由于从先秦就假借开来，今人往往难以理清二者词与字的关系。揖让（攘）本是古时的宾客相见之礼，古属仪礼范畴，它由“揖”和“让（攘）”两部分组成。段玉裁注《说文》揖字说：“凡拱其手使前曰揖。”即所谓“作揖打拱”，是人初见的礼貌动作。“让（攘）”承揖礼，是礼请、留客的言语及示意的动作。《仪礼·聘礼》“升堂让”，郑玄注：“让谓举手平衡也。”此如礼仪迎客中司仪的相邀请动作。《儒林外史》二十九回：“进来与三人相见，作揖让坐。”在《仪礼》许多篇章中，还有“壹揖壹让（攘）”“三揖三让（攘）”

子路像

的具体数量要求，情况复杂。

揖让（攘）之礼渗透于古代社会生活的各个方面，如《论语·八佾》：“君子无所争。必也射乎！揖让而升，下而饮，其争也君子。”射箭是古代的体育竞技项目，有争高下之意。但为了强调“重在参与”的君子之风，也要行揖让之礼。王肃注说：“射于堂，升及下皆揖让而相饮。”这正好是“三揖三让”的礼仪。中学语文课本有《论语·先进》篇，子路因“率尔而对”，受到了孔子的哂笑。曾皙误以为孔子嘲笑子路的口出大言，其实孔子是不满子路讲话不行“让”礼，抢着发言，犹如现代电视节目中的“抢镜头”。所以他解释说：“为国以礼，其言不让，是故哂之。”《礼记·曲礼上》告诫说：“长者问，不辞让而对，非礼也。”

主客行揖让（攘）之礼时，常出现恐先争后而互相客套场面，成语有“让再让三”，汉语中“辞让”“退让”“推让”等词由此形成。古代仪礼为防止没完没了地推让，故有“一”或“三”的数量限制，俗语“事不过三”与此相关。由此也就形成了汉文化中谦退、恭谨、热情礼貌待人的文明之风。故经书中又有“君子先人而后己，贵人而贱己”的说教。在当代市场经济形势下，谦抑之美德常受责难。其实，尊重他人或竞争对手，也是现代人起码应有的素质。恶性竞争为礼法所不容，“满招损，谦受益”的古训并未过时。

揖让（攘）之礼形成了汉人见面寒暄的风俗，尤常以“吃”相问。《礼记·表记》说：“君子问人之寒则衣之，问人之饥则食之。”它是恤孤怜贫、济困扶危、人性善的体现。古时对生人留食宿是司空见惯之事。例如赵本夫《刀客与女人》：“珍珠扭转身，和他打了个招呼，忙向屋里让。”刘庆邦《外面来的女人》：“来风的娘按通常的客套留他吃饭。他没按通常的说法只说‘不了’，在‘不了’后面还加了个‘谢谢’。”（《收获》，2000年5期）这是同村人的“虚让”。在一般情况下，问与让流于客套被人称为“虚让”。《围城》七：“辛楣忙把自己坐的首位让出来，和范小姐不再连席。高校长虚让一下，泰然坐下，正拿起筷，眼睛绕桌一转，嚷道：‘这位子不成！……’”至今举国上下概行此礼，它是人与人之间的语言润滑剂。五四之后，有人极力称道西方人的问候语“Hello”，而鄙视汉人问“吃”，甚至说汉人有挨饿历史，这实在是对数千年揖让（攘）之礼的无知与亵渎。

三 文字游戏与语言联想

会意字说解的是非

会意字是“比类合谊（义）”来表达词义的。其中，异体会意字用两个或多个象形字或指事字构成，表达了一种相对抽象的词义，所以古人又有称之为“象事”字的。由于这种构字特点，常形成词义解释见仁见智的歧义。《说文·序》中，许慎以“武”“信”作会意字的代表字，对于“武”字，今人与古人就有不同说法，信谁的呢？

《说文》武：“楚庄王曰：‘夫武，定功戢兵’，故止戈为武。”篆文是“戈”字左下着“止”而成“武”字，楷书将“戈”字一撇挪上成一小横。楚庄王的话出自《左传·宣公十二年》，原文是：“夫文，止戈为武……夫武，禁暴、戢兵、保大、定功、安民、和众、丰财者也，故使子孙无忘其章。”其中开头的“文”是指构成武字的两个字符，即止、戈两个象形字。《说文序》将“文”“字”分述，依类象形的“物象之本”，即象形字，称“文”。它包括象形、指事两类。“形声相益”的谓之“字”，包括会意、形声两类。因此，楚王是先从“武”字的构成讲起，说“止戈为武”，并以此望文生义地阐明了“战以止战”“杀以止杀”的哲学思想，类似于今天的“以战争消灭战争”“通过战争实现和平”的表述。当代人仍坚信这种观念，认为必须有巩固的国防，或者说有“足够的威慑力量”，才能消弭战争，使冒险者、战争狂人不敢轻举妄动。

孔明七擒孟获

甲骨文问世之后，人们多从“止”的本义“足”或“足印”理解此义，认为是指武装力量的运动。于省吾先生《释武》说：“武从戈、从止，本义为征伐示威。征伐者必有行，‘止’即示行也；征伐者必以武器，‘戈’即武器也。”（转引《汉语大字典》）何九盈先生《汉字文化学》认为“在行进中拿着武器（戈），目的是征伐示威，而不是为了制止战争”。其实，当代人着重从“止”的本义出发而强调了战争这种“手段”及进行方式；楚王从“止”的引申义“停止”而强调了战争的“目的”和结果，二者完全可以统一。

《孙子》的军事思想可以帮助我们理解“武”字。首先，《孙子·谋攻》篇提出了“百战百胜，非善之善者也；不战而屈人之兵，善之善者也”的著名论断，又说：“上兵伐谋，其次伐交，其次伐兵，下政攻城。”这就是当今世界上战略家所说的保持“威慑”优势观点的来源。其次，《孙子》中反复强调战争的残酷性及资源消耗的惊人，所以又说“攻城之法，为不得已”。即不到外交谈判全无希望之时，绝不轻易言战。这与《老子》“佳兵者，不祥之器”的观点是一致的。例如二战中太平洋战场后期，日本军国主义困兽犹斗，拒不投降，为了结束痛苦的战争，美国不得已而投下了原子弹。

因此，“武”字有两面性。对暴君、法西斯分子来说，他们往往穷兵黩武，滥施征伐，草菅人命。这时“武”字偏重于流血征伐，“手段性”明显。如二战时的德意日法西斯。对明君贤相、自由民主制度来说，“武”字偏重于指辅“德”而求和平，“目的性”突出。如三国时孔明七擒孟获、二战时的反法西斯同盟，重在保护和平。

义符的演变与不同的理解，还涉及时代变迁及认识的深化等问题。如“枪”由从木到从“金”的“鎗”，反映了冶金行业的发展。甲骨文材料使纠正或重新深化理解《说文》成为可能，“戎”字《说文》解为“从戈，从甲”的会意字，裘锡圭先生据金文、刻石等材料，“戎”除戈以外的字符“十”，是象木盾牌的guan（去声）。

汉字戏说

《世说新语·简傲》记载了吕安在嵇喜门上题写“凤”字的故事。凤字繁体写作“鳳”，《说文》：“凤，神鸟也，从鸟凡声。”嵇喜从“凤”字的含义理解吕安此举，心中十分高兴。但吕安是将此字拆解为“凡鸟”来讽刺嵇喜的。王维《春日与裴迪过新昌里访吕逸人不遇》：“到门不敢题凡鸟，看竹何须问主人。”作为凤字声符的“凡”并不表义，否则非神鸟也。但吕安姑妄用之，这就是“戏说”汉字了。再如《清稗类钞·诙谐类》有《大人不失赤子之心》一篇，说是一个倪姓纨绔子弟为官，只知玩乐。有一天有人求见，却发现该官吏正在嬉戏，于是在进退两难之际说：“大人方有事。”不料此官吏笑着说：“大人者，不失其赤子之心。况余之姓，固以小儿二字所合而成乎！”“赤子之心”是“诚”的意思，而庸官取赤子天真好玩的性情为自己辩护。后一句是戏说其姓，因他姓“倪”名善字子真，故拆“倪”字为兒、人，说成“小兒”。《说文》：“倪，俾也，从人兒声。”“兒”只是声符，与“凤”字“凡声”作用同。戏说汉字完全是主观随意性的，大都不依据造字本来的结构或用途，属望文生义之类，只能称为“戏说”。

在民间，戏说汉字很有影响，与民俗文化相关，戏剧相声、说书艺人的插科打诨，常常解构汉字，称“拆白道字”，以附庸风雅。《笑林广记二种·圣贤愁》讲一个绰号“白吃”的人，引起乡人厌恶，遂公议在村三圣祠立“圣贤愁”牌匾，以宣泄烦恼。吕洞宾、铁拐李二仙至此，有心帮助乡人解忧，点化教育“白吃”。于是二仙变化酒菜，“白吃”不请自来。二仙说：“要将匾上三字，各吟诗一首，说对了方准吃酒，说不对驱逐出境。”于是“洞宾指匾上第一‘圣（聖）’字说：‘耳口王，耳口王，壶中有酒我先尝。席上无肴难下酒’，拔出宝剑将耳朵割下，说：‘割个耳朵尝一尝。’铁拐李又指匾上第二‘贤（賢）’字说：‘臣又贝，臣又贝，壶中有酒我先醉。席上无肴难下酒’，将洞宾手内宝剑接过，把鼻子割下来，说：‘割下鼻子配了配。’白吃看了大惊……指着匾上第三‘愁’字说道：‘禾火心，禾火心，壶中有酒我先斟。席上无肴难下酒，拔根寒毛表寸心。’二仙说：‘……你因何只拔一毛？’白吃说：‘今日是遇见你二位，若要是别人，我连一毛也不拔。’”此例对三字的拆解没有问题，“聖”之耳表“见闻”，口表“口才”，王表示权威地位，构成“圣”字词义。“賢”初文“从又执臣”表力量与才干，加“贝”则有“致富”能力。“愁”，《说文》：“忧也，从心，秋声。”“秋”也是形声字，故可拆开。古代也有人认为“秋”亦表意的，因秋去冬来，民有愁情，《诗经》有“无衣无褐，何以卒岁”的诗句。此例水平较高。

陆宜泰《启功和他的恩师戴姜福》介绍戴先生讲文字说：“如‘赢’字，‘亡’代表无，‘口’代表范围，‘贝’代表钱财，‘凡’代表用手执，‘月’代表盈亏，即不停地用手把钱财填进已空的范围内，就是‘赢’。”（《姑苏晚报》，2012年1月29日）解字及说文大部分正确，其中“凡”是“丮”的简化，原象人伸出双手承物的样子。但“月”字符本为“肉”，《说文》“赢”是在“贝”部的形声字，声符为“兽名”的象形字，“月”为肉，表肉多，兼有盈余之意。段玉裁认为声符是“羸”（骡）的古字。骡马是马与驴杂交的牲畜，不能繁育后代，故肉多且吃苦耐劳兼长寿，民间说：铁驴铜骡纸糊的马（寿命短）。

苏州新区狮山路上曾有一个宣传“下岗再就业，起步靠自己”的公益广告，中间写一个大的“起”字，其中字符“走”与“己”用不同颜色，取“自己走”

之寓意。这一设计非常新颖，让人过目不忘，无可厚非。但是“起”字本是“从走巳声”的形声字，巳写作“己”，是字形省简或讹变。从古文字看，也象“巳”形而非“己”。段玉裁注也肯定从“巳”之解，并批评古代《字鉴》从己的错误。己、巳语音与字形皆相近，这一广告创意还是可以接受的。2013年9月，吕必松先生在央视《文明之旅》节目说“和谐”，理解为“人人有饭吃，人人有话说。”但在《说文》中，“禾”“皆”只是声符，我们前面说过“和”字，是表音乐和谐的“龢”的异体字，“禾”表义没有根据，属戏说。“谐”字的解释可从，《说文》中“谐”与“詥”（音同“和”）互训，段注曰：“詥之言合也。”《六书统·言语》：“詥，从言从合，合众意也。”

在中小学教育中，有些教师为便于同学记忆而常用此法解词。如“裕”字，有人说解成有衣有谷（粮食），合而成富裕之意。这又牵涉繁简字问题，《说文》：“裕，衣物饶也。从衣谷声。”“谷”非意符。因古汉语中“谷”指两山间水流，即山谷；而指粮食的是“穀”字，从禾。简化字取消了“穀”字，并入“谷”，遂使两个不相干的词合用了一个字。“裕”字戏说，是受简化字影响，这又涉及近几年流行的新“说文解字”现象。

新“说文解字”

汉字中有很多会意兼形声字。宋代又有“右文说”，挖掘出许多《说文》未明示的会意兼形声字，其实并非一切声符皆有义，难免牵强。香港安子介先生《解开汉字之谜》一书，被人称为“新《说文解字》”，他将右文说推到极致，但多不可靠。但是这几年，此风愈演愈烈，犯了方向性的错误。探究字词的本义，应尽量将汉字还原上溯，所谓“知本”。不能据楷书甚至简化字主观想象，否则就是忘本，并误导青少年。

2007年7月11日《光明日报》有《李士生：为汉字写传记》一文，介绍说：“言及‘国’字，他说繁体‘國’由‘囗’‘或’组成，‘囗’为范围。主权、领土与人口是国家的三要素……”将“或”中之“口”解为“人口”是错误的。或即“國”之古字，《说文》或：“邦也。从口（围），戈以守其一，一，地也。”段注说：“或、國在周时为古今字，古文只有或字，既乃复制國字。”曾有一首歌，歌词开头拆解简体字，说成“一玉口国家”，错误同。

2010年2月10日，该报又刊登俐钧《汉字的文化联想》一文，推介李士生《士生说字》新书，但文中介绍的若干字，多为误解。例如解“教”为“从攴，孝声”的形声字，其实教本作“斆”，《说文》是从攴，从jiao（爻上子下）的会意字，古文作“爻”“攴”二字的会意字。学（學）字古文本作“斆”，本为“从斆，从冖，臼声”的会意兼形声字，篆文省“攴”字。“字”本义“乳也。从子在宀下，子亦声。”段注：“人及鸟生子曰乳。”引申为怀孕、爱怜等。士生认为《易·屯》“女子贞不字，十年乃字”的“字”为“爱，怜悯”义，这是不正确的。李鼎祚《集解》引虞翻曰：“字，妊娠也。”解“罢”字，“字形上面是乌纱帽，下面是去掉，结合起来就是‘免掉乌纱帽’的意思”。此解谬误更甚，罢繁体作“罷”，是“从网，从能”的会意字，徐灏《说文》注笺曰：“有贤能而犯罪，则贯其罪而罢遣之。”汉字网部字很多，一类为捕捉鸟、鱼的工具及其动词，一类为抽象的“法网”义，后者常见的如罹、詈、罪、罚、置等。又解简体“迁”字之“千”为“千万，是大数。”此字繁体作“遷”，古文“从手从西”，商承祚认为应作“拪”。现“西”字，为“栖”初文，象鸟在巢上、鸟归巢。现农家养鸡，常用鸡筐，早上从屋里搬出放飞，晚上鸡上宿则搬进屋，这应是“迁”的本义。再如“孤”字，“从子，瓜声”，瓜只是音符；它解为“独蔓独瓜”等，亦属望文生义的歪讲曲解。

李林杰《俗语趣解》说：“聪明的古人在造字时，将礼由‘示’和‘丰’二字构成，（繁体字礼由‘示’和‘豊’构成），以礼示丰，那意思也就再明白不过了。”（四川辞书出版社，2007年版，第51页）《说文》中“禮”之声符兼义符“豊”，为“行礼之器也。从豆，象形”，不是“丰（豐）”字，豐在《说文》为“豆之豐满也”字词皆有别。其次，《说文》中“丰”“豐”也是两个字，“丰”为“艸盛丰丰也”，简化后两词用一字。

张奇臻《新说文解字》：“叶之繁体为葉，甲骨文之葉象树叶在树上之形……至于‘叶’字之理何来？从字形上看，从口从十。或是古人表示的是用‘口’读‘十’之声，于是便借声为叶了。”（崇文书局，2011 年版，第 141 页）实际上，“叶”本为“协（恊）”的古文异体字，《说文》：“古文協，从口十。”段注曰：“十口所同，亦同众之意。”所以，“十”不是声符。南宋朱熹注《诗经》提出“叶（协）韵”说，就用“叶（协）”字，不读“叶（葉）”之音。简化字废“葉”字，以“叶”代之，始有“葉”之音。

侯振海《名人拆字论道》介绍厉以宁的“四个境界”：“挣钱是最辛苦的方法，‘挣’字就是摊开一双手，只有参与到社会竞争中去……才能有所得。生钱则不同，‘生’字是一个平台上一头牛，牛市牛市，意思是要上市……把‘赚’字拆开，‘贝’就是钱，‘兼’意味着兼并……来钱是最高境界，‘来’的繁体是‘來’，中间是个‘十’字架，表明企业要有一定的基础才能扎实，另有三个‘人’字，表明能把人才网罗到一起自然就来钱。”（《咬文嚼字》，2011 年 1 期，第 26 页）其中对“挣”“赚”的说解可从，而对“生”“來”的说解为戏说。《说文》：“生，进也。象草木生出土上。”段注曰：“下象土，上象出。”古文字形上皆为“屮（艸）”，与“牛”无关。“來”本义为植物“麦”的象形字，《诗经》有作为此名词的用例；假借为动词“来去”之“来”，朱骏声将“来”与“朋”作为六书假借的代表字。

因此，新“说文解字”是游戏为主，正误杂陈，非可靠的文字学问。汉字戏说的泛滥，与社会浮躁的大背景相一致；直接责任在学校语文教育的质量下降，以及学术研究的良莠不分，致使大量文化垃圾造成了负面影响。

曹操为何杀杨修

前几年京剧《曹操与杨修》曾风靡戏坛，它演绎了专制制度下君王与士人之间的复杂关系。在中国历史上，将相可能因“功高震主”而遇难，文人则可能因“才高八斗”为君主所妒而遭灾。隋朝大诗人薛道衡因《昔昔盐》诗中有“暗牖悬蛛网，空梁落燕泥”名联，深为隋炀帝所嫉，终被赐死。据说，炀帝在薛道衡临终前仍讥讽他说：“复能作‘空梁落燕泥’否？”中国的知

曹操杀杨修

识分子，有才也是一个沉重的负担。“文革”中“知识越多越反动”，就是这种逻辑的自然延续。其实，三国时曹操杀杨修，原因之一也是妒忌其聪明才智。

《三国演义》七十二回曹操杀杨修之后，补叙了二人矛盾的由来说：“原来杨修为人恃才放旷，数犯曹操之忌”：第一件事是曹操造花园嫌门太宽，而在门上写一“活”字，工匠等皆不解何意。杨修却说：“‘门’内添‘活’字，乃‘阔’字也。丞相嫌园门阔耳。”这是将汉字与实物名称相拼合而成的特殊会意形声字，需要跳跃性思维才能捕捉到其中信息。结果是“操虽称美，心甚忌之”。第二件事是曹操在一个礼品盒上写“一合酥”三字，杨修看见后与众人分食。操问其故，杨修说：“盒上明书‘一人一口酥，岂敢违丞相之命？”结果，“操虽喜笑，而心恶之”。杨修这次是将“合”字拆解为“人一口”。其实，“合”字是从亼（“集”古字）从口的会意字，曹、杨二人是拆字为戏。当代人常称八十八为“米寿”，是将米字拆为两个八字、一个十字而成。其实，“米”是“粟实也，象禾实之形”的象形字。第三件事是曹操与杨修共同分析曹娥碑文，该碑题有“黄绢幼妇，外孙齑臼”八字。杨修初见即理解其义，而曹操一时不解，后骑马走了三十里才晓悟其义。曹操让杨修说解，杨修说：“黄绢，色丝也；于字为‘绝’。幼妇，少女也；于字为‘妙’。外孙，女子也；于字为‘好’。齑臼，受辛也；于字为辤（辞）。所谓‘绝妙好辞’也。”曹操感叹说：我的才能不及你，竟然有三十里（以路程计时间）的差距。这是古代著名的文字游戏，难处在于先通过事理联想捕捉到文字的偏旁信息，再拼装成字。在组字过程中，又要考虑上下关系，组合成规范的汉语句子；其中“受辛”组成的“辤”是“辞”的异体字。它是对人的语言文字知识的全面考验。《世说新语》将以上三事归“捷悟篇”。

《容斋随笔·曹操杀杨修》记载，曹操事后有后悔之心，厚赠其父，“卞夫人亦与袁夫人书云：‘贤郎有盖世文才，阖门钦敬，明公性急，辄行军法。’”

从杨修、薛道衡到当代“文革”，知识分子因才被妒而屈死者不计其数。王力先生《五哀诗·老舍》说：“自古文人厄运多，堪叹魑魅喜人过。”又在《挽田汉》诗中说：“才高鬼妒含冤死，千古伤心文化人！”（《龙虫并雕斋诗集》，北京出版社，1984年）

古今谶言、占梦的文字解读

历史上的文字谶言，涉及宗教神学等未知领域，有些至今难以说清。有些则是文人为特定宣传目的而编造的，如《陈涉世家》所说的“狐鸣鱼书”，汉高祖的“龙种”造神。故宋代学者孙奭说：“唐明皇得灵符宝券，皆王鉷、田同秀等所为。”（《容斋三笔》卷第七）有些可能是无意中的巧合，被人附会出某种所谓“预言”。

《三国演义》第九回，董卓将死前，夜闻儿歌声入帐。歌词是：“千里草，何青青，十日卜，不得生！”其中，“千里草”合成“董”字，“十日卜”合成“卓”字。“草”取其字头，“卜”字笔画略有讹变。四句合起来是：“董卓十日之内必死。”其中“何青青”一句是衬词，不取其字。第二天早晨，

吕布杀董卓

董卓入朝，忽又见一道人“手执长竿，上缚布一丈，两头各书一‘口’字”。两口合成“吕”字，意思是让董卓警惕吕布。董卓也不能理解其中寓意，结果死于吕布戟下。汉字的这种用法，称为“离合体”。将汉字拆开成句子流传，表达的是合成字的意思而成隐语谶言。《郎潜纪闻三笔·骆文忠平石达开之童谣》记载，骆文忠平石达开之时，有黄醇熙、萧启江二将协同，但“二公先后阵亡”，最后骆文忠成功。“先是蜀中谣云：‘四川地土薄，硝磺用不著，若要太平时，除非马生角。’萧俗作肖，萧、黄同剿石逆，犹加二字於石旁也。治贼无效，故曰用不著。角各音近，马生角，马旁各字，指公姓也。然则前史所纪诸谣谶，非尽秉笔者之好採异说矣。”

谶言在民间有广大的流传市场，尤其是在社会动乱、政权更迭期间，人心浮动，有识之士有各种预见或形势分析，百姓也企盼心中有数而能为前途预作安排。李书磊《回乡琐记》说：“据乡人说，《推背图》上有许多事应照世事。如推至二十世纪四十年代，有‘口上口，天上天，这个局势要扭转’的诀词。一般认为，‘口上口’是‘吕’字，其实不是。‘口上口’乃是‘日’，

‘天上天’乃是‘美’，日本走，美国来，但最终共产党控制大陆，‘局势扭转’。”（《当代》，1999年5期）这也是拆字拼合法，但显得牵强。将“美”字上面两点视为撇捺才能成一正一反的“天”；“口上口”合为“日”字，则要有笔画合并情况。

总之，谶言的说解有很大的主观随意性。

梦境内容也被视为“预言”，具有谶言性质，古人占梦有时也用拆字法。《历城县志》卷十六记载：赵明诚幼时曾梦中得诗，唯忆三句：“言与司合，安上已脱，芝芙草拔。”其父为之解：“言与司合是‘词’字，安上已脱是‘女’字，芝芙草拔是‘之夫’字，非谓汝为‘词女之夫’乎？”（见《文史知识》，2000年第8期）《渑水燕谈录》卷六：“王元规景仁，庆历末，将赴吏部选，一夕，梦一人衣冠高古若术士者，因访以当受何地、官期早晚。书八字与之云：‘时生一阳，体合三水。’既觉，不悟其意也。及注官河南省河清主簿，凡三字皆从水，到官日，正冬至。”河南之“河”与“河清”地名共有三个水旁，此“体合三水”之验，“一阳”指冬至时令，因“冬至一阳生”，以一阳代“冬至”。《郎潜纪闻初笔》卷七《金哥哥来典试》：“乾隆己卯乡试，江西人有梦神告曰：‘金哥哥来典试。’前一科丙子，典试官为金桧门宗伯，梦者谓必金公再来。后正主考为钱文敏公，始悟金戈戈即钱字。”

也可通过拼合以得其义的。《郎潜纪闻二笔》卷十五《梦应三元》：“嘉庆二十五年会试，当涂尚书充正总裁，入闱时，梦两广总督阮公元来拜，并赠貂裘一领。及传胪后，始悟阮公字伯元，以姓与名字合之，恰为三元；而阮字偏旁又为陈姓之半，阮督两广，三元隶广西，貂裘则翰林所著也……”科举考试分乡试、省试、殿试三级，三级第一名分别称解元、会元、状元。三级考试皆获第一称“连中三元”，是读书人的最高理想。《搜神记》卷十：“汉蔡茂字子礼，河内怀人也。初在广汉，梦坐大殿极上，有禾三穗，茂取之，得其中穗，辄复失之，以问主簿郭贺。贺曰：‘大殿者，官府之形象也。极而有禾，人臣之上禄也；取中穗是中台之象也，於字禾失为秩，虽曰失之，乃所以禄也。衮职有阙，君其补之。’旬月而茂徵焉。”“秩”为“从禾，失声”的形声字，但梦境中“失”义只是一个过渡。

字谜与测字术的汉字活用

有人认为字谜始于曹操和杨修所猜的“曹娥碑”碑文八字，这种情况是通过思维转换找出字符，再拼出谜底。还有的字谜借用谐音联想寻绎谜底，如冯梦龙《古今谭概·古人姓名谜》：“元祐间，士夫好事者，取达官姓名为诗谜，如‘长空雪霁见虹霓，行尽天涯遇帝畿。天子手中执玉简，秀才不肯着麻衣。’谓韩绛（寒降）、冯（逢）京、王硅、曾布也。”此人名谜应属谐音类。再如同书《陈亚谜》：“陈亚自为亚字谜曰：‘若教有口便哑，且要无心为恶。中间全没肚肠，外面任生棱角。’”这是亚字繁体“亞”设计的字谜，加口为“哑”，加心为“恶”；中间空空，外有四角。

清代文康的《儿女英雄传》一书，又名《侠女十三妹》，人名“十三妹”也是一个人名谜。第十九回有人拆解其名说：“然则你又因何单单的自称‘十三妹’呢？这三个字大约还从你名儿里的这个‘玉’字而来。你是用三个拆字法，把这‘玉’字中间‘十’字合旁边一点提开，岂不是个‘二’字再把‘十’

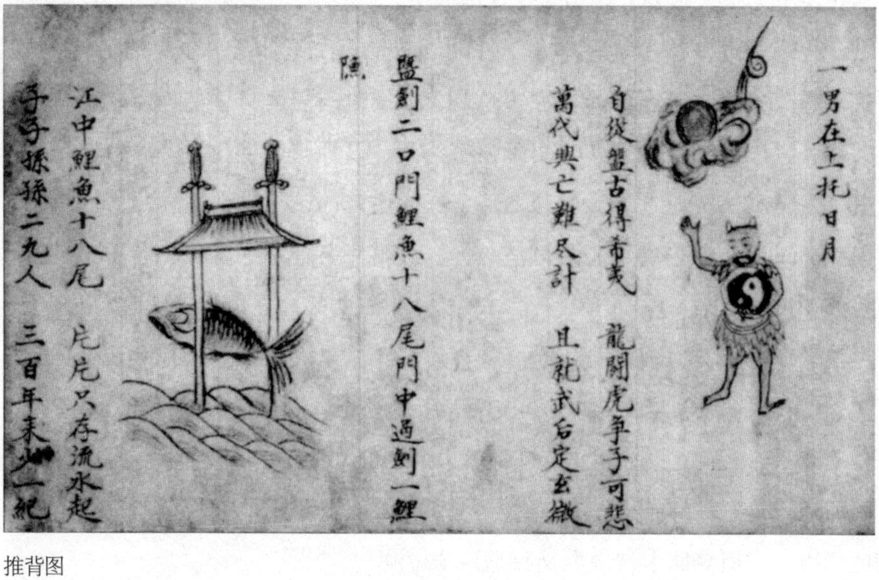

推背图

字加在‘二’字头上，把一点化作一横，补在‘二’字中间，岂不是‘十三’两个字又把九十的‘十’字、金石的‘石’字音同字异影射起来。一定是你借此躲避你那仇家，作一个隐姓埋名哑谜儿，全身远害。”这里“十三”与“玉”字就是一个离合体的字谜。

在传统文化的“预测学”门类中，以汉字为材料，形成了特殊的测字术。测字术捕捉汉字所反映的字符信息，再结合社会现实等进行剖析，作出判断。

历史上测字名气最大的是宋代的谢石。据说，宋徽宗曾写一“朝”字让人找他分析，他说：“此‘朝’字十月十日也，岂非至尊乎？”因宋徽宗十月十日生，故说解为皇上。其实“朝”字在篆文中两个十字皆是“中”，即艸字，楷书中变为“十”字。测字也与所有迷信预测一样，从职者有丰富的社会人生经验，多用察言观色、因势利导、旁敲侧击的方法捕捉相关信息来做判断。十月十日生者多矣，为何独断为“至尊”。后来宋徽宗召见他，并让东宫太子写一个字让他分析，东宫呈上“太”字，他说：“太字点微横，此必太子也。他日移置诸上，岂非‘天’字耶？”结果皇帝也佩服他，并赐给他金带。（《铁围山丛谈》）南宋时谢石还曾替宋高宗测过字，高宗用手杖在地上写个“一”字，又写个“問”字，問字的“門”框向两侧倾斜。谢石跪拜说:“‘土’上安‘一’，是‘王’字。‘問’飞两旁，左看右看都是‘君’，您必是当今皇上了。”（吾三省《谢石拆字》，《新民晚报》，2000年6月10日）另外，传说高宗让人测“春”字，谢石有“秦头太重，压日无光”的名言，这实际上是利用测字来委婉讽谏了，属于用迷信为政治服务。谢石解“一”字与土结合，是学曹操门上写“活”之法；“问”字左右为“君”是拆繁体“門”为二，并共用一“口”字；“秦头”之说则完全据秦桧专权的现实而作的别具匠心之解。

古代还有测卦影的，其说解常结合文字的离合。宋代王辟之《渑水燕谈录》卷六：“术士李某者，亦传管辂轨革法，画卦影颇有验。今丞相顷尝问之，卦影画水边一月，中有十口。未几，除知湖州。又卢龙图秉使占，卦影亦同，乃除知渭州。字虽不同，而其影皆符。”管辂是汉末有名的术士，《三国演义》有他的传奇故事。此例中“湖”字有“水”有“月”有“十口（古）”，而“渭”

管辂像

字除“水”“月”元素相同外，“十”字在“口”中成“田”字，故谓“其影皆符”。

姓名戏谑与其他

汉代就有拆“姓”之字体的，《汉书·王莽传中》：“夫‘刘(劉)’之为字，卯、金、刀也。”亦简称卯、金，《后汉书》记载刘秀起兵时流行的谶言是“刘秀发兵捕不道，卯金修德为天子。”李贤注曰：“卯金，刘(劉)字也。”汉字简化后，今人说成“文刀”。曾元沧《爱巢》介绍一位新郎自报家门说：“我姓刘，文刀刘，就是刘备的刘，刘克鸿，克是克服困难的克，鸿是江鸟鸿。”(《新民晚报》，2007年11月16日)毛泽东在重庆谈判期间，为表示自己的必胜信心和对蒋介石的蔑视，曾用文字游戏说：蒋先生的“蒋”是“将军戴草帽”，而我的“毛”字则是“反手”。意思是说蒋介石只是将军级人物，不能执掌全国，而我则易如反掌。

古人常互相以姓名拆字开玩笑，颇多趣味。如《渑水燕谈录》卷十记宋初郭忠恕与聂崇义开玩笑说：“近贵全为聩，攀龙即作聋，虽然三个耳，终是未为聪。”“聂”字繁体作“聶”，耳旁加贵为“聩”，耳上添“龙”为“聋”，这是用攀龙附凤、阿附权贵来调侃其姓。聂崇义也针锋相对地说：“仆不能诗，聊以一联奉酬，勿笑：‘有三耳犹胜畜二心。’”郭忠恕名中有两个“心”旁，故以带贬义成语“三心二意”嘲弄他。

《清稗类钞·讥讽类》也有两个以姓名戏谑的例子，其一《能者下流》说：“山东有候补知县二人，一熊姓，一卞姓。熊屡得优差，卞忌之。一日，遇于友人所，乃拆熊字为句以诮之，云：‘能者多劳，跪断四条狗腿。’熊曰：‘我可对。’卞询之，熊曰：‘下流无耻，伸出一点龟头。’拆卞字也。”“熊”下四点本为“火”字，卞将它说解成四条狗腿，有忌妒熊姓“屡得优差”之义。熊对卞的反唇相稽，含有猥亵色彩，因“龟头”又与男阳相关。

另一例《鱼龙变化》说：“江北某校教员龚象衡以督课严，为生徒所恨。有黠者，于夜中就其姓名以拆字法题一横额于其房门，曰：‘鱼龙变化。’又题一联曰：‘龟为首，豕为身，不可与共；龙其头，鱼其腹，难以偕行。’”上联是“象”字，“龟首”指象字上半“⺈”，而“豕身”为下半“豕”，但象字上半与豕共用一横，故说“不可与共”。下联“龙头”指龚字的上面，“鱼腹”指“衡”字的中间部位，“难以偕行”是说分在两字中。整首对联有讥讽其不近人情之意。

民间说唱艺术常用文字游戏作噱头，《大明英烈传》中有郭英的拆字联：“一大天下日月明，良月更朗；长巾帐内女子好，少女更妙。”一大为“天”、日月为“明”、良月为“朗”……下联类推。此书说唱明朝事，有颂“明”之义。还有一副拆字名对是：“此木为柴山山出，因火为烟夕夕多。”既合构字原理，上下联又自成语义，趣味无穷！

拆字及文字狱

文字狱现象是专制暴政的丑恶纪录，是极其丑恶的历史文化现象。余秋雨先生《山居笔记·苏东坡突围》深刻地剖析了苏东坡所遭受的迫害，猛烈抨击了“文化群小”探头探脑、落井下石、嫉贤妒能的阴暗心理及行径。例如，苏东坡咏钱塘潮的诗有“吴儿生长狎涛渊”的诗句，被说成是影射皇帝兴修水利！就是这类“莫须有”的罪名，几乎要了苏东坡的命。幸好宋代还是相对有些言论自由的时代，有许多大臣据理抗争，才使苏东坡免于一死，而流放外地。

在清代文字狱中，拆字术成了杀手锏之一。最有名的是雍正王朝科举考试案，因科举考试要从儒家经典尤其是《四书》中出题，有一次浙江考官查嗣庭出了“维民所止”的题目。这是《诗经·商颂·玄鸟》中的诗句，因其中“邦畿千里，维民所止”两句被《四书·大学》引用，以它作试题无可非议。但就是有政治流氓和文痞无事生非、探幽析微，认为“维民所止”四字是影射雍正皇帝的，因“维”与“雍”字下部字符形近，“止”是“正”字去一横，故被附会说成是“雍正去了头”。这种牵强的离合法拼字竟然得到了法律的认可，酿成了腥风血雨的文字狱，文字游戏不幸沦为了帮凶。

在中国当代“文化大革命”中，这类悲剧持续上演。姚文元的评《海瑞罢官》的文章，拉开了“文革”大幕，《海瑞罢官》的作者吴晗成了“三家村”的首个祭旗牺牲品。究其原因，是伟大领袖的事理联想：嘉靖皇帝罢了海瑞的官，我们罢了彭德怀的官，彭德怀就是海瑞。这就是所谓“影射”。清代文字狱的另一代表是王锡侯撰《字贯》，批评《康熙字典》的错误，招来杀身之祸。“文革”中此类灾难罄竹难书，冯骥才《一百个人的十年》记录了代表性的人物及事件，血泪斑斑，震撼人心。其中“作协”一位年轻干部，“他大学时读毛主席著作和诗词，顺手在书眉上加些感想式的评注，大多是从文学上，有的注‘好，好极了’，有的注‘平平’，有的注‘不佳’或‘错了’……他同宿舍一位同事翻他的毛主席著作找语录时发现了，在作家协会公布出来。”（江苏文艺出版社，1997 年版，第 23 页）结果被作为现行反革命批斗，最后跳楼自杀。“从五楼窗户跳下去的，摔得血肉模糊，许多骨头都断了，很惨。”（第 29 页）

王蒙《狂欢的季节》介绍七十年代中期批黑画之事说：“说是另一幅画画的是三只小老虎。钱文更不明白三只小虎有什么麻烦，无穷（人名）解释说：‘三虎为彪嘛。这是为林彪翻案嘛。’”“三虎为彪”的思维与古代画卦影的手法和逻辑一致，也与上文“连中三元”计数“元”字数量的手法类似。这些游戏行为终于酿成文人的灾难，今人看来有点匪夷所思，难以理解了。